Le Guide 360

168 bis - 170, rue Raymond-Losserand
75014 Paris
Tél. : 01 44 78 98 33

Auteurs Sébastien Langlois, Jean-Marc Delprato

ISBN 978-2-36145-135-6
ISSN 2261-026X

Le Guide 360

Le cloud avec Google

Oracom Éditions

Sommaire

Où va Google ?

Affichant une santé florissante, le géant de Mountain View multiplie les investissements pharaoniques et rachète quantité de start-ups à tour de bras. Entre la croissance d'Android, la refonte de ses services en ligne et son incursion massive dans le domaine des "appareils intelligents", dont ses fameuses lunettes connectées constituent l'étendard, sa feuille de route paraît de plus en plus délicate à décrypter.

À quoi joue Google exactement ? Avec le rachat de l'entreprise Nest Labs pour 3,2 milliards de dollars, le 15 janvier dernier, il semblerait que le géant de la recherche ait amassé un tel trésor de guerre que plus aucun domaine ne puisse encore échapper à son emprise. Qu'il s'agisse des domaines classiques dans lesquels il s'est déjà illustré au cours de ses quinze ans d'existence (eh oui, déjà !) ou des nouveaux chantiers qui se profilent tout au long de l'année 2014, les prochains mois risquent d'être particulièrement riches en nouveautés. Revue de détail.

L'AUBE DES APPAREILS INTELLIGENTS

Dans les cartons depuis plus de dix-huit mois, les Google Glass ont connu en interne leur première refonte majeure à la fin de l'année 2013, avec l'intégration d'une oreillette et la compatibilité avec des lunettes de vue. Du propre aveu de Sergey Brin, l'une des deux têtes pensantes de la firme de Mountain View, l'idée serait d'entamer la commercialisation de ces lunettes connectées dans le courant de l'année, aux alentours de 600 euros. Depuis deux mois déjà, un kit de développement circule et encourage les éditeurs tiers à imaginer toutes sortes de concepts autour de l'appareil. Il lui reste toutefois à gagner en puissance, dans la mesure où il hérite pour l'heure de la configuration du Galaxy Nexus et n'est capable de faire tourner, au mieux, qu'Android 4.0.4 Ice Cream Sandwich. Dans le même ordre d'idées, on peut s'attendre à voir débarquer une montre intelligente, dans la veine des premiers modèles développés par Samsung, Sony et Pebble. Il y a déjà près de deux ans, Google a racheté la start-up Wimm, spécialiste du genre, et les premiers résultats de la collaboration devraient éclore d'ici les prochains mois. La légèreté et la polyvalence de la dernière version d'Android 4.4, KitKat, devraient à ce titre favoriser son intégration à ce type de périphériques. On a également largement glosé sur le rachat de la société Nest Labs en janvier dernier, pour la somme colossale de 3,2 milliards de dollars. Spécialiste des thermostats et des détecteurs de fumée intelligents, l'entreprise devrait apporter son savoir-faire (et ses brevets !) à Google afin de concrétiser son large chantier Android@Home, dévoilé au milieu de l'année 2011. Des développeurs avaient déjà remarqué la présence de fonctions relatives à des cartes Google Now répondant à ce nom de code dans Android 4.2.2 – elles visaient en particulier à contrôler des ampoules et des systèmes de lumière.

DES SERVICES MIEUX CONNECTÉS

Autre grand chantier pour 2014, déjà amorcé avec la version bêta de Chrome 34 : l'intégration de Google Now au navigateur bureautique (voir page 51). Il s'agit d'unifier le système de notifications personnalisées à travers l'ensemble des plateformes ; l'utilisateur profite ainsi de la localisation de son mobile (Android ou iOS) et obtient, au moment où il en a le plus besoin, des informations relatives à ses prochains rendez-vous ou au quartier dans lequel il se trouve, par exemple. Suggérer sans trop imposer, telle semble être la philosophie de Google vis-à-vis de son réseau social Google+. Le service Google Now s'inscrit en effet pleinement dans les posts ou les événements de Google+ et il y a fort à parier que de nombreux utilisateurs lui trouveront enfin de l'intérêt si un outil aussi ergonomique et pratique est à la clé. Google devra toutefois renforcer la protection de la vie privée s'il veut séduire le plus grand nombre et rallier à sa cause tous les internautes échaudés par les obscurs réglages de confidentialité de Facebook. Les "cercles" de Google+, plus visuels et plus clairs, œuvrent dans le bon sens, mais il faudra que Google soit particulièrement rassurant pour convaincre les internautes de dévoiler en permanence leur position géographique. La refonte graphique de Google Maps (voir page 81) justifie en partie ce type d'adhésion, en favorisant les recherches de proximité.

1

3

4

2

5

1. Nexus 7
2. Google Glass
3. Samsung Galaxy S4
4. Google Nest
5. Google Car

GARE À LA DISPERSION !

Autre projet de grande envergure : développer encore l'assise d'Android auprès des pays émergents. Là encore, la légèreté de la dernière version KitKat laisse du champ à des appareils d'entrée de gamme, plus abordables. En parallèle, Google s'apprête à décliner son offre de connexion par fibre optique à ce type de régions à travers le "projet Link", dont le développement commence actuellement en Ouganda. La firme teste également un système de connexion où des points relais sont accrochés à des ballons survolant les régions rurales ("Project Loon"). Mais ce n'est qu'un projet parmi des dizaines d'autres, tous plus insolites. Voitures sans conducteur, "ascenseur" permettant d'atteindre l'espace sans fusée, lutte contre le vieillissement... Google est devenu un gigantesque laboratoire chapeauté par ses deux membres fondateurs. À force de vouloir régner partout, le géant de Mountain View court le risque de se disperser. Gageons que la lente adhésion à Google+ et le semi-échec de son Chrome OS devraient lui rappeler que la route n'est pas toujours pavée de succès... et qu'il faut, avant tout, consolider les incontournables services développés depuis plus de quinze ans.

Tous les services

Le nombre de services en ligne proposés par Google n'a cessé de grandir depuis le lancement de son moteur de recherche en 1998. Messagerie, création de blogs, hébergement de photos ou vidéos, apprenez, pas à pas, à communiquer avec Google+, écouter de la musique en illimité sur YouTube et surtout protéger la confidentialité de vos données.

Google

Multimédia

GOOGLE

Google a construit sa renommée sur les performances et la qualité de son moteur de recherche. Rien de plus normal puisque son moteur est le plus complet. À cela, la firme a greffé de nombreux outils afin de rester connecté et d'accroître nos capacité à communiquer. Petit tour d'horizon des services proposés.

Recherche

**Le succès de Google est né de son moteur de recherche très fiable qui offre de nombreuses possibilités.
Pour mener à bien vos requêtes, voici quelques pistes qui vous permettront d'aller plus loin**

Créer et gérer votre compte Google

Les outils de Google sont accessibles via des identifiants spécifiques, mais vous aurez avantage à utiliser un ou plusieurs comptes Google. Ces sésames vous permettront de centraliser vos informations et d'accéder à toutes les fonctions transversales aux différents outils.

01 Vos informations personnelles

Il vous sera demandé de créer un compte Google depuis la plupart des services en ligne tels que Gmail ou Picasa. YouTube ou Chrome n'en nécessitent pas, mais offrent des fonctions supplémentaires avec un compte connecté comme la création d'une playlist de clips ou la sauvegarde en ligne de vos favoris de navigation (voir pratiques ci-après). Pour créer un compte Google, entrez une adresse électronique (pas forcément celle de Gmail), un mot de passe, acceptez les conditions d'utilisation et terminez par "Créer un compte". Google vous envoie alors un e-mail de confirmation avec un lien à cliquer pour activer le compte.

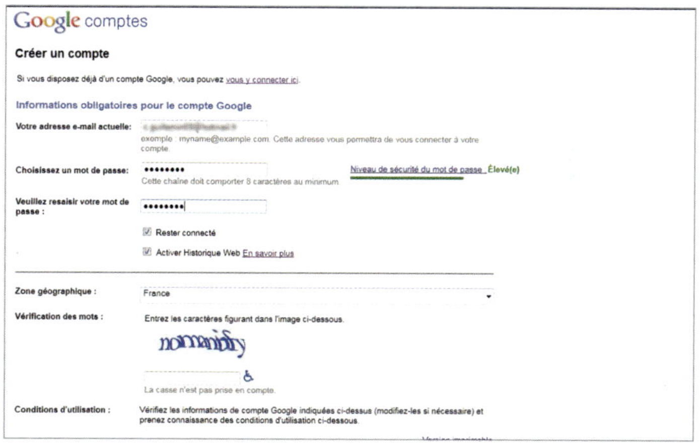

02 Un compte, deux fonctions

Attention, par défaut, Google active deux fonctions. La première est l'historique web, qui lui permet de suivre toute votre navigation afin de "dégager des tendances sur votre activité sur le web et ainsi améliorer vos services", notamment les suggestions du moteur de recherche. Si vous préférez ne rien dévoiler de votre vie privée, décochez cette case. La deuxième est la connexion automatique. Elle permet de ne plus avoir à saisir vos identifiant et mot de passe à chaque fois que vous accédez à un service Google, ce qui peut se révéler plutôt utile. Vous pouvez cependant la désactiver en décochant l'option "Rester connecté".

03 Les paramètres

Vous pouvez gérer et modifier les paramètres de votre compte, ainsi que ceux des produits associés, en cliquant sur "Paramètres de compte". D'un coup d'œil, vous visualisez les services associés à votre compte ainsi que ceux d'autres que vous pouvez essayer. Voilà un bon moyen de découvrir l'univers Google. La fonction Dashboard affiche tous les détails des informations associées au compte, produits par produits, avec la possibilité de les modifier. Vous disposez ainsi d'un centre de contrôle unique pour tous vos services Google.

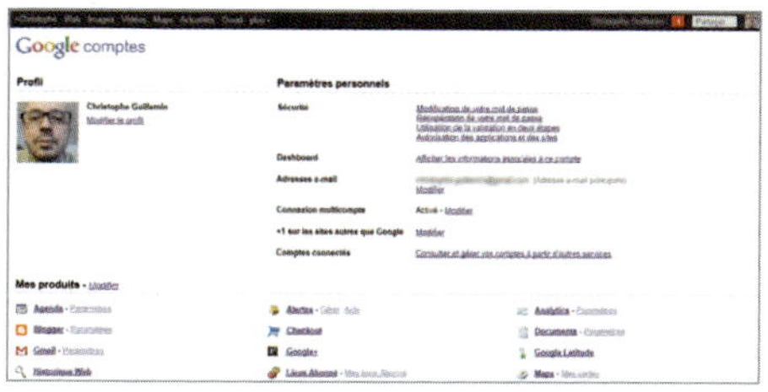

04 Plusieurs comptes Google

Si vous préférez compartimenter vos activités web, par exemple entre le professionnel et le personnel, vous pouvez utiliser plusieurs comptes Google en parallèle. Créez simplement deux comptes, puis activez la fonction connexion multicompte dans vos paramètres. Cela vous permettra de passer d'un compte à un autre depuis les principaux produits Google, dont Gmail ou Google+, en cliquant sur la flèche située à côté de votre adresse, dans l'angle supérieur droit.

Définir vos paramètres de recherche

Le moteur de recherche Google dispose de nombreux paramètres modifiables permettant d'appliquer des préférences à toutes vos requêtes. Vous pourrez ainsi choisir la langue de recherche, définir le nombre de résultats par page, mais aussi bloquer les contenus pour adultes et même utiliser le finnois comme langue d'interface.

01 Vos préférences

Pour accéder aux préférences de votre moteur de recherche Google, cliquez en haut à droite de la page d'accueil sur l'icône "Options" représentant une roue crantée, puis sur "Paramètres de recherche". La page qui s'affiche vous propose sept paramètres avec pour chacun une ou plusieurs options. En les modifiant, vous allez créer un cookie intégrant vos préférences de recherche. Il sera sauvegardé sur votre ordinateur lorsque vous cliquerez sur "Enregistrer les préférences".

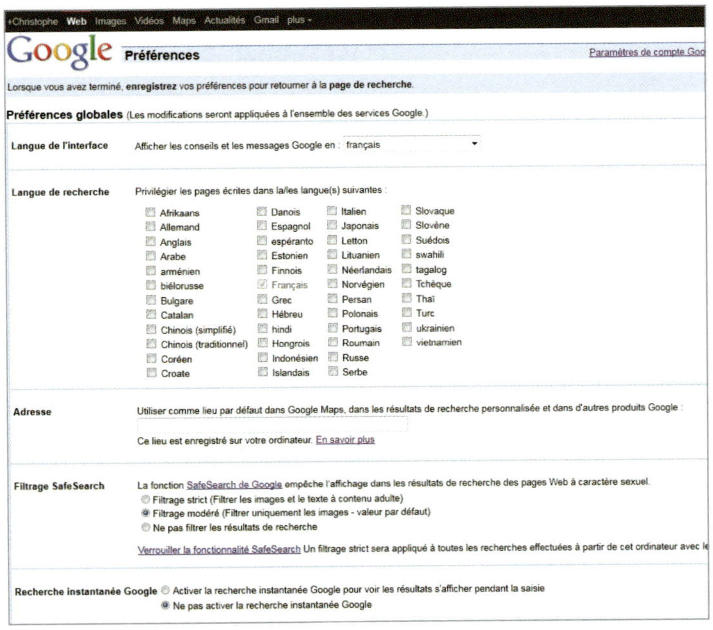

02 Attention aux cookies

Pour que ces préférences soient bien enregistrées, votre navigateur doit être paramétré pour accepter les cookies. Pour Google Chrome, allez dans "Options" puis "Options avancées" et, dans la section confidentialité, cliquez sur "Paramètres de contenu". Cochez ensuite : "Autoriser le stockage des données locales" (recommandé).
Notez que ces paramètres ne s'appliquent bien entendu qu'à l'ordinateur et au navigateur que vous avez utilisés lors de leur définition. Si vous supprimez les cookies, les préférences disparaîtront. Même chose si vous changez d'ordinateur.

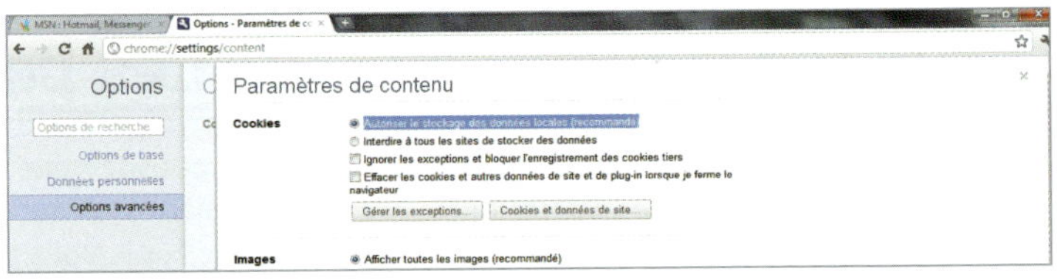

03 Google parle votre langue

Les deux premiers paramètres concernent les options de langues. Vous pouvez tout d'abord modifier la langue de l'interface du moteur. Google en propose près de cent cinquante avec quelques langages imaginaires comme le klingon, le pirate ou encore le "bork bork bork", utilisé par… le chef suédois du Muppet Show. Google utilise par défaut votre langue d'interface comme langue de recherche. Il donnera donc la priorité aux pages web utilisant cette langue. Vous pouvez cependant la modifier parmi quarante-six (toutes réelles pour le coup).

« Le moteur de recherche Google dispose de nombreux paramètres modifiables permettant d'appliquer des préférences à toutes vos requêtes. »

04 La géolocalisation

Le paramètre "Adresse" permet d'indiquer à Google votre position géographique. Par la suite, le moteur utilisera cette information pour personnaliser les résultats de recherche. Par exemple, si vous lancez une recherche sur "pizzeria", Google essaiera d'en trouver une à proximité du lieu que vous aurez indiqué (ici Courbevoie). Notez que même sans préciser d'adresse, Google utilise des paramètres de géolocalisation, dont l'adresse IP de votre ordinateur, afin de proposer des résultats de proximité.

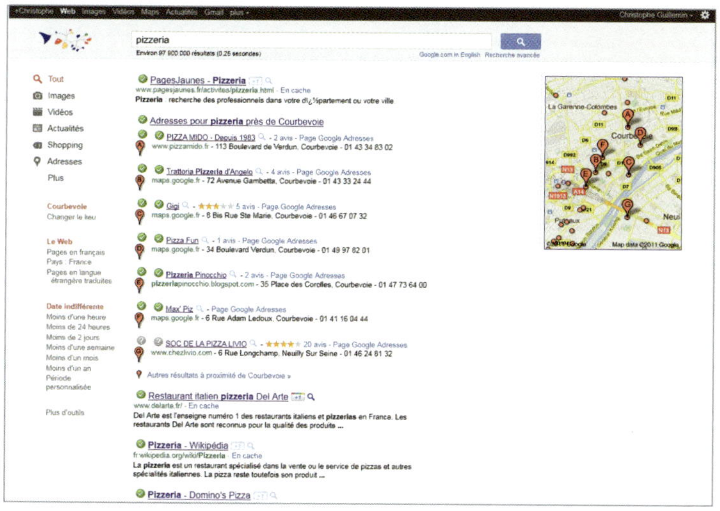

05 La recherche sécurisée

La fonction SafeSearch (recherche sécurisée) se révélera très intéressante sur un ordinateur familial. Elle permet de bloquer l'affichage de contenu pour adultes dans les résultats de recherche. Deux niveaux de filtrage sont proposés : Filtrage strict (blocage des recherches d'images et des sites web) et Filtrage modéré (blocage des recherches d'images, mais pas des sites web). Google détecte les contenus indésirables à l'aide de procédés automatisés qui sont améliorés en permanence grâce aux commentaires des utilisateurs.

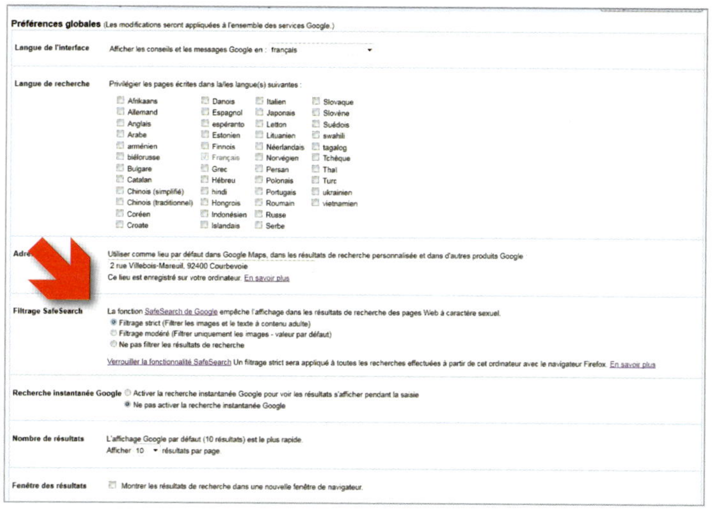

06 Verrouiller la fonction SafeSearch

Si vos enfants connaissent un peu les rouages des préférences Google, mieux vaut prendre une précaution supplémentaire et verrouiller la fonctionnalité SafeSearch. Vous serez alors seul à pouvoir la modifier depuis votre compte Google. Pour cela, cliquez sur "Verrouiller la fonctionnalité SafeSearch" dans le menu des préférences. Il vous sera demandé de vous connecter à votre compte Google puis de valider le verrouillage. Google ajoutera alors des sphères colorées en haut des pages de recherche afin que vous puissiez savoir si la fonctionnalité SafeSearch est verrouillée.

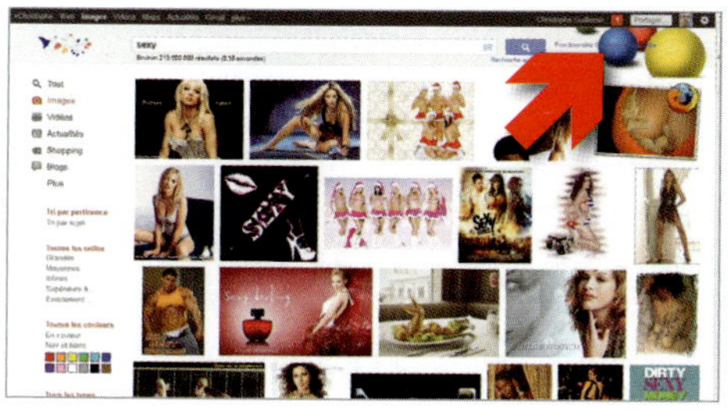

07 La recherche instantanée

La recherche instantanée permet l'affichage de suggestions durant la saisie d'une requête. Ces suggestions proviennent des recherches fréquemment effectuées par les internautes, ainsi que de l'"historique Web" de votre compte, si vous l'avez activé. Elles tiennent donc compte de l'actualité. Par exemple, si vous commencez à taper "To" durant le mois de juillet, Google vous propose "Tour de France". Cela peut se révéler utile pour accélérer la frappe ou lorsque vous ne connaissez pas l'orthographe exacte d'un mot.

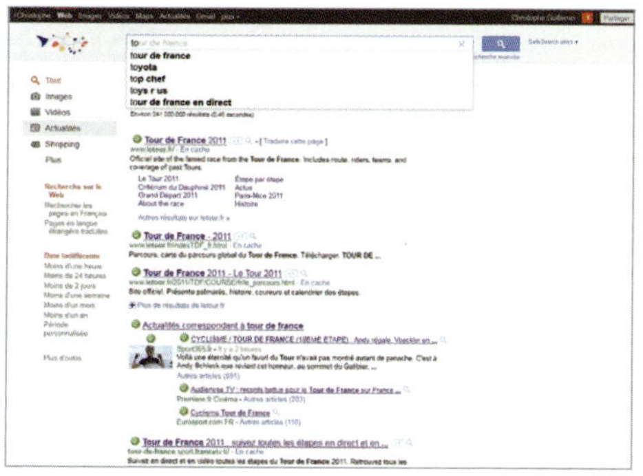

08 Un meilleur confort d'utilisation

Les deux derniers paramètres concernent le confort d'utilisation. Vous pouvez tout d'abord préciser le nombre de résultats affichés par page, soit 10 (par défaut), 20, 30, 50 ou 100 résultats. Définissez ce paramètre en fonction de la taille et de la résolution de votre écran. Le dernier paramètre permet d'afficher les résultats de recherche dans une nouvelle fenêtre de navigateur. Cette option peut s'avérer utile si vous consultez souvent plusieurs résultats de recherche.

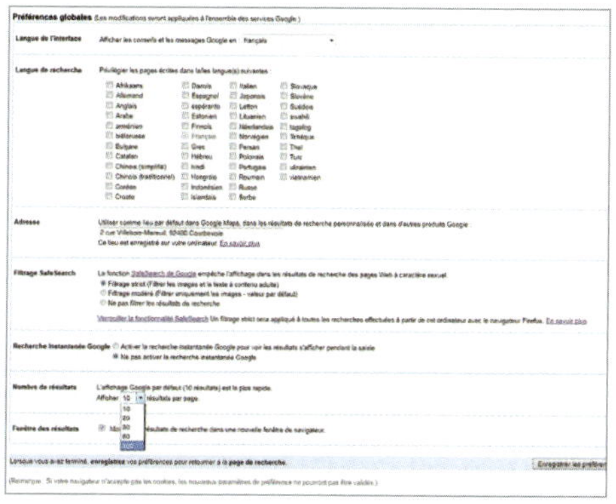

Réussir vos recherches

Le moteur de recherche Google est l'un des plus performants du marché. Mais avec un peu d'aide, il se révèle encore plus efficace. Opérateurs booléens, Google Annuaire, de nombreuses astuces existent pour améliorer vos recherches.

01 Un seul mot-clé

La requête la plus basique revient à taper un seul mot-clé. Il est d'ailleurs souvent inutile d'en saisir d'autres. Google vous suggère ainsi les requêtes les plus souvent saisies à partir de ce mot via une liste de propositions. Sélectionnez simplement une proposition et appuyez sur la barre d'espace. Apparaît alors une seconde liste basée sur la suggestion sélectionnée. Dans l'exemple ci-contre, nous avons juste saisi une fois le mot "Dexter" puis navigué dans les propositions en tapant trois fois sur la barre d'espace.

« Google vous suggère les requêtes les plus souvent saisies à partir de ce mot via une liste de propositions. »

02 Plusieurs mots-clés

Une requête plus évoluée contiendra plusieurs mots-clés séparés par un espace, considéré comme l'opérateur booléen "AND". Cela signifie que Google va rechercher prioritairement les contenus web intégrant tous les mots-clés de la requête. Les accents ne sont pas pris en compte, ni la casse (majuscules ou minuscules). Même chose pour les articles et pronoms (le, la, de…). Il faut donc adopter un style télégraphique.

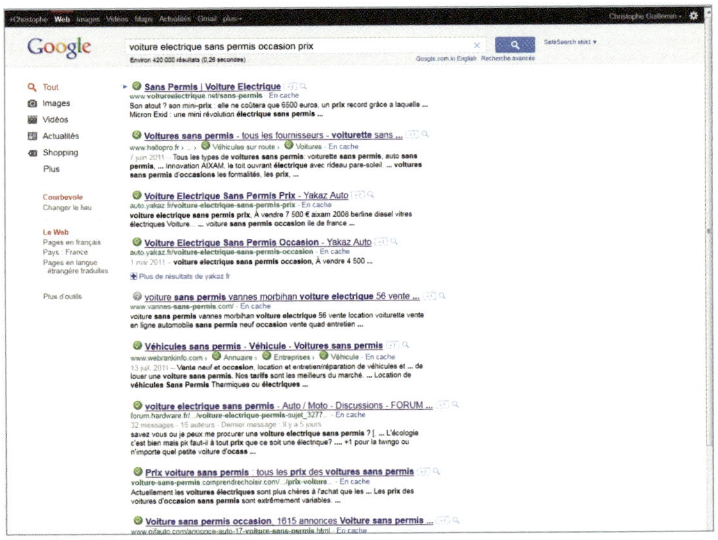

03 Principaux opérateurs booléens

Si vous souhaitez que Google effectue une recherche sur un mot écrit de manière spécifique, faites-le précéder du signe "+". Pour exclure un mot dans une requête, faites-le précéder du signe "-". Les autres principaux opérateurs booléens sont : OR : au moins un des mots-clés doit figurer dans le contenu web ; * : l'astérisque remplace n'importe quelle partie d'un mot, que vous n'avez donc pas à saisir ; « » une expression entre guillemets lance une recherche sur tous les mots qui la composent, dans leur ordre exact.

04 Recherche sur un site spécifique

Pour chercher une information sur un site en particulier, utilisez l'opérateur avancé "site:". Dans notre exemple, nous cherchons des informations sur l'affaire DSK, diffusées sur le site Lemonde.fr. Il suffit de taper donc le mot-clé "DSK" suivi de la commande : "site:lemonde.fr" pour limiter les recherches à ce site web. Notez qu'avec cette même commande, vous pouvez limiter une recherche à une extension de sites, par exemple tous les sites français en .fr.

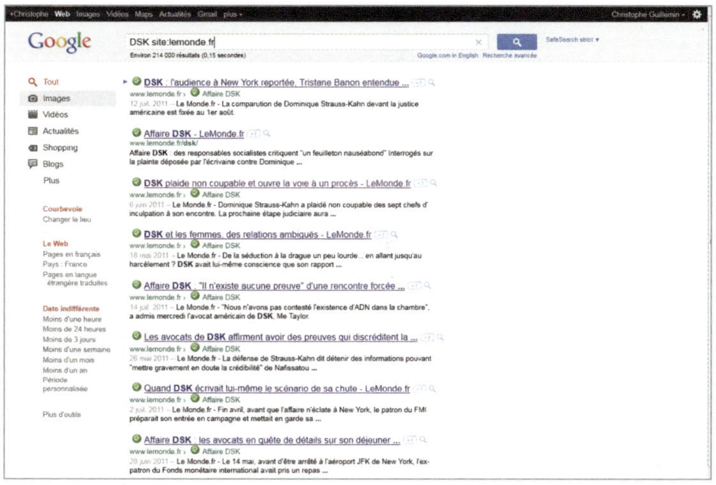

05 Rechercher un document

L'opérateur avancé "filetype" vous permet de lancer une recherche sur un type de fichier spécifique via son extension. Par exemple, si vous cherchez un fichier en .doc, il faudra saisir : "filetype:doc". Ici un exemple pour retrouver un dossier sur la voiture électrique au format PDF publié par le ministère de l'Écologie. Notez qu'en passant le pointeur sur la loupe, vous visualisez le document sans l'ouvrir. L'opérateur filetype gère les extensions DOC, XLS, PDF, PPT, PS, DWF, KLM, RTF et SWF.

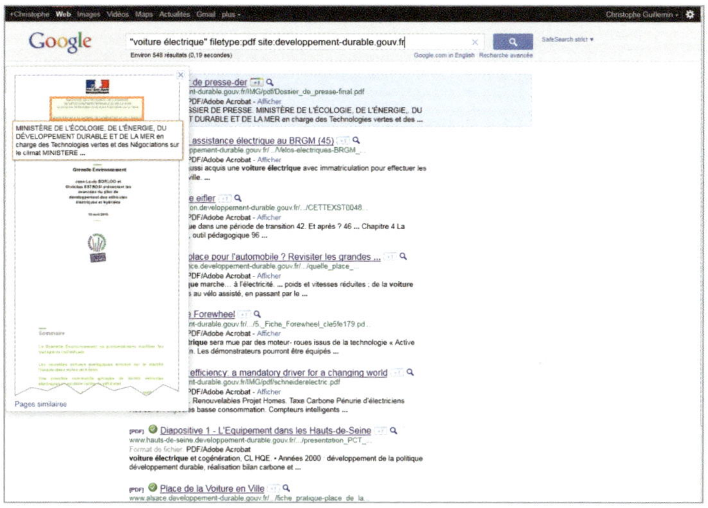

06 Recherche d'images et de vidéos

Google propose des sections spécifiques dédiées à la recherche d'images et de vidéos. Elles offrent surtout des fonctions utiles pour le filtrage des résultats. Vous pouvez par exemple limiter les résultats à des images en noir et blanc, à des portraits ou d'une certaine taille. Pour les vidéos, vous pouvez choisir la durée de la séquence et la qualité de l'encodage. Ces sections intègrent également des fonctions de recherche avancée qui peuvent se révéler assez efficaces (voir notre "pratique" Exploiter la fonction Recherche avancée).

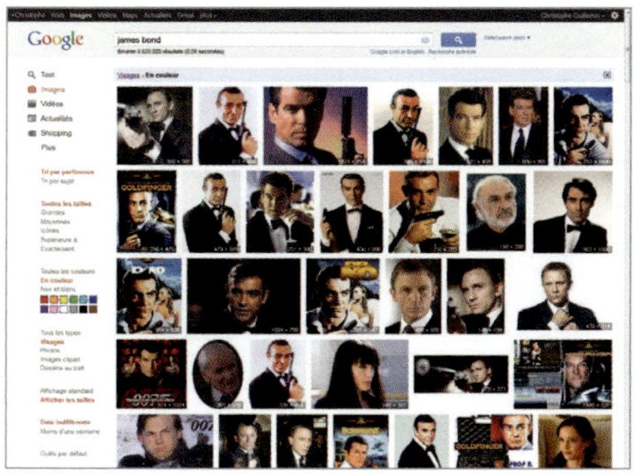

07 Recherche à partir d'une image

Nouveauté 2011 du moteur Google : rechercher du contenu sur le web à partir d'une image. Google analyse une image pour lancer une recherche sur son contenu. Cliquez sur l'icône figurant un appareil photo dans le moteur de recherche de la section images. Vous pouvez alors glisser-déposer une image à partir du web ou en importer une depuis votre ordinateur. Ici une image d'un voyage en Chine. Google l'a correctement identifiée et propose des infos associées (en anglais), ainsi que des images similaires.

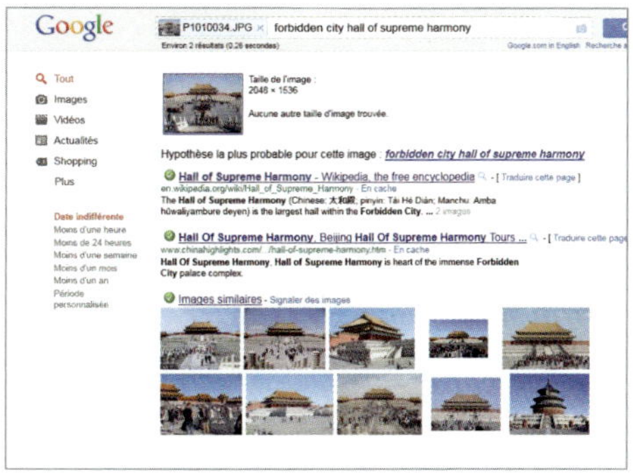

08 Rechercher une actualité

Le service d'agrégation Google Actualités est une méthode intéressante pour vous informer via plusieurs sources. Vous pouvez améliorer vos recherches en utilisant l'opérateur "intitle:". Il permet de chercher un mot spécifique dans le titre d'une page, et par extension dans celui d'un article. Sa déclinaison "allintitle :" lance une recherche sur plusieurs mots. L'opérateur "source:" permet quant à lui de spécifier une publication particulière, comme Le Monde, Libération, etc. Saisissez simplement : "source:le_monde" (avec un underscore entre l'article et le nom).

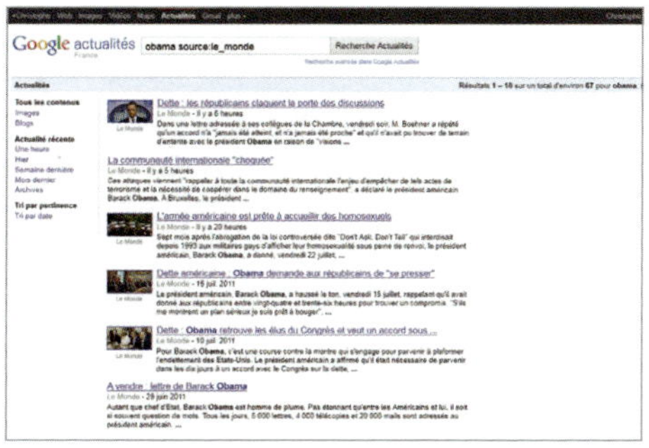

Google vous connaît

L'exploitation de vos données personnelles par Google a toujours fait débat. Le géant du Net assure les utiliser pour proposer des services plus personnalisés, comme l'affichage d'un commerce de proximité. Tour d'horizon des principaux services personnalisés et sur les mesures correspondantes pour protéger votre vie privée.

01 Localisation des recherches

Lorsque vous lancez une recherche dans le moteur de Google, l'algorithme tient compte de votre localisation. Il se base pour cela sur l'adresse IP de votre ordinateur ou sur vos données de géolocalisation depuis un mobile (coordonnées GPS, localisation sur le réseau mobile et/ou situation du hotspot Wi-Fi). Cela se révèlera particulièrement utile si vous recherchez un commerçant ou le bureau de poste le plus proche.

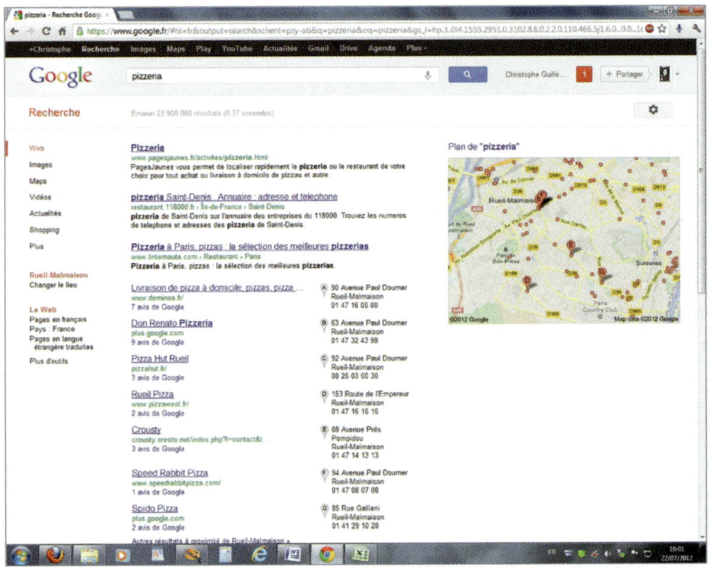

02 Bloquer la localisation des recherches sur mobile

Sur mobile, vous pouvez facilement bloquer la géolocalisation de votre appareil. Sur Android, rendez-vous dans "Paramètres" puis sur l'onglet "Localisation" et décochez "Utiliser réseaux sans fil" et "Utiliser les satellites GPS". Bien entendu, vous ne disposerez plus des autres services associés, comme la navigation GPS. Autre solution moins brutale : désactivez la localisation depuis le navigateur web. Dans le navigateur, appuyez sur "Menu" puis sur "Paramètres" et décochez "Utiliser Ma position". Notez alors qu'aucun site web ne pourra plus exploiter votre localisation.

03 Bloquer la localisation des recherches sur ordinateur

Contrairement au mobile, Google n'offre pas la possibilité de désactiver la localisation des recherches depuis un ordinateur. Toutefois, vous pouvez facilement définir manuellement une autre position ou sélectionner une zone géographique plus étendue, telle qu'un pays. Depuis une page de résultats, cliquez sur l'icône avec une roue dentée puis sur "Paramètres de recherche" et sur "Position". Dans le champ qui s'affiche, vous pouvez indiquer une autre ville que celle où vous résidez ou le pays en entier. La position définie manuellement est enregistrée dans un cookie propre à votre ordinateur et à votre navigateur Internet.

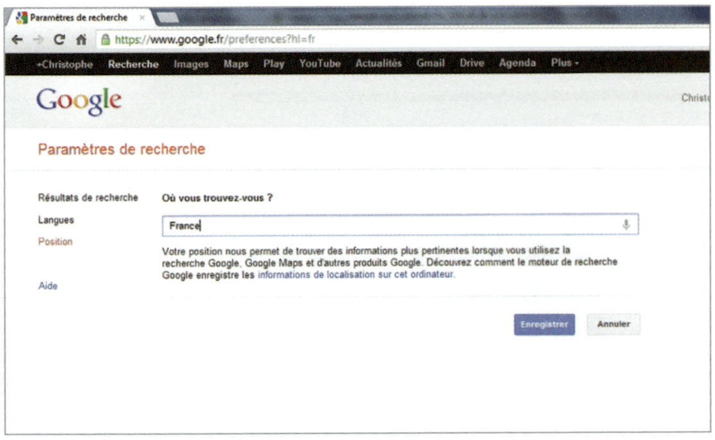

04 Exploiter l'historique web

Lorsque vous créez un compte Google, la fonction "historique Web" est automatiquement activée. À chaque fois que vous naviguerez avec votre compte activé, Google enregistrera des données de navigation, c'est-à-dire les URL des sites consultés, mais aussi les requêtes de recherche que vous saisissez. Cela permet à Google d'offrir des "résultats de recherche plus pertinents en fonction de votre activité sur le Web". Autre avantage, cet historique est stocké sur les serveurs de Google et consultable depuis n'importe quel ordinateur. Pour cela, il suffit de vous connecter à votre compte Google à l'adresse "google.com/history".

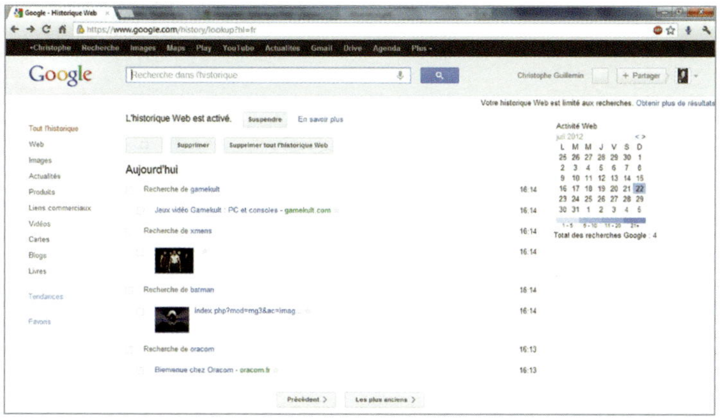

05 Désactiver l'historique web

Lorsque vous ouvrez une session de navigation privée sur Chrome ou tout autre navigateur, l'historique web est mis en veille. Si vous vous connectez sans votre compte Google, l'historique web est également désactivé. Vous pouvez aussi le désactiver manuellement et continuer à utiliser votre compte Google. Pour cela, depuis la page "google.com/history", cliquez sur le bouton "Suspendre". Aucune information ne sera alors ajoutée à votre historique web tant que vous n'aurez pas appuyé sur "Réactiver". Notez enfin que vous pouvez supprimer tout ou partie de l'historique via les boutons correspondants situés en haut de l'interface.

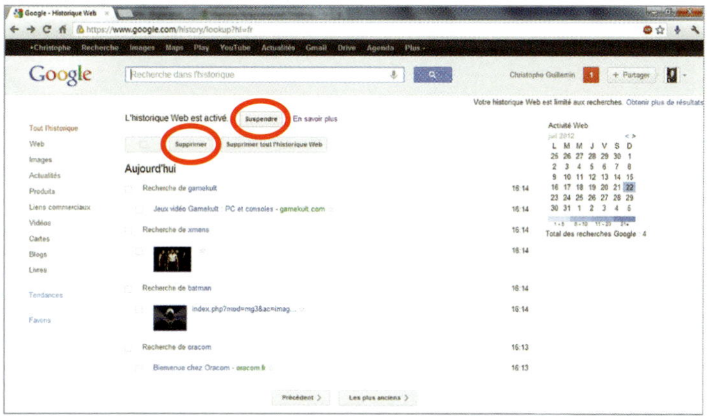

06 Gérer vos recommandations "+1"

Le bouton "+1", disponible sur certains résultats de recherche, vous permet d'indiquer à d'autres internautes qu'un contenu vous a séduit. Si vous avez un compte Google+, le fait de cliquer sur le bouton +1 associera cette recommandation à votre profil. D'autres internautes pourront ainsi voir que vous avez recommandé ce contenu. Pour éventuellement supprimer votre recommandation, rendez-vous dans l'onglet "+1" depuis votre profil Google+ et cliquez sur la croix. Depuis l'onglet "Modifier mon profil", vous pouvez également choisir d'afficher ou non les +1 publiquement sur votre profil.

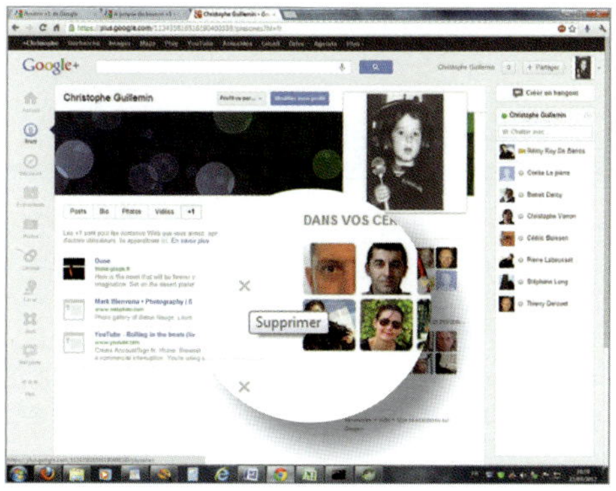

07 Supprimer les tags à votre nom

Les images publiées dans Google+ peuvent être "taguées" à votre nom par d'autres internautes. Mais par défaut, les tags de nom ajoutés par des contacts figurant dans vos cercles sont approuvés automatiquement. Vous pouvez choisir, a posteriori, de supprimer ces tags depuis l'onglet "Photos" puis "Photos de vous" dans votre profil Google. Vous pouvez aussi choisir d'autoriser manuellement chaque tag vous concernant. Allez dans "Modifier mon profil" puis dans "Photos" et supprimez tous les contenus du champ : "Approuver automatiquement les tags de nom dès que ces personnes vous taguent".

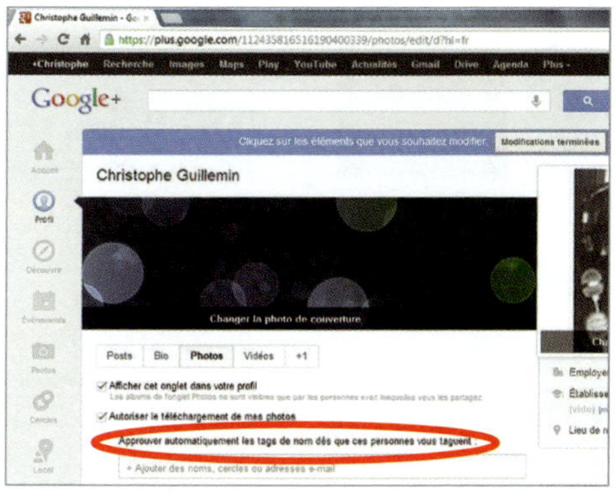

08 Gérer l'ensemble de vos données personnelles

Souvent critiqué pour l'usage, parfois peu transparent, des données personnelles de ses clients, Google a mis en place un espace centralisé où vous pouvez visualiser et gérer toutes les informations vous concernant associées à ses services. Appelé Google Dashboard, il est accessible à l'URL suivante : www.google.com/dashboard. Il présente un résumé des données associées à chacun des produits et les liens vers les paramètres personnels correspondants.

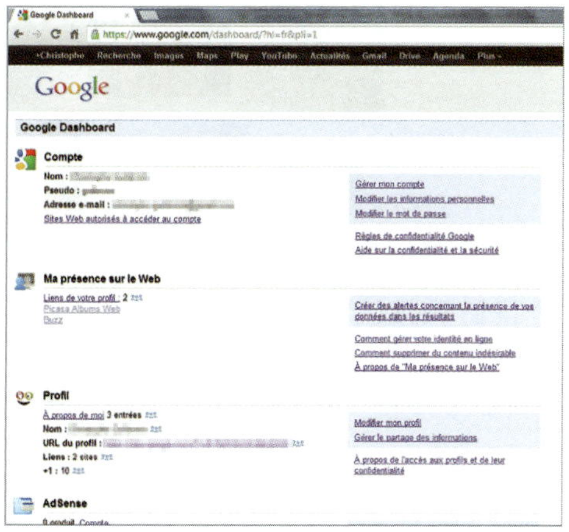

Recherche en anglais et traduction

Avec dix fois plus de pages web en anglais qu'en français, il peut être pertinent d'étendre vos recherches au Web anglophone. Inutile de maîtriser la langue de Shakespeare, Google propose une série d'outils linguistiques pour effectuer vos recherches dans différentes langues.

01 Google en anglais

Pour accéder à Google en anglais, cliquez sur "Google.com in English" en bas de la page d'accueil de Google.fr. Les fonctions de recherche sont identiques, dont les opérateurs booléens qui sont internationaux. Les résultats seront très différents puisque les pages en anglais seront analysées prioritairement. Or le Web compte ainsi environ 5 % de pages rédigées en français contre quelques 45 % en anglais. Lancer une requête en anglais peut donc s'avérer intéressant si vous n'avez pas trouvé satisfaction avec Google France.

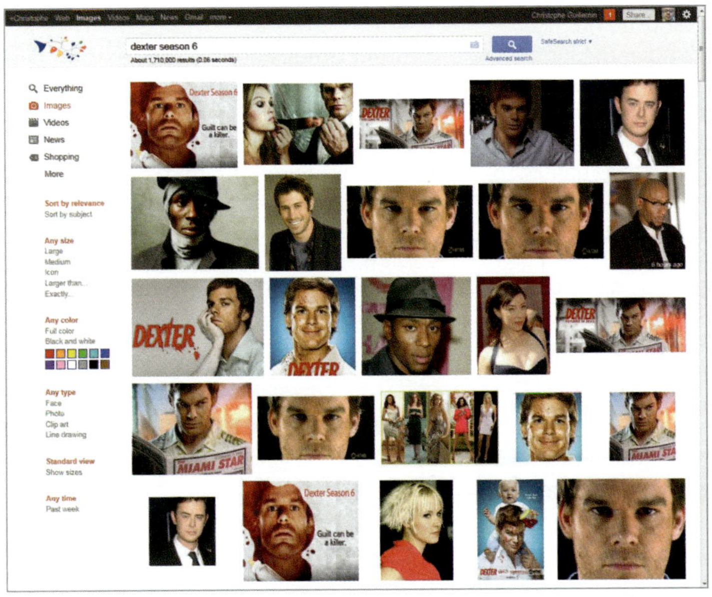

« Le Web compte ainsi environ 5 % de pages rédigées en français contre quelques 45 % en anglais. »

02 Une requête dans une autre langue

Pour vous aider à lancer une requête dans une autre langue, vous pouvez exploiter les outils linguistiques fournis par Google. Vous saisirez alors votre requête en français, et Google se chargera de la traduire dans la langue de recherche de votre choix. Pour y accéder, cliquez sur l'icône d'options en haut à gauche du moteur puis sur "Outils linguistiques". Saisissez la requête dans le premier champ. Si vous ne modifiez aucun paramètre, Google va automatiquement choisir les langues de traduction, dont quasiment toujours l'anglais, mais vous pouvez les spécifier.

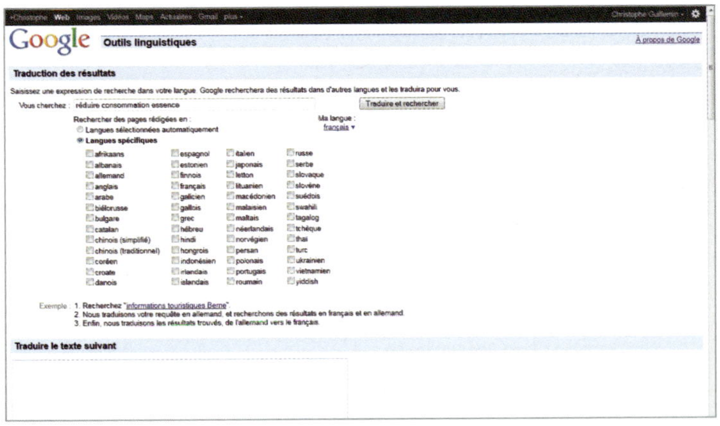

03 Ajouter une langue

Le moteur vous indique ensuite pour chaque langue la traduction de votre requête et le nombre de pages trouvées. Chaque page présentée est également traduite automatiquement. La langue du texte original est spécifiée en dessous du lien principal en gris. Depuis la page de résultats, vous pouvez relancer une recherche avec la même requête dans une autre langue : cliquez simplement sur "Ajouter une langue" et faites votre choix.

04 Traduction d'une page web

Depuis l'interface des outils linguistiques, vous pouvez également lancer la traduction d'une page web. Vous visualisez ainsi avec la même mise en page d'une page web écrite en anglais, mais traduite par Google en français. Pour cela, copiez/collez l'URL dans le champ "Traduire la page suivante". Par défaut, la traduction s'effectue de l'anglais vers le français si vous êtes sur Google France. Mais vous pouvez spécifier d'autres langues.

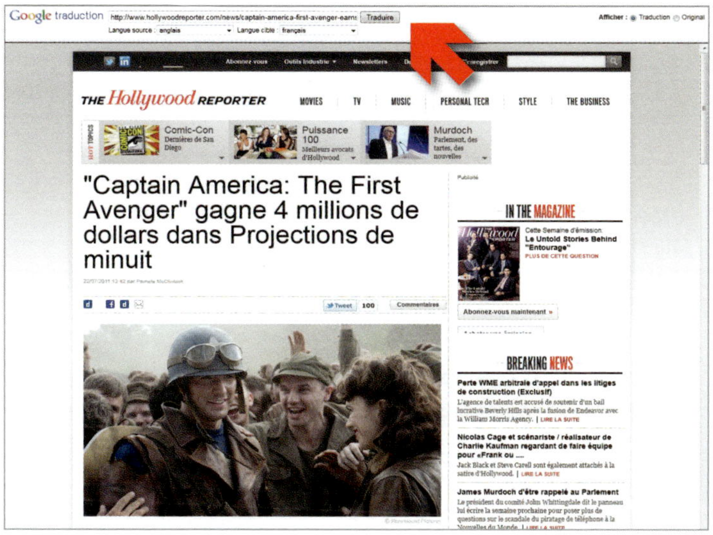

05 La page web en version originale

La traduction étant souvent approximative, il vous est possible à tout moment de visualiser la version originale de tout ou partie d'une page. Pour visualiser la page entière en version originale, cliquez sur le bouton "Original" en haut à droite du volet de traduction.

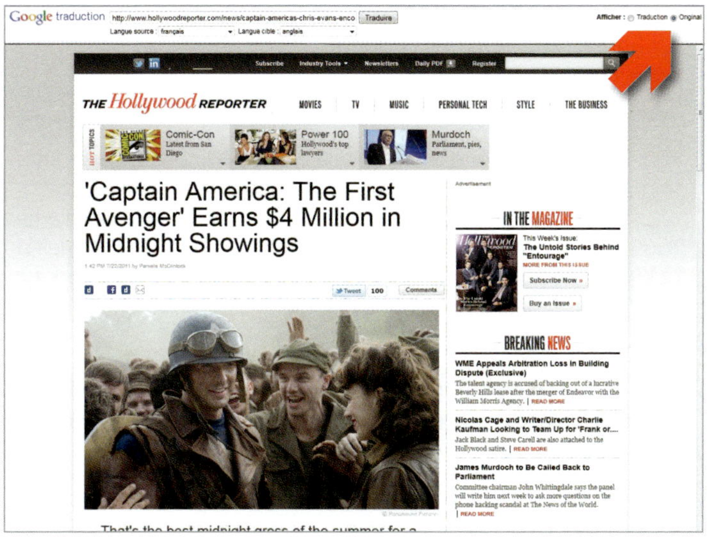

06 Traduction de certaines zones

Vous pouvez également visualiser la version originale d'une partie de la page web. Pour cela, il suffit de laisser votre pointeur quelques instants sur un paragraphe existant. Vous pouvez également sélectionner le texte à la souris. Notez qu'une fois sur une page traduite, vous pouvez continuer à naviguer sur le site avec une traduction automatique de chaque page.

07 Google Traduction

Google propose également un autre outil linguistique baptisé "Traduction" qui offre des fonctionnalités similaires mais avec une interface différente. Pour y accéder, cliquez sur l'onglet "Plus" puis sur "Traduction". Vous pouvez alors copier l'URL de la page à traduire dans le champ correspondant. Cliquez ensuite sur le lien surligné en bleu à droite pour accéder à la page traduite.

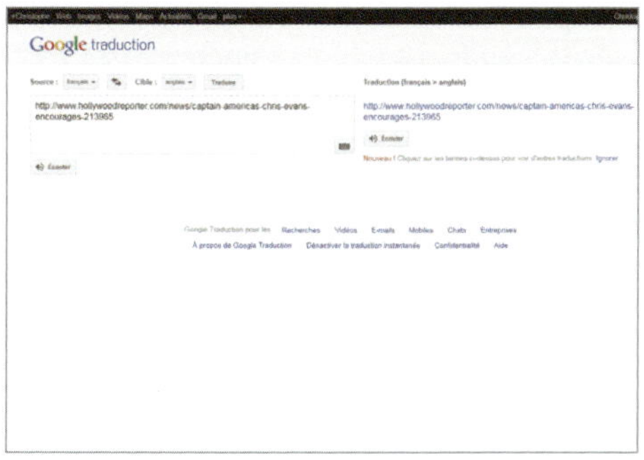

08 Traduction d'un texte

Le service Traduction comme les outils linguistiques permettent également de traduire un texte. Copiez/collez simplement votre texte dans le champ correspondant et lancez la traduction. En passant votre pointeur sur certains mots ou expressions, vous pouvez obtenir d'autres traductions. Le service Traduction permet également de traduire des documents (voir notre "pratique" complet sur le service Traduction).

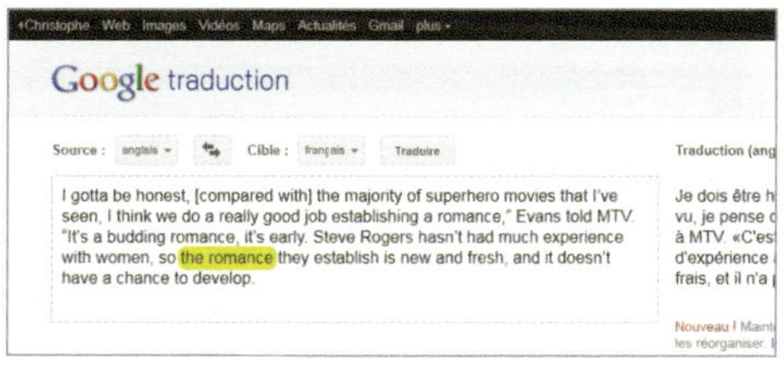

« Avec dix fois plus de pages web en anglais qu'en français, il peut être pertinent d'étendre vos recherches au Web anglophone. »

Créer une alerte Google

Grâce aux alertes Google, vous recevrez au rythme que vous souhaitez un récapitulatif des nouveaux résultats d'une recherche qui vous tient à cœur. Vous lancerez ainsi votre requête à intervalles réguliers et le résultat vous sera communiqué par e-mail.

01 Créer une alerte

Pour accéder au service d'alertes de Google, cliquez sur le bouton figurant une mosaïque en haut à droite, puis sur "Plus> Autres résultats Google" et sur "Google Alertes". Vous pouvez également vous rendre à l'adresse www.google.fr/alerts. La page d'accueil du service ne comprend que cinq champs : requête de recherche, type de résultat, fréquence, nombre de résultats et mode d'envoi.

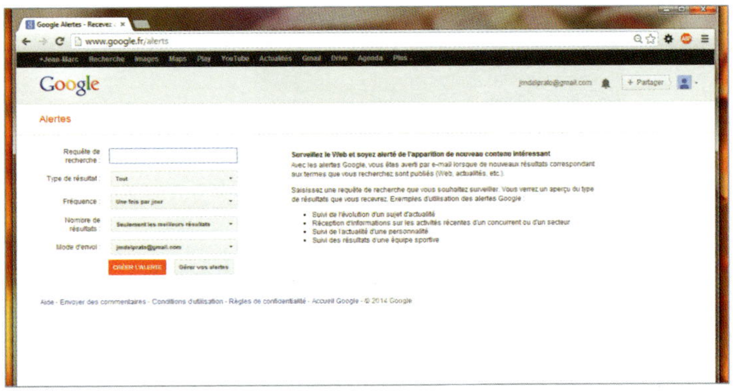

02 Personnaliser vos recherches

La création d'une alerte commence par la saisie de la requête. Quelques opérateurs peuvent vous être utiles, comme "site:" qui circonscrit la recherche à un site spécifique, ou encore "source:" qui cible une publication (Le Monde, Libération, etc.). Les guillemets vous permettront de lancer une recherche sur une expression. Enfin, l'opérateur "inpostauthor:" vous permettra de suivre un auteur d'articles ou de billets de blog en particulier.

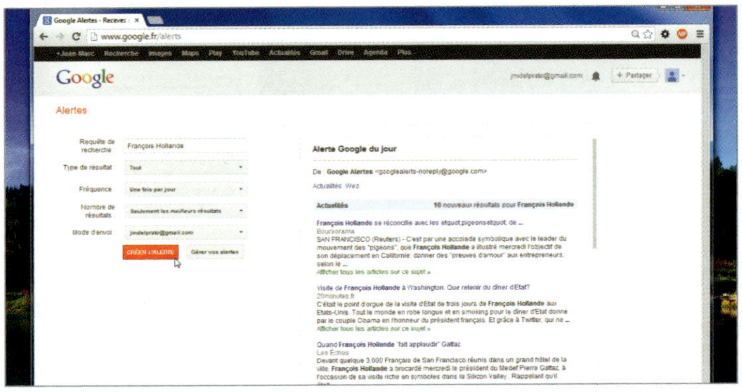

03 Un exemple

Ici, nous prendrons l'exemple d'une alerte sur "François Hollande" limitée au site Liberation.fr. Sur le volet droit, vous remarquez aussitôt la pertinence de votre requête et le type de résultats que vous pouvez attendre. Une fois votre requête validée, vous pouvez spécifier la catégorie de contenu à prendre en compte. Par défaut, l'alerte porte sur "tout" le web, mais vous pouvez la limiter aux actualités, aux blogs, aux vidéos ou aux groupes de discussion.

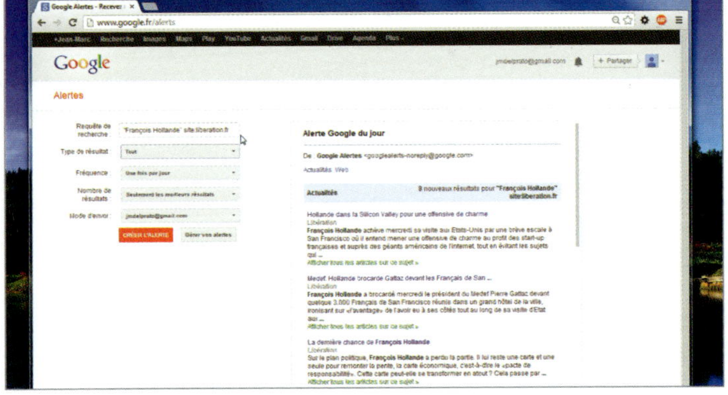

04 Fréquence de réception

Définissez ensuite la fréquence de réception de votre alerte. Par défaut, elle est d'"Une fois par jour", ce qui signifie que Google Alertes recherche quotidiennement de nouveaux résultats, un bon compromis. Pour augmenter cette fréquence, choisissez "Immédiatement". Google vous enverra une alerte chaque fois qu'un nouveau contenu sera repéré par ses robots. À l'inverse, vous pouvez la réduire à "Une fois par semaine" afin de profiter d'une newsletter hebdomadaire.

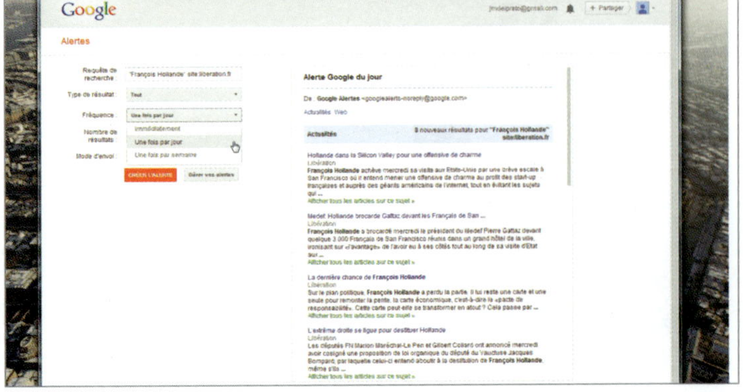

05 Privilégier des résultats

Le paramètre "Nombre de résultats" vous permet d'indiquer le volume de réponses que vous désirez recevoir. Par défaut, l'option "Seulement les meilleurs résultats" est activée : Google ne vous adresse que les réponses qu'il estime de meilleure qualité. L'option "Tous les résultats" vous permet de ne passer à côté d'aucune réponse, au risque de voir des résultats moins pertinents. Trouvez un bon compromis, en affinant éventuellement votre requête.

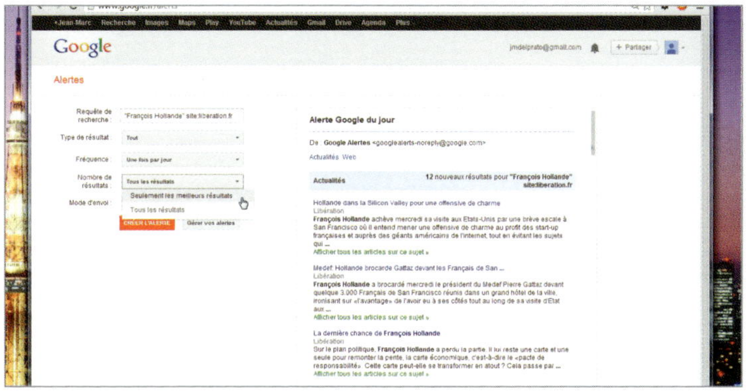

06 Jusqu'à mille alertes

Pour terminer la création d'une alerte, validez votre adresse e-mail puis cliquez sur "Créer l'alerte". Celle-ci s'ajoute au listing de vos autres recherches. Vous pouvez ainsi créer jusqu'à mille alertes. Par la suite, lorsque vous recevrez une alerte, vous disposerez toujours de trois options affichées en bas du message : supprimer l'alerte, en créer une autre ou gérer l'ensemble de vos alertes.

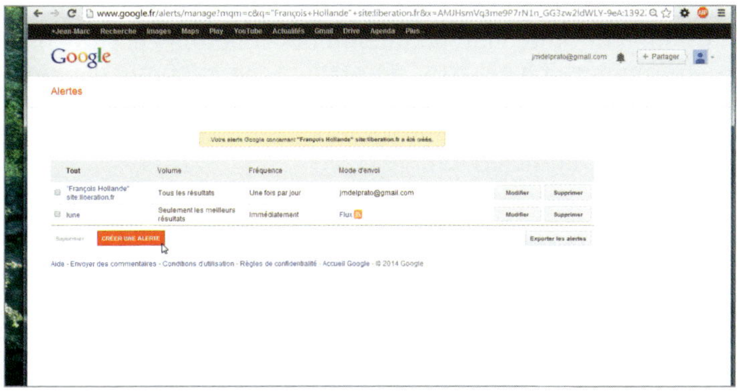

« Ne ratez plus le moindre résultat digne d'intérêt en programmant des alertes pour vos recherches préférées. »

07 Exporter les alertes

Outre la possibilité de recevoir les alertes par courrier électronique, vous pouvez choisir de créer un "flux". Il s'agit d'un simple flux RSS, que vous pouvez ensuite parcourir à travers une extension du Chrome Web Store (http://tinyurl.com/q8eowdn). Sur la page de gestion des alertes, cliquez sur le bouton "Exporter les alertes" pour obtenir un fichier au format CSV. Pratique pour créer un listing de vos recherches et les partager !

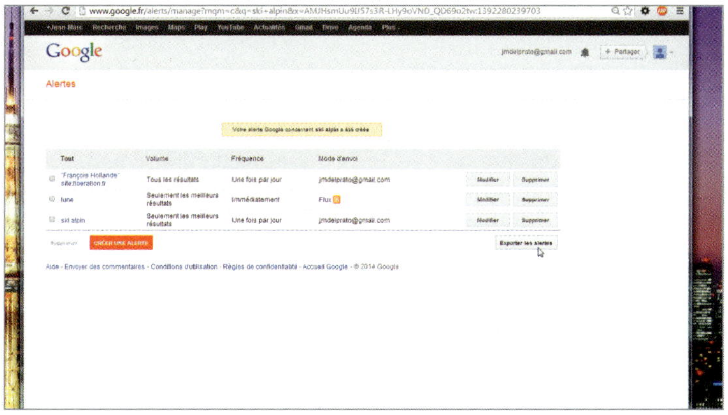

08 Gérer vos alertes

À tout moment, connectez-vous à votre compte Google puis accédez au service Google Alertes comme précédemment. Cliquez sur le bouton "Gérer vos alertes" pour découvrir la liste complète de vos recherches. Vous pouvez alors modifier les requêtes ou la fréquence des résultats en cliquant sur le bouton Modifier en face de chacune d'elles. Cochez leurs cases et cliquez sur Supprimer pour ne plus recevoir de récapitulatif.

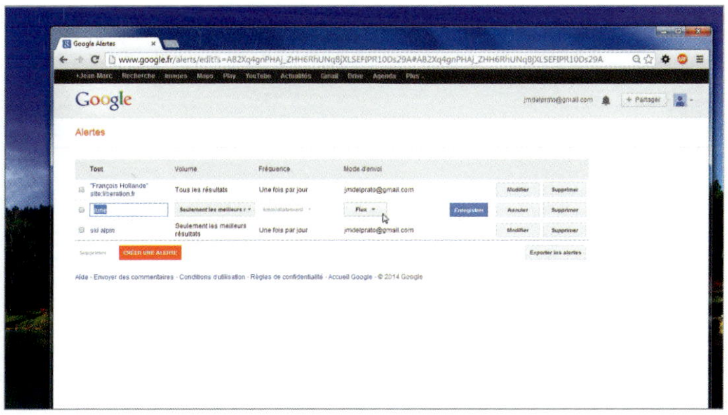

GOOGLE

Les accessoires de recherche

Le moteur de recherche intègre des fonctions parfois méconnues, surnommées OneBoxes, permettant par exemple de convertir des unités de mesure ou des devises, d'afficher la définition d'un mot, de calculer une distance et d'obtenir les prochaines séances de cinéma, les cours de la Bourse, la météo, etc.

01 Conversion d'unité

Le moteur de recherche Google vous permet de convertir de nombreuses unités de mesure (hauteur, poids, masse, distance, volume, etc.) grâce à une calculatrice intégrée. Il vous suffit de saisir la conversion souhaitée en langage naturel, comme "15 pouces en cm" par exemple. La conversion s'affiche ensuite en haut de la page de résultats, dans un encart appelé OneBox. Par extension, toutes les fonctionnalités annexes présentées ci-après seront surnommées des OneBoxes.

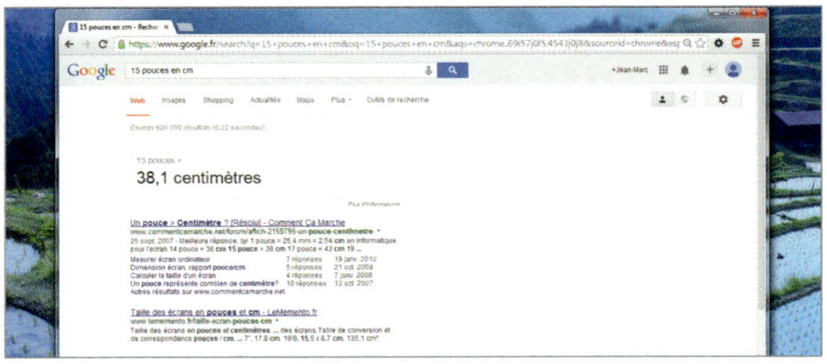

02 Conversion de devises

Dans le même ordre d'idées, la calculatrice est capable de convertir des devises. Saisissez par exemple "50 euros en dollars" et Google effectuera la conversion en prenant en compte le taux de change actuel. Vous avez également la possibilité de calculer des pourcentages, comme "60 dollars + 15 %" (pratique pour les pourboires !) ou d'utiliser les noms internationaux des devises ("30 USD en GBP").

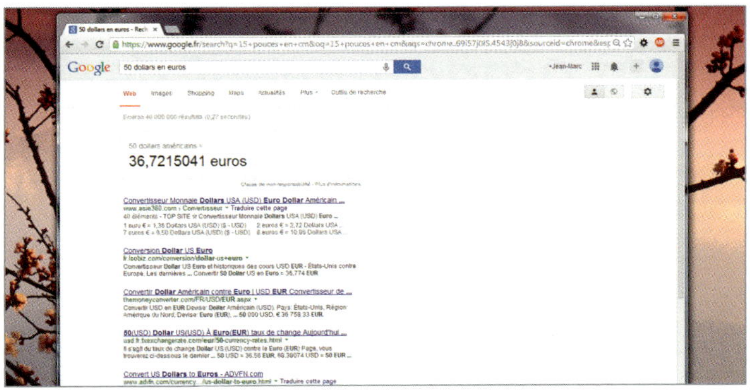

03 Bulletins météorologiques

Le moteur de recherche Google intègre les prévisions météo de nombreuses villes en France et à travers le monde. Il suffit d'entrer le mot "météo" suivi de la ville, du code postal ou du pays. Les prévisions affichées indiquent l'ensoleillement, la température extérieure, la direction et la force du vent ainsi que les précipitations et l'humidité. Le service propose la prévision du reste de la journée ainsi que des sept jours suivants.

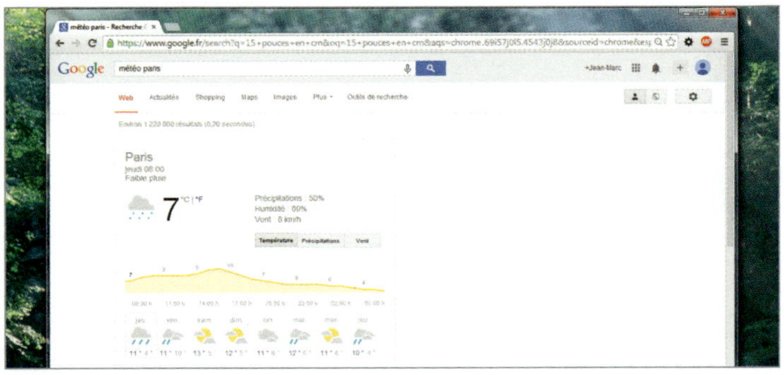

04 Séances de cinéma

Même si vous êtes un habitué d'Allocine.fr, vous pouvez aussi lancer plus rapidement une recherche de séances de cinéma dans Google. Saisissez l'opérateur "film:" suivi du titre du film puis éventuellement de la ville où vous souhaitez le voir. Si vous saisissez simplement le nom d'un lieu, par exemple "film:nantes", Google affichera les cinémas de cette ville et tous les films qui y sont projetés.

05 Cours de la Bourse

Vous êtes un fin boursicoteur ? Le moteur de recherche peut facilement indiquer le cours de sociétés cotées au NASDAQ, au New York Stock Exchange ou encore à Euronext Paris. Pour obtenir la cotation d'une entreprise ou d'un fonds, entrez son code dans le champ de recherche. Ici, la cotation du groupe Apple (code AAPL). L'encart est interactif et vous pouvez visualiser les variations sur la période de votre choix.

Communication

Plus qu'un simple moteur de recherche, Google peut également faire office d'outil de communication. Gmail est le service de messagerie de Google à la fois dense et riche. Dans les étapes suivantes, nous vous expliquons comment exploiter ses services et nous vous dirons également comment maîtriser Google+, le réseau social de Google.

Bien configurer votre compte Gmail

À l'aide de votre compte Google, vous accédez à la puissante messagerie Gmail, un service de communication ultraperformant, accessible depuis n'importe quel ordinateur, smartphone ou tablette, qui vous offre 15 Go d'espace de stockage. Prenez le temps de passer en revue sa configuration initiale.

01 Personnaliser l'affichage

Premier réflexe : cliquez sur l'icône figurant un rouage, en haut à droite, puis choisissez Paramètres. À l'onglet Général, définissez le nombre de conversations à afficher par page : il s'agit du nombre maximal de regroupements de messages présentant le même objet. En prime, vous avez la possibilité de personnaliser le style par défaut du texte. Reportez-vous également à l'onglet Thèmes pour choisir l'habillage général de votre messagerie.

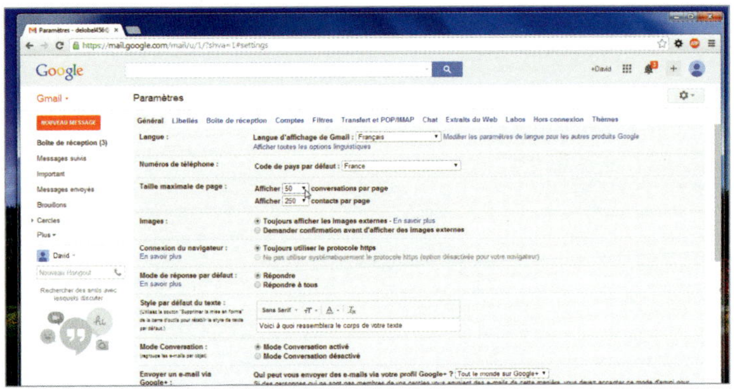

02 Les raccourcis clavier

Toujours à l'onglet Général, cochez la case "Activer les raccourcis clavier" au milieu de la page. Suivez le lien "En savoir plus" pour en découvrir la liste exhaustive. Après un temps d'adaptation, vous serez en mesure de créer rapidement un nouveau message (c), de passer à la conversation suivante (k), de marquer un e-mail comme lu (Maj+I) ou d'accéder à votre boîte d'éléments envoyés (g puis t).

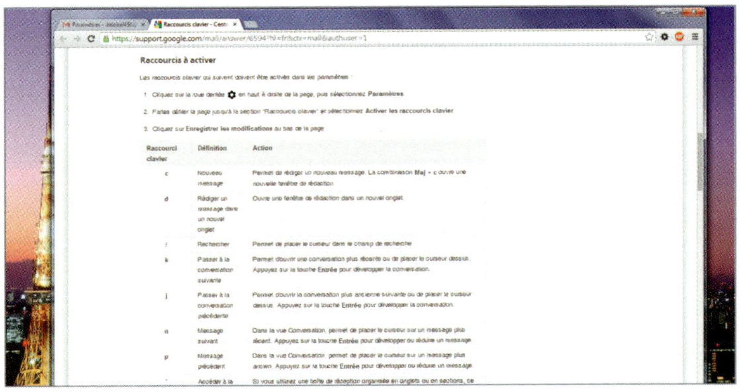

03 Les notifications de bureau

Compatibles avec les navigateurs les plus modernes, Google Chrome en tête, les notifications de bureau vous avertissent en temps réel de l'arrivée d'un nouvel e-mail, même si vous avez réduit la fenêtre du navigateur ou si vous parcourez un autre de ses onglets. Vous activez cette option à l'onglet Général des Paramètres de Gmail, en cochant la case "Notifications de nouveaux messages activées".

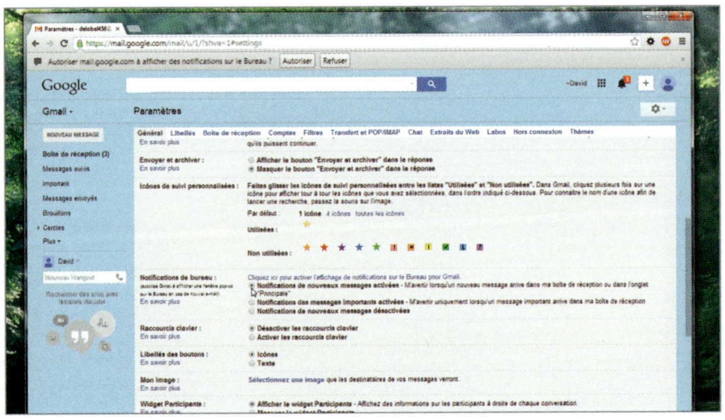

04 Ajouter votre signature

À l'instar des logiciels de messagerie classiques, Gmail vous permet de greffer automatiquement une signature à tous les e-mails que vous envoyez. Reportez-vous en bas de l'onglet Général des Paramètres, puis cochez la case et saisissez votre signature. Vous pouvez la mettre en forme à l'aide des outils de la barre supérieure. Validez votre signature en cliquant sur le bouton "Enregistrer les modifications", en bas de la page.

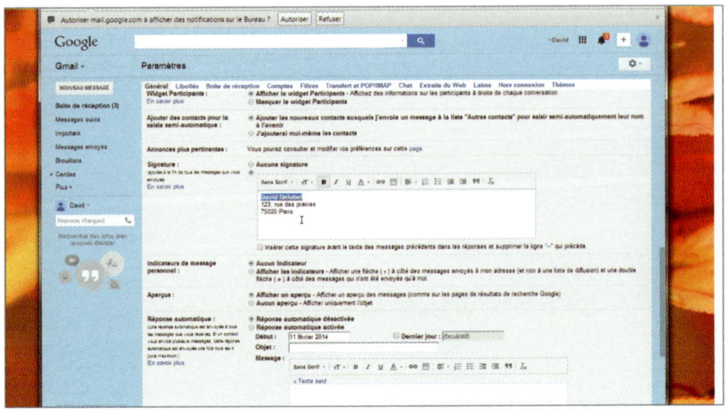

05 Gérer la boîte de réception

Reportez-vous ensuite à l'onglet Boîte de réception de l'écran des Paramètres. En premier lieu, choisissez les catégories à afficher : selon ce nouveau principe, Gmail trie automatiquement les messages liés aux réseaux sociaux ou aux promotions, en les affichant dans des onglets distincts de la Boîte de réception. Cochez les cases qui vous concernent et validez en cliquant sur le bouton au bas de la page.

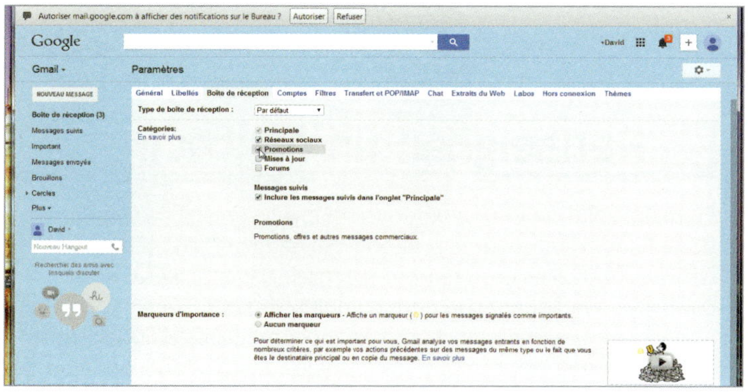

06 Les icônes de suivi

À l'onglet Général des Paramètres, reportez-vous à la section "Icônes de suivi personnalisées". Gmail vous propose douze icônes différentes, que vous utiliserez pour visualiser au premier coup d'œil l'intérêt d'une conversation. Cliquez sur le lien "4 icônes" puis déplacez les éléments de votre choix. Dans votre boîte de réception, il vous suffit de cliquer à plusieurs reprises sur l'icône étoile pour en choisir une autre.

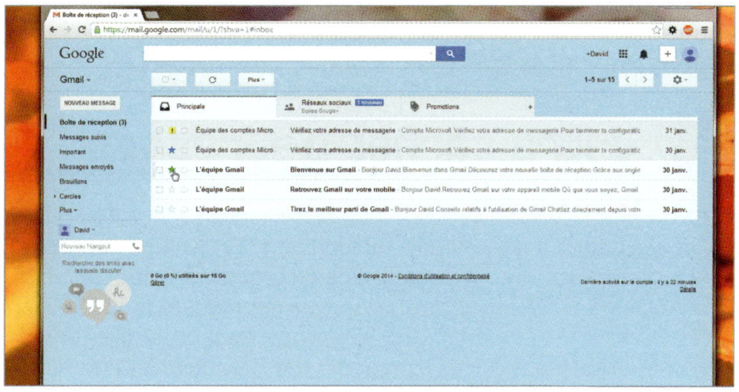

« Gmail regroupe vos messages par conversations et trie automatiquement votre boîte de réception. Personnalisez cet affichage à bon escient ! »

07 Créer une réponse automatique

Vous vous absentez pendant une certaine période ? Évitez de laisser les e-mails de vos correspondants sans réponse et avertissez-les à travers un message automatique. À l'onglet Général des Paramètres, reportez-vous à la section "Réponse automatique" et activez le service. Indiquez votre période d'absence puis rédigez le message. Vous pouvez éventuellement limiter l'envoi de cette réponse aux seules personnes figurant dans votre carnet d'adresses.

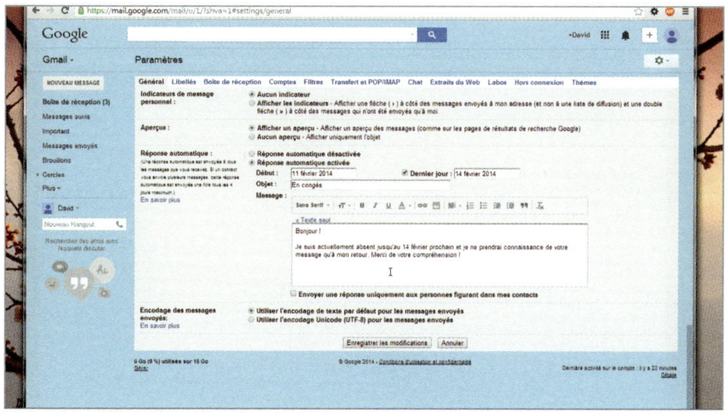

08 Personnaliser votre nom

On n'y pense pas toujours, mais prenez le temps de vérifier la manière dont vous apparaissez aux yeux de vos interlocuteurs. Pour cela, reportez-vous à l'onglet Comptes et cliquez sur le lien "Modifier les informations", à la section "Envoyer des e-mails en tant que". Vous avez notamment la possibilité de changer votre nom d'utilisateur. Pratique si vous gérez le compte Gmail d'une association, par exemple !

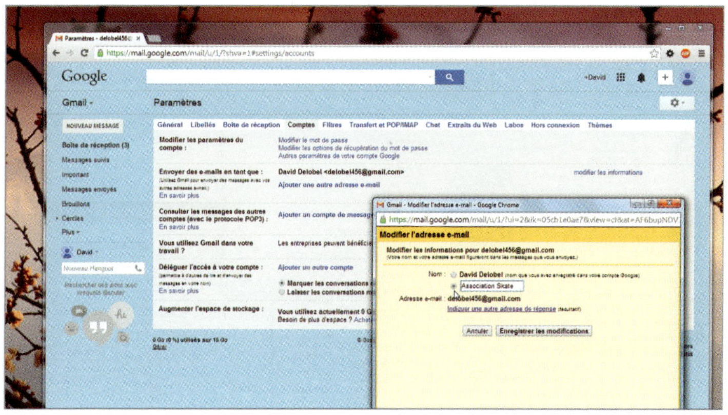

Importer et gérer vos contacts

Gmail intègre un puissant carnet d'adresses, dans lequel vous consignez tous vos contacts. Saisissez leur fiche détaillée, importez de larges carnets d'adresses en un instant et regroupez-les selon vos besoins et vos habitudes. L'envoi de nouveaux messages n'en sera que plus naturel !

01 Votre carnet d'adresses

Pour accéder à votre carnet d'adresses, cliquez sur la mention Gmail en haut à gauche puis sur Contacts. Sur le volet gauche de la fenêtre, vous découvrez une série de groupes : "Mes contacts" correspond aux adresses que vous avez renseignées manuellement, les "Cercles" sont étroitement liés à votre réseau Google+ et la section "Autres contacts" comprend tous les interlocuteurs avec lesquels vous avez déjà échangé des messages.

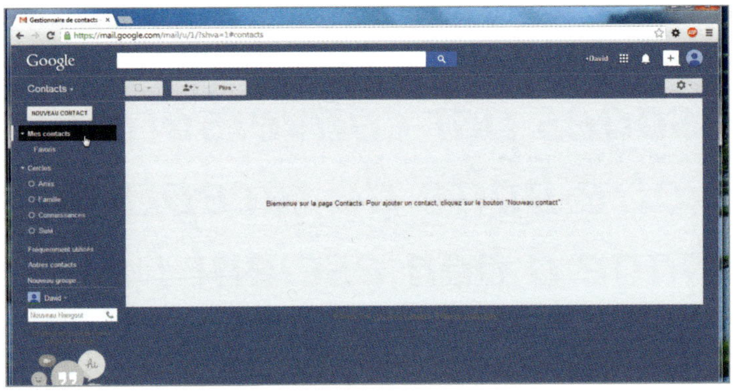

02 Renseigner un contact

Première solution pour ajouter une nouvelle entrée à votre carnet d'adresses : cliquez sur le bouton Nouveau contact, en haut à gauche. Vous êtes ensuite invité à renseigner la fiche de votre contact, en indiquant son nom complet, son adresse e-mail et en remplissant une série de champs complémentaires. Cliquez sur le bouton Ajouter pour saisir d'autres types d'infos (fonction et société, site web…). Vos modifications sont immédiatement enregistrées.

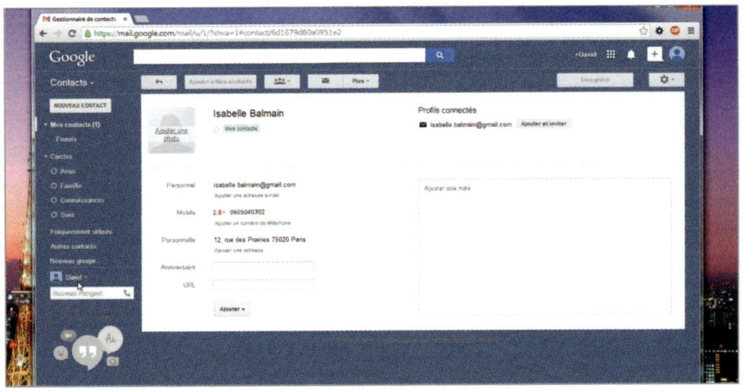

03 Importer vos contacts

Pour importer un volumineux carnet d'adresses, commencez par l'exporter au format CSV depuis l'application ou le service de votre choix (Outlook, Yahoo! Mail, Hotmail, Apple iCloud…). Avec Outlook par exemple, déroulez le menu Fichier et cliquez sur "Importer et exporter". Choisissez "Exporter des données vers un fichier" et sélectionnez le format "Valeurs séparées par une virgule (Windows)" puis le dossier Contacts.

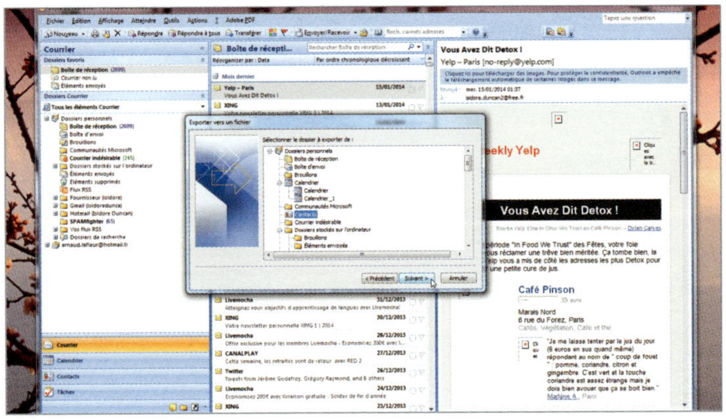

04 Ajouter les adresses

La procédure est sensiblement identique avec les autres logiciels ou services. De retour dans le carnet d'adresses de Gmail, cliquez sur "Importer des contacts" dans le volet de gauche. Sélectionnez le fichier que vous avez exporté précédemment puis cliquez sur le bouton Importer. En quelques secondes, vous ajoutez des centaines de contacts à votre carnet d'adresses Google.

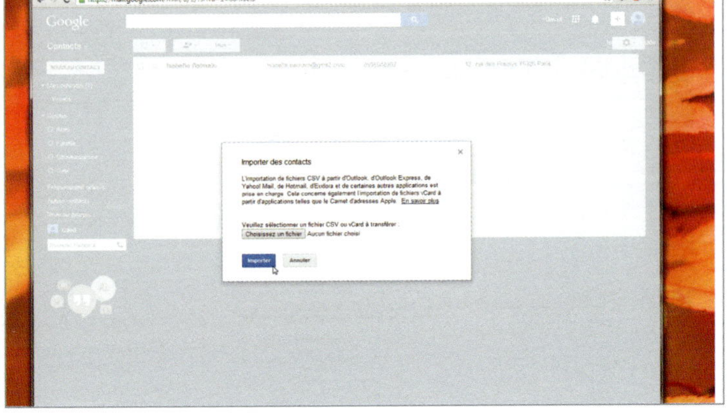

05 Ajouter depuis un e-mail

Autre possibilité : l'ajout d'un nouveau contact depuis un e-mail que vous avez reçu. Lorsque vous consultez un message, déroulez le menu en cliquant sur la flèche pointant vers le bas, à droite de la fenêtre. Cliquez ensuite sur l'option "Ajouter <expéditeur> à ma liste de contacts". Lorsque vous rédigez un e-mail, il vous suffit de saisir les premières lettres du nom ou du prénom de votre interlocuteur pour compléter rapidement son adresse.

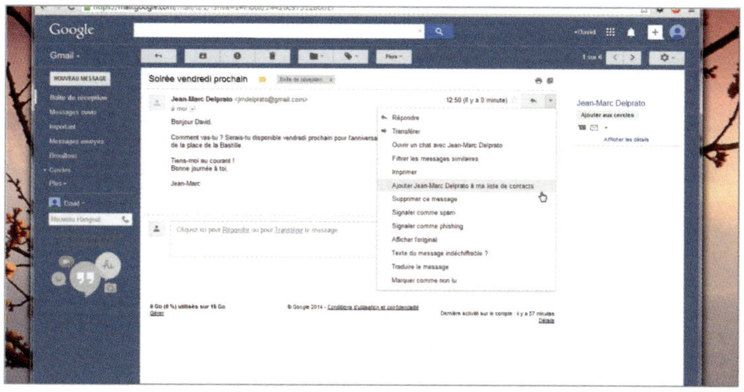

06 Gérer les contacts

Pour supprimer des contacts, il vous suffit de cocher la case qui les précède puis de cliquer sur le bouton Plus et de choisir "Supprimer les contacts". Dans le même menu, vous choisissez l'ordre de tri, en fonction du prénom ou du nom. N'hésitez pas non plus à lancer la fonction "Rechercher et fusionner les doublons" si vous avez importé un volumineux carnet. Pour modifier la fiche d'un contact, cliquez directement sur son nom.

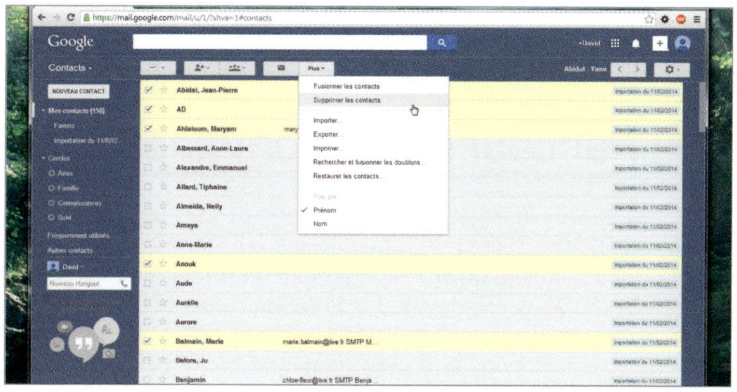

« Importez un volumineux carnet d'adresses, saisissez directement une fiche ou ajoutez l'adresse d'un expéditeur pour compléter rapidement vos contacts. »

07 Ajouter des groupes

À l'instar d'un logiciel de courrier électronique classique, Gmail vous permet de trier vos contacts par groupes. La solution la plus simple consiste à cocher la case des personnes devant figurer dans le même groupe, puis à cliquer sur la troisième icône de la barre supérieure avant de choisir "Nouveau groupe". Vous avez également la possibilité de créer un nouveau groupe, en cliquant sur cet intitulé du volet de gauche.

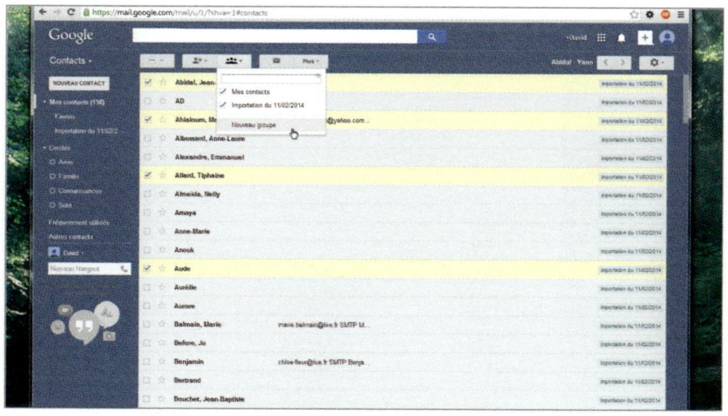

08 Restaurer les contacts

Vous avez fait une fausse manipulation et vous craignez d'avoir effacé par erreur plusieurs fiches ? Pas de panique : déroulez le menu Plus puis cliquez sur "Restaurer les contacts". Gmail consigne les évolutions de votre carnet d'adresses au cours des trente derniers jours : choisissez une heure de restauration et validez en cliquant sur Restaurer.

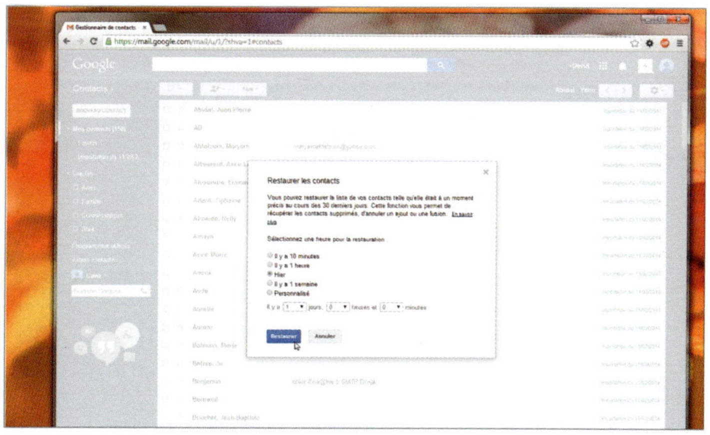

Gérer et organiser vos messages

De la personnalisation de libellés à l'application de filtres en passant par l'envoi de messages groupés et le suivi de conversations, maîtrisez au mieux les fonctions-clés de votre boîte de réception. Au passage, apprenez à l'expurger des messages devenus obsolètes.

01 Parcourir les conversations

Par défaut, les messages de Gmail s'empilent sous forme de "conversations" : elles regroupent toutes les réponses aux courriers présentant le même objet. Pratique pour ne passer à côté d'aucun message, en particulier lorsqu'il y a plusieurs interlocuteurs ! Pour "dérouler" une conversation, il vous suffit de cliquer sur l'un des messages empilés. En haut à droite, un bouton vous permet également de développer tous les messages.

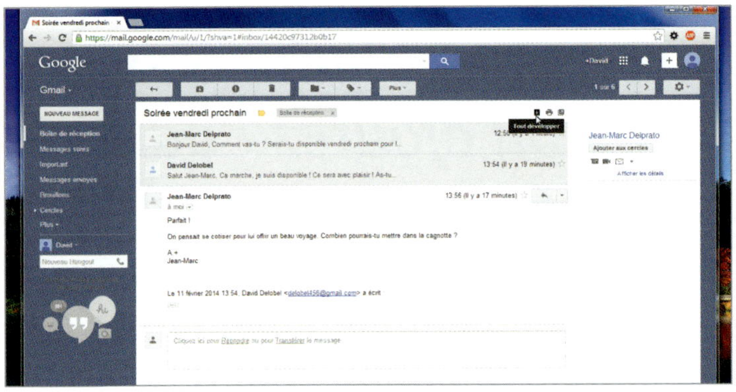

02 Envoyer un message groupé

Pour envoyer un message à plusieurs destinataires, la solution la plus simple consiste à saisir leurs différentes adresses. Retenez ce raccourci de Gmail : saisissez les premières lettres du nom d'un interlocuteur, utilisez le pavé fléché du clavier pour sélectionner la personne correspondante puis pressez la touche Tabulation. Si vous avez créé un groupe de contacts, saisissez son nom pour adresser votre message à tous ses membres.

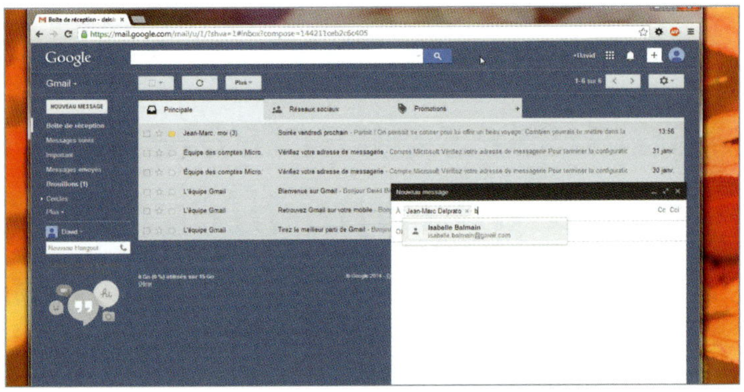

03 Marquer les messages

Gmail identifie automatiquement les messages les plus importants, en fonction d'une série de critères, et les fait précéder d'une coche jaune. En particulier, les messages en provenance des contacts avec lesquels vous échangez le plus souvent ou ceux qui vous ont été directement adressés bénéficient de ce traitement. Pour améliorer le filtrage, sélectionnez un message marqué incorrectement puis cliquez sur Plus et sur "Marquer comme non important".

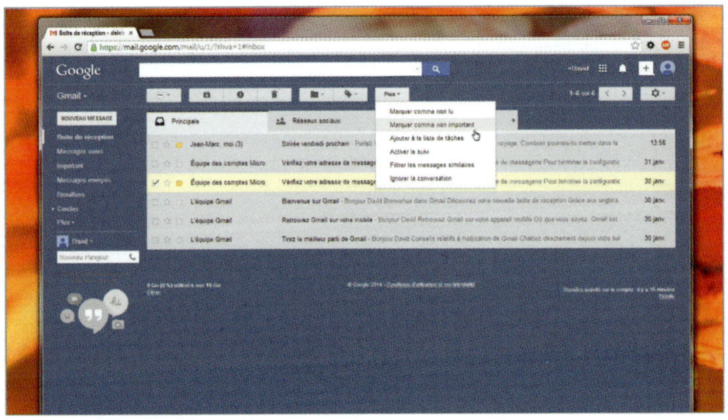

04 Suivre un message

À gauche de cette icône signalant les messages les plus importants, une étoile vous permet de suivre ceux de votre choix. Il s'agit d'un pur indice visuel, que vous devez activer manuellement en cliquant sur cette icône. Vous l'utiliserez pour retrouver rapidement les messages essentiels : saisissez "label:starred" dans le champ de recherche pour filtrer la liste. À l'onglet Général des Paramètres, vous choisirez d'autres icônes de suivi.

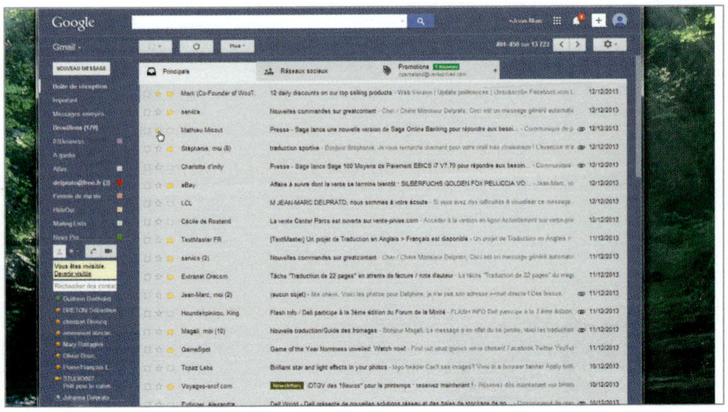

05 Créer un libellé

Contrairement à d'autres services de messagerie, Gmail ne vous permet pas de créer des dossiers : il adopte un système de "libellés" grâce auquel vous étiquetez vos messages. Sur le volet gauche de la fenêtre, cliquez sur le lien "Créer un libellé" puis saisissez un nom, comme "Mon blog" par exemple, où vous rangerez tous les messages de ce type. Cliquez sur "Gérer les libellés" pour les masquer ou les supprimer.

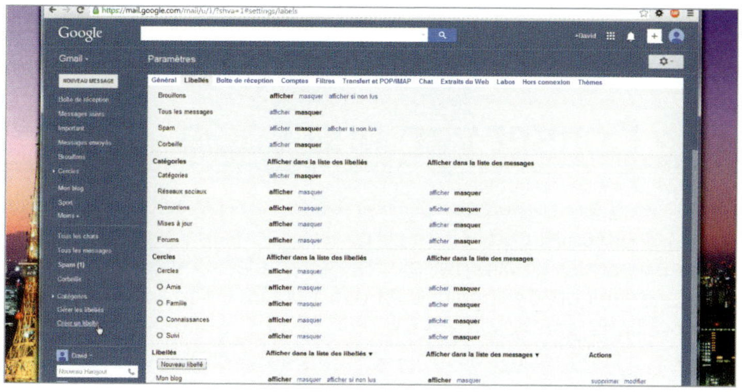

06 Lier un message à un libellé

Depuis votre boîte de réception, cochez la case d'un ou plusieurs messages puis cliquez sur le bouton représentant une étiquette, dans la barre supérieure. Sélectionnez ensuite un ou plusieurs libellés auxquels vous désirez associer les courriers. Sur le volet gauche de la fenêtre, il vous suffit de cliquer sur l'intitulé d'un libellé pour n'afficher que les messages correspondants.

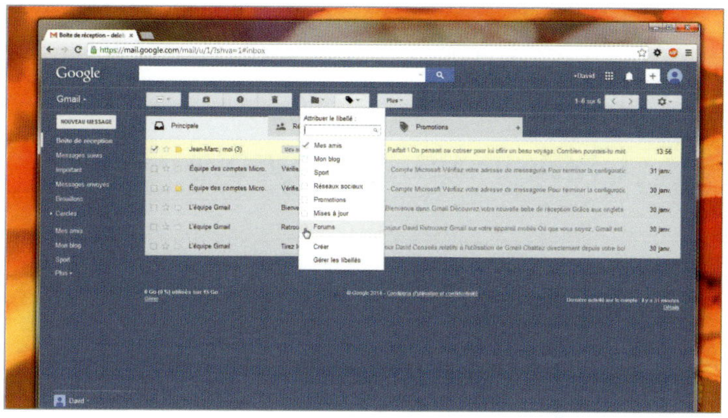

« Préparez une série de libellés afin d'accroître le confort de lecture de votre boîte de réception. Vous ne passerez à côté d'aucun message ! »

07 Filtrer les messages

Un filtre définit une action qui s'exécute automatiquement lors de la réception de certains messages. Vous pouvez ainsi transférer immédiatement les e-mails d'un certain correspondant vers une autre adresse de messagerie ou leur associer un libellé spécifique, par exemple. Cliquez sur l'icône rouage, en haut à droite, puis sur Paramètres. Reportez-vous à l'onglet Filtres et cliquez sur Créer un filtre. Remplissez enfin le formulaire.

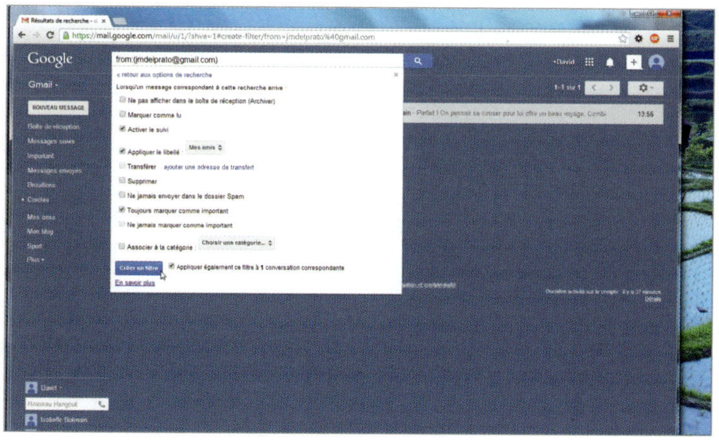

08 Nettoyer votre boîte

En bas de la fenêtre de Gmail, vous découvrez l'espace actuellement utilisé. S'il approche de son maximum, prenez le temps de supprimer les messages les plus anciens ou les moins importants. Utilisez l'opérateur "before" pour rechercher les messages avant une certaine date ("before: 2011/01/01") et l'opérateur "from:" pour afficher les e-mails d'un expéditeur spécifique. La recherche "has:attachment" trie les messages comportant une pièce jointe. Sélectionnez les messages ainsi trouvés puis cliquez sur le bouton Supprimer.

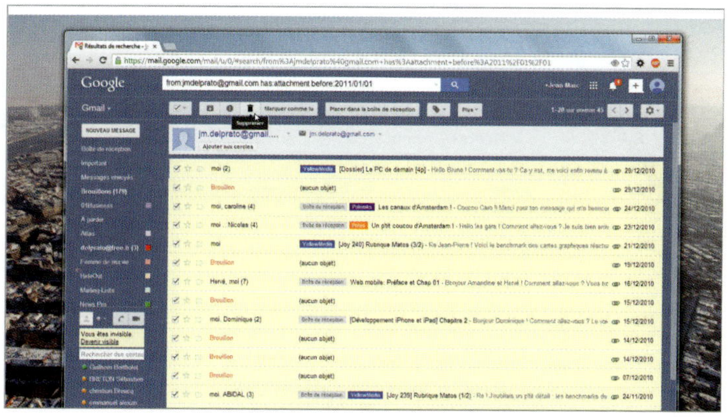

GOOGLE

Accéder à Gmail depuis d'autres messageries

Vous pouvez librement consulter vos messages Gmail depuis un logiciel comme Mozilla Thunderbird ou Microsoft Outlook. Vous configurez Gmail en ce sens et vous archivez vos courriers sur votre ordinateur. Il vous suffit de choisir un type de protocole et d'indiquer si vous souhaitez supprimer ou non les messages d'origine.

01 Choisir un protocole

Depuis l'interface de Gmail, cliquez sur l'icône rouage puis sur Paramètres. Reportez-vous à l'onglet "Transfert et POP/IMAP" et choisissez le protocole POP ou IMAP. La plupart des logiciels supportent les deux et Google vous recommande IMAP, plus fiable : cochez la case "Activer IMAP". Si vous utilisez un logiciel plus ancien ou un smartphone de première génération, activez plutôt le protocole POP.

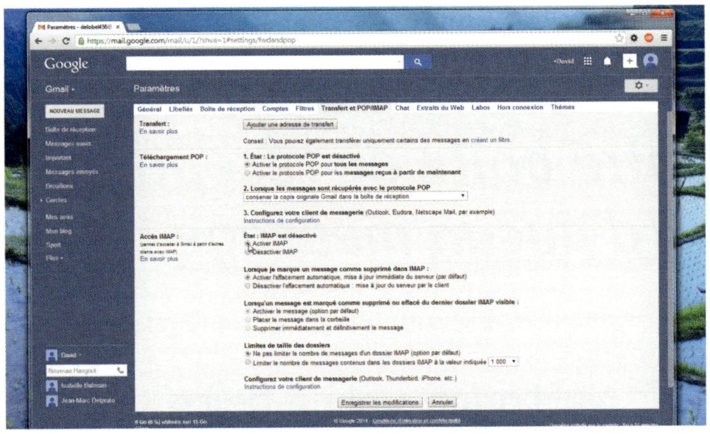

02 Conserver une copie

Que vous ayez opté pour POP ou IMAP, vous devez ensuite choisir de conserver ou non la copie originale de vos messages sur Gmail. Par défaut, les deux protocoles préservent les messages d'origine sur les serveurs de Gmail : c'est d'ailleurs le réglage que nous vous conseillons, par mesure de sécurité. Si vous configurez une ancienne adresse Gmail dont vous souhaitez progressivement vous détacher, cochez "Supprimer immédiatement et définitivement le message" (IMAP) ou "Supprimer la copie originale Gmail" (POP).

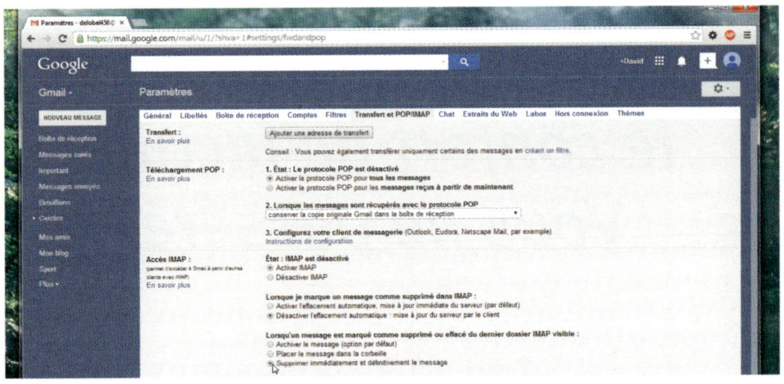

03 Configurer Thunderbird

Avec Mozilla Thunderbird, déroulez le menu Outils et cliquez sur Paramètres des comptes puis sur Gestion des comptes> Ajouter un compte de messagerie. Indiquez vos nom et prénom, votre adresse Gmail puis votre mot de passe. Thunderbird détecte automatiquement les paramètres IMAP ou POP de Gmail et procède à la configuration adéquate. Cliquez sur le bouton Terminé.

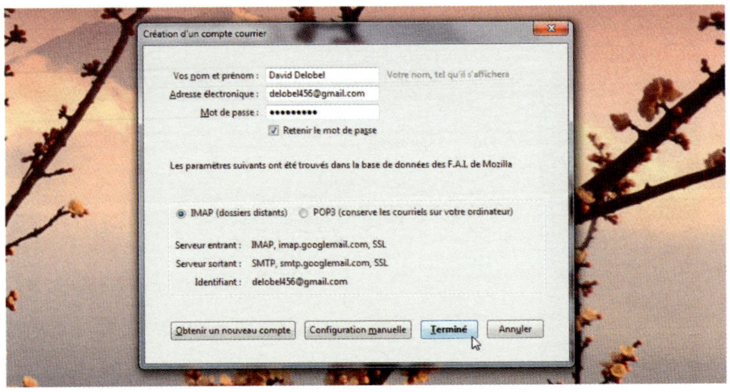

04 Paramétrer Outlook

Avec Microsoft Outlook, déroulez le menu Outils et cliquez sur Paramètres du compte. Cliquez sur le bouton Nouveau puis sur Suivant. Saisissez votre nom, votre adresse Gmail et votre mot de passe : Outlook s'occupe du reste ! À titre indicatif, avec IMAP, le serveur entrant est "imap.gmail.com" sur le port 993 avec un chiffrement SSL et le serveur sortant "smtp.gmail.com" sur le port 587 avec le chiffrement TLS. Avec POP, le serveur entrant est "pop.gmail.com" sur le port 995 avec cryptage SSL et le serveur sortant "smtp.gmail.com" sur le port 465 avec le même chiffrement.

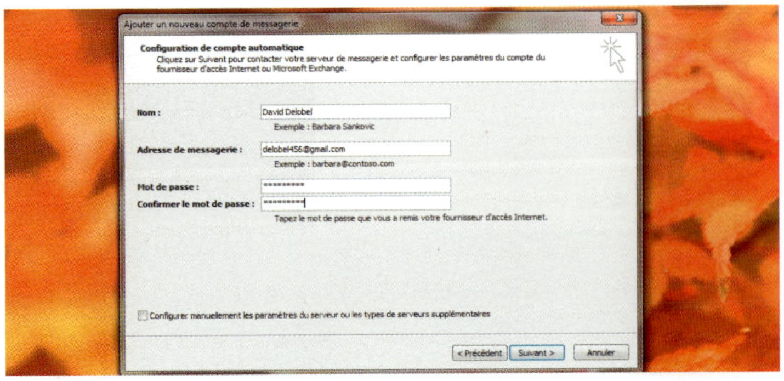

Protéger Gmail des spams

Véritables fléaux, les spams correspondent aux messages non sollicités qui polluent le web et qui sont susceptibles de contenir des virus ou de vous dérober des informations sensibles. Gmail est particulièrement bien armé à leur encontre : personnalisez le filtre antispam pour renforcer son efficacité.

01 Le filtre intégré à Gmail

La messagerie de Google détecte très correctement la plupart des spams, les confinant dans un dossier spécifique dès leur arrivée, auquel vous accédez en cliquant sur "Spam" dans le volet de gauche. Ce tri s'effectue sur la base de tous les utilisateurs internationaux : il vous suffit en effet de cocher un message puis de cliquer sur le bouton "Signaler comme spam" pour le filtrer. Les mails de ce type sont conservés pendant 30 jours dans le dossier Spam.

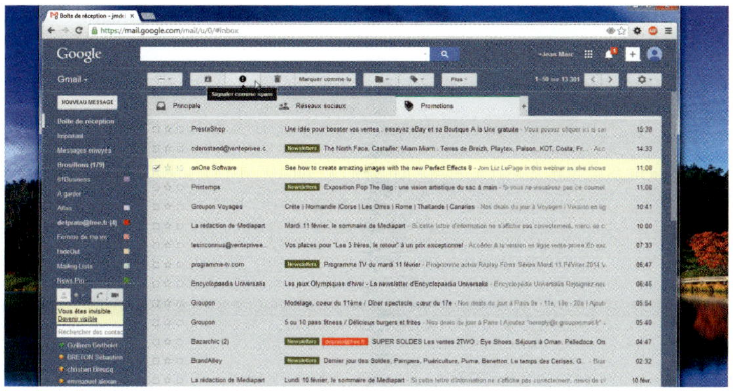

02 Gare aux erreurs !

Les spams accaparent donc un certain espace de stockage : n'hésitez pas à en parcourir la liste de temps à autre, puis à cliquer sur "Supprimer tous les spams maintenant", en haut de l'écran. À l'inverse, il est possible que Gmail fasse des erreurs de tri. Vous pouvez restaurer un message classé comme spam dans votre boîte de réception en cochant sa case puis en cliquant sur le bouton "Non-spam".

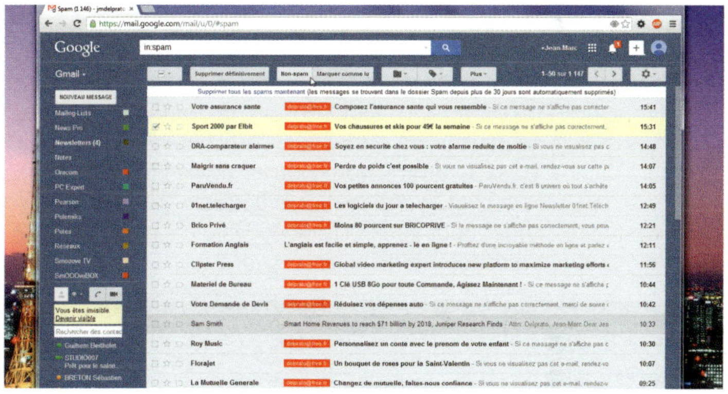

03 Créer votre filtre antispam

Personnalisez le filtre antispam de Gmail afin de renforcer son efficacité. Cliquez sur la flèche pointant vers le bas, à droite du champ de recherche supérieur, puis saisissez des mots-clés dans le champ "Contient les mots". Pensez aux grands classiques des spams, comme viagra, pharmacy, generic ou des expressions complètes que vous indiquerez entre guillemets comme "lowest prices".

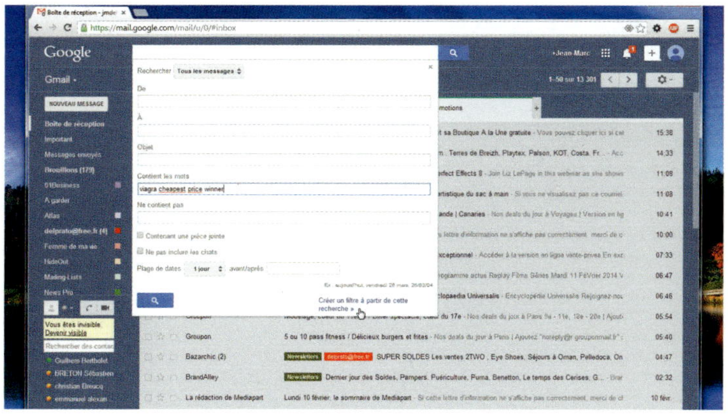

04 Gérer votre filtre antispam

Si vous avez identifié des adresses e-mail comme sources de spam, indiquez-les dans le champ correspondant. Vérifiez ensuite les résultats de votre recherche et affinez-la si nécessaire. Cliquez sur le lien "Créer un filtre à partir de cette recherche". Cochez la case Supprimer ou préparez un libellé spécifique. À l'inverse, vous pouvez choisir de ne jamais envoyer ces éléments dans le dossier Spam. Validez en cliquant sur "Créer un filtre".

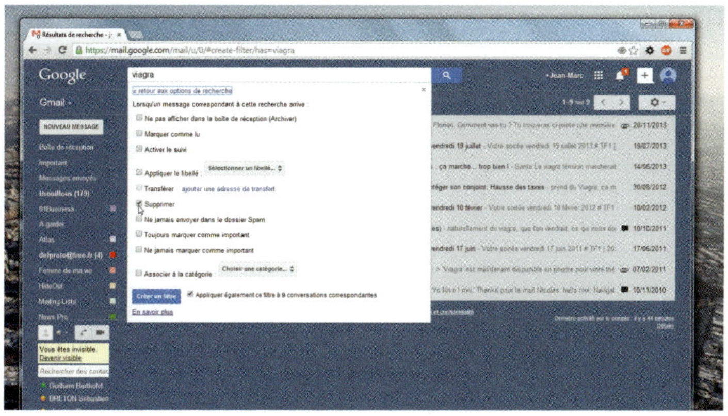

GOOGLE

Traduire textes, sites web et documents

Google Traduction permet en quelques clics de traduire, depuis et vers un grand nombre de langues, du texte, mais aussi des sites web entiers ainsi que des documents. La traduction étant souvent approximative, quelques astuces permettent de gagner en efficacité.

01 Traduire du texte

Pour accéder à Google Traduction, cliquez sur "Plus" puis "Traduction" depuis la barre de menus du moteur de recherche. Précisez la langue du texte original et la langue de traduction parmi les cinquante-sept proposées. Tapez ensuite un mot ou une phrase dans le champ de gauche. La traduction s'affichera au fur et à mesure dans le volet de droite. Vous pouvez également copier/coller un texte complet et cliquer ensuite sur le bouton "Traduction". Option intéressante : pour vous faire une idée de la prononciation, Google propose d'écouter le texte en cliquant sur "Écouter".

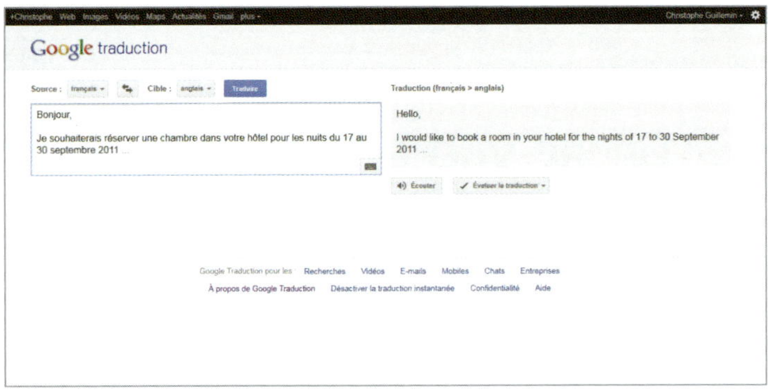

02 Affiner la traduction

Si un terme ou une expression vous paraît incompréhensible, vous pouvez obtenir une autre traduction en passant simplement votre pointeur dessus. Le ou les mots sélectionnés sont alors surlignés en jaune et une infobulle apparaîtra. En cliquant dans l'infobulle, vous affichez un menu déroulant avec d'autres traductions possibles. Cliquez sur celle qui vous paraît la plus appropriée afin de la remplacer dans le texte. Vous pouvez également saisir votre propre traduction dans le champ dédié et cliquer sur "Utiliser" pour l'intégrer au texte traduit.

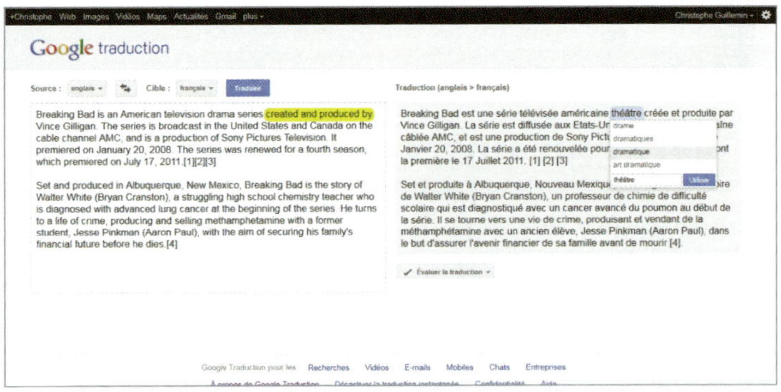

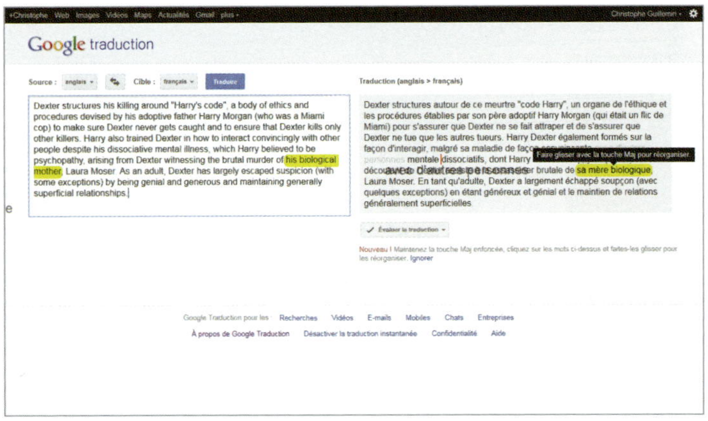

03 Réorganiser le texte

Il peut donc s'avérer nécessaire de réorganiser le texte traduit. Maintenez la touche Maj enfoncée, cliquez sur les mots que vous souhaitez déplacer et faites-les glisser vers l'endroit approprié dans le texte. Pour effacer une partie du texte, sélectionnez-le à la souris dans le texte original, puis appuyez sur la touche Suppr. Il sera alors également supprimé du texte traduit. Pour le remettre, utilisez la classique combinaison de touches Ctrl+Z.

04 Phonétique

Si vous tentez de traduire un texte non rédigé en alphabet latin, Google Traduction affiche l'option "Lire phonétiquement". Elle permet de transposer du texte en alphabet phonétique et ainsi d'en connaître la prononciation. À l'inverse, si vous ne disposez pas de clavier spécifique, Google Traduction propose l'option "Autoriser la saisie phonétique". Tapez un mot comme il se prononce, en alphabet latin. Google le réécrit ensuite automatiquement dans l'alphabet utilisé par la langue souhaitée.

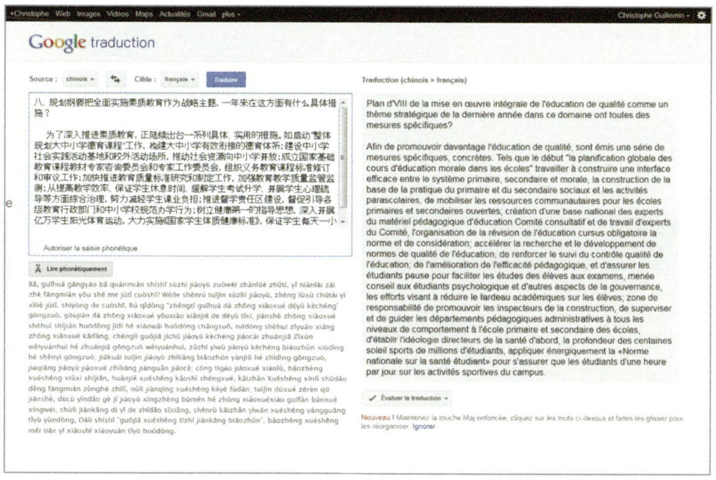

05 Traduire une page ou un site web

Pour traduire une page ou un site entier, copiez/collez son URL dans le champ de gauche. Cliquez ensuite sur le lien qui s'affiche dans le volet de droite. Vous pouvez alors naviguer de page en page. Elles seront toutes traduites à la volée. Pour afficher la page en version originale, cliquez sur "Original" en haut à droite du volet de traduction qui demeure à l'écran. Pour afficher la VO d'un paragraphe, laissez quelques instants votre pointeur dessus (lire également notre article page 20 Recherche en anglais et traduction).

06 Traduire des textes

Google Traduction propose de traduire des documents entiers contenant du texte. Vous n'aurez ainsi pas besoin de copier/coller un à un les blocs de texte constituant un document. Les formats de fichiers pris en charge sont : PDF, TXT, DOC, PPT, XLS et RTF. Prenons ici l'exemple d'un document de 44 pages en anglais, au format PDF, traitant de la voiture électrique. Nous devons d'abord cliquer sur "Importer un document à traduire" puis indiquer son emplacement sur le système.

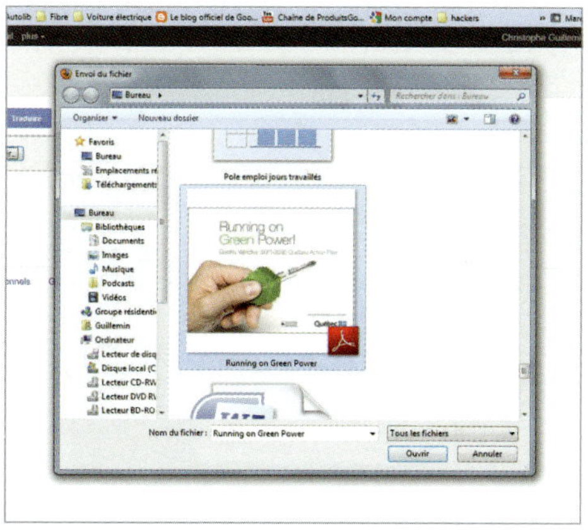

07 Traduire un document

Sélectionnez le fichier et cliquez sur "Traduire". Selon la taille du document, l'opération peut prendre plusieurs minutes. Vous obtenez ensuite la traduction du texte sans les images et avec une mise en forme très simplifiée. Chaque page est indiquée à gauche. Les résultats sont inégaux et la mise en forme simplifiée peut altérer le texte. Dans ce cas, copiez/collez la traduction dans un document Word ou autre pour le retravailler un minimum.

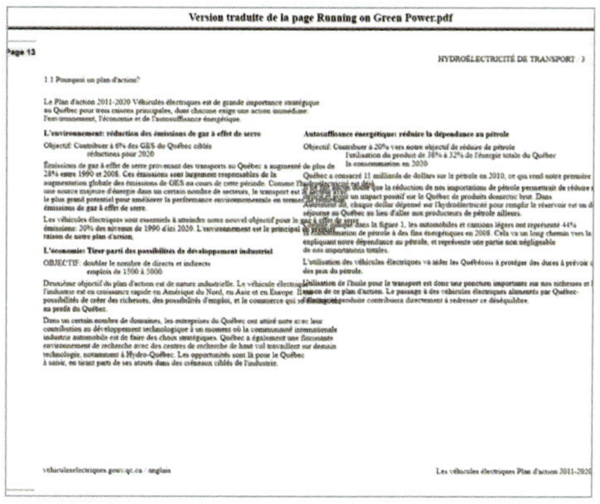

08 Le kit du traducteur

Un outil de traduction plus avancé est proposé par Google à l'adresse suivante : http://translate.google.com/toolkit/. Ce "kit du traducteur" permet de retravailler en profondeur une traduction proposée par Google grâce à une interface en deux volets (original et traduction). Gros avantage : vous pouvez récupérer votre document traduit dans son format d'origine. Cliquez sur "Partager" puis "Télécharger". Hélas, peu de formats sont pris en compte (HTML, DOC, ODT, TXT, RTF, SRT et SUB) et le document doit peser moins de 1 Mo.

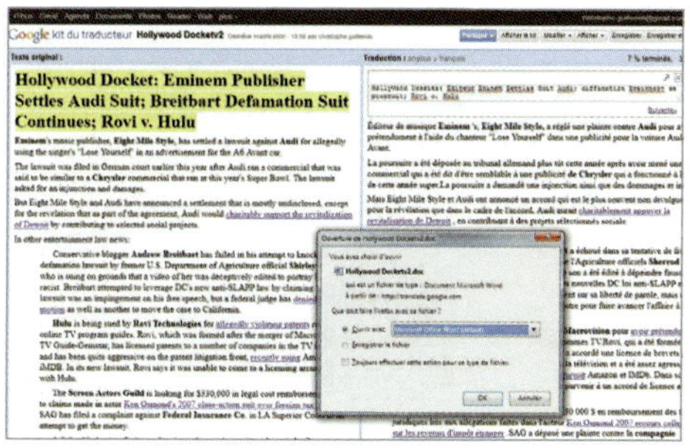

GOOGLE

Créer votre blog avec Blogger

Lancé en 1999, Blogger est le service de création de blog de Google. Partager votre opinion, créer votre journal personnel, partager des photos, toutes ces actions sont possibles sur Blogger. Voici les premières étapes à suivre pour bien créer votre blog : choisir le modèle de présentation et apprivoiser l'interface de ce service.

01 Nommer votre blog

Connectez-vous au service avec un compte Google grâce à l'URL suivante : www.blogger.com. Si vous ne possédez pas de compte, Blogger vous proposera un assistant afin d'en créer un. Cliquez ensuite sur le bouton "Créer un blog". Saisissez le titre de votre site puis son adresse. Blogger vous proposera des alternatives si l'adresse est déjà prise. Elle sera de type : http://grandeevasion.blogspot.com. Recopiez les caractères en rouge, permettant de vérifier que vous êtes un humain, et cliquez sur "Continuer".

02 Choisir un modèle

Blogger propose huit modèles visuels de blog qui intègrent les différents blocs, l'arrière-plan, un thème de couleurs, etc. Vous pourrez totalement le personnaliser par la suite. Cette opération n'a donc rien de définitif. Choisissez en fonction de l'orientation que vous comptez donner à votre blog : modèle simple (deux versions, convient à un blog standard), Fenêtre d'images (orientation photo), SARL Fantastique (pro), Filigrane (deux versions, pour un blog orienté journal), Ethéré (interface sommaire) et Voyage (blog touristique).

03 Fonctions de base

Une fois votre modèle sélectionné, cliquez sur "Continuer" puis "Utiliser mon blog". Dans la nouvelle interface, cliquez sur "Et maintenant lancez-vous" ou sur l'icône avec un crayon. Vous pouvez rédiger votre premier billet (voir article "pratique" ci-après). L'icône à droite du crayon permet d'afficher votre tableau de bord intégrant toutes les fonctions de gestion. L'icône avec une flèche vers le bas propose un accès rapide à certaines fonctions (gestion des commentaires, statistiques, etc.). Enfin, le bouton "Afficher le blog" est un lien direct vers votre site.

04 Modifier le modèle

Pour changer le thème visuel de votre blog, cliquez sur le bouton "Modèle" depuis votre tableau de bord. Une trentaine de modèles sont disponibles. Il s'agit de variantes des modèles proposés lors de la création du blog. Pour personnaliser un modèle, passez la souris sur sa vignette et cliquez sur "Personnaliser". Vous pouvez alors modifier la mise en page, ajuster la largeur des pages et changer l'arrière-plan. Pour choisir une image d'arrière-plan sur votre disque dur, cliquez sur "Importer une image".

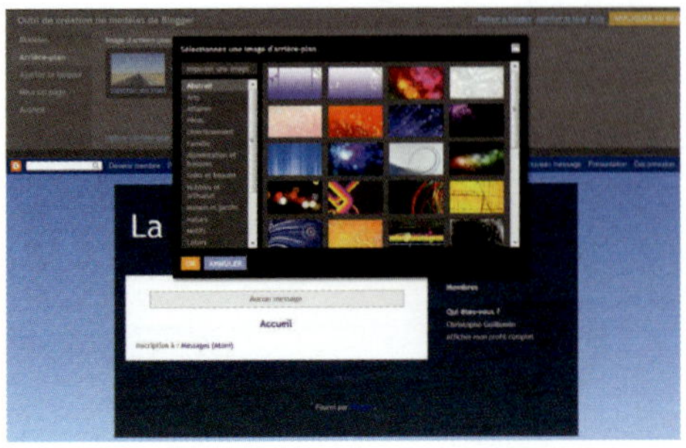

Publier votre premier billet

Avec la nouvelle interface de Blogger, la rédaction et la publication d'un billet de blog (post) se révèlent extrêmement simples. Une fois le texte saisi et mis en forme, vous pouvez facilement ajouter des images, vidéos et autres mots-clés.

01 Saisir un texte

Depuis l'interface Blogger, cliquez sur "Et maintenant lancez-vous" ou sur l'icône intégrant un crayon. Dans le champ supérieur, donnez un titre à votre post. Cliquez ensuite dans le cadre de rédaction et saisissez votre texte. Vous pouvez copier/coller un texte depuis une autre source, comme un logiciel de traitement de texte. Mieux vaut cependant d'abord le copier dans le bloc-notes (WordPad sous Windows), puis vers Blogger. Vous le nettoierez ainsi de toute mise en forme ajoutée par le traitement de texte.

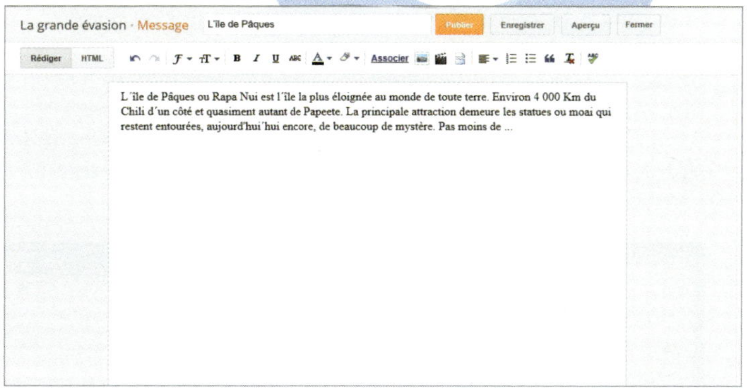

02 Mise en forme et correction

L'assistant de publication de Blogger intègre les fonctions de base d'un logiciel de traitement de texte (taille de police, texte en gras ou italique, alignement, etc.). Les boutons aussi sont similaires à ceux d'un traitement de texte. Vous ne serez donc pas perdu. Sélectionnez votre mot ou expression et cliquez sur le bouton correspondant. Le bouton "ABC" vous assiste dans la correction orthographique du texte en surlignant en jaune des mots inconnus. Un clic gauche sur le mot surligné affiche un menu déroulant présentant des propositions de correction.

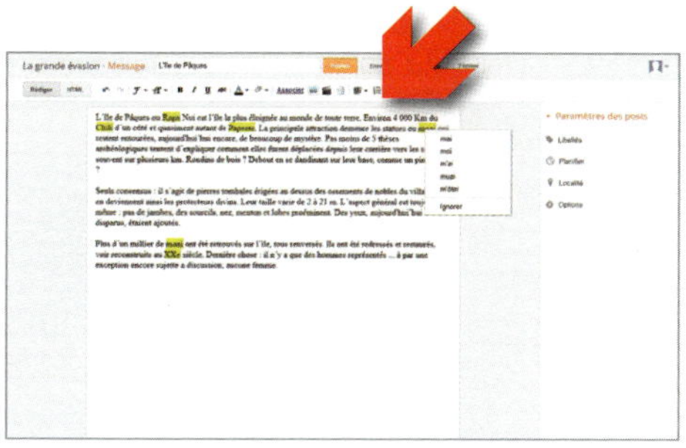

03 Ajouter des éléments

Une seconde série de boutons, à droite de ceux de mise en forme, sert à intégrer des éléments tels que des liens Internet, des photos ou vidéos. Sélectionnez le mot ou l'expression où appliquer un lien puis cliquez sur "Associer" et copiez/collez l'URL. Pour une photo ou vidéo, cliquez à l'endroit où vous voulez l'intégrer. Cliquez ensuite sur l'icône correspondante et copiez son URL ou importez-la depuis votre disque dur. Vous pouvez ensuite personnaliser son affichage en cliquant simplement dessus puis en sélectionnant les options proposées.

04 Aperçu et publication

Une fois votre post réalisé, associez-lui des mots-clés depuis l'onglet "Libellés". Cliquez enfin sur le bouton "Aperçu" afin de visualiser son rendu dans votre blog. Si l'aperçu vous convient, cliquez sur "Publier".

Créer et personnaliser votre compte Google+

L'inscription à Google+ ne prend que quelques secondes. Personnalisez votre profil, partagez les infos de votre choix et sélectionnez précisément les contacts avec lesquels vous souhaitez échanger. Sobre et élégant, le service s'inscrit ensuite dans toutes vos habitudes.

01 Connexion à Google+

Pour utiliser Google+, il vous suffit de vous connecter à votre compte Google et de cliquer sur votre nom d'utilisateur en haut à droite. Vous pouvez également vous rendre directement à l'adresse http://plus.google.com. Dans les deux cas, vous découvrez ensuite votre page d'accueil : elle vous permet de publier rapidement un statut, une photo, un lien, une vidéo ou un événement, tout en parcourant les dernières nouveautés de votre réseau.

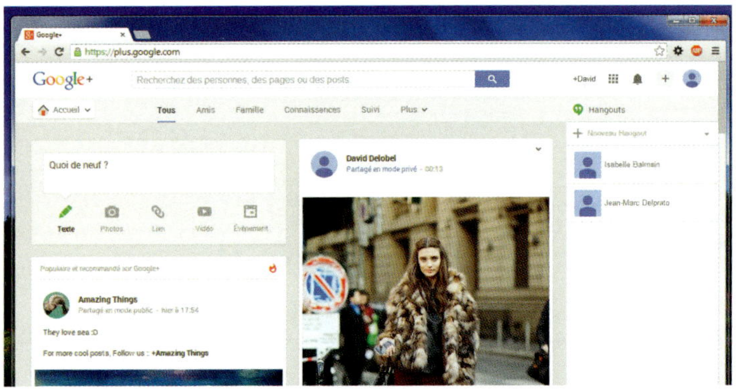

02 Personnaliser votre profil

Cliquez sur le bouton Accueil, en haut à gauche, puis sur Profil. Vous êtes tout d'abord invité à ajouter votre photo personnelle : survolez le cercle bleu à la souris puis cliquez sur le bouton central. Dans la fenêtre qui apparaît, transférez une image depuis votre ordinateur puis délimitez la zone de votre choix. Cliquez ensuite sur le bouton "Définir comme photo de profil". Cette image vous identifiera sur Google+.

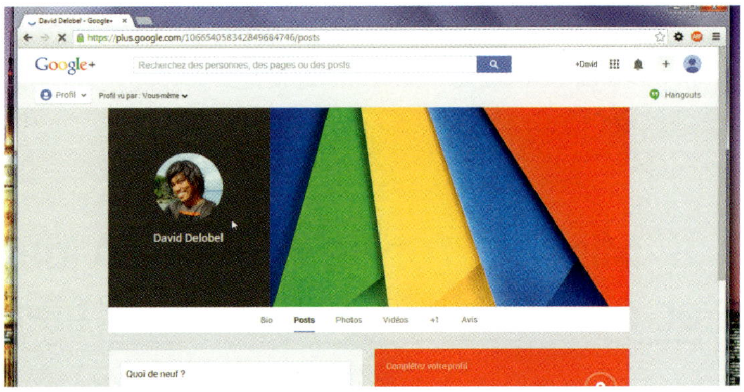

03 Gérer vos notifications

Les mises à jour de vos contacts se traduisent par l'envoi de notifications. Les interactions sont très riches sur Google+ et vous pouvez librement partager un grand volume de contenus, en commentant chaque publication. Pour personnaliser les notifications que vous recevez, cliquez sur le bouton Accueil puis sur Paramètres. Reportez-vous à la section "Types de notifications", passez en revue les catégories et cochez les éléments de votre choix.

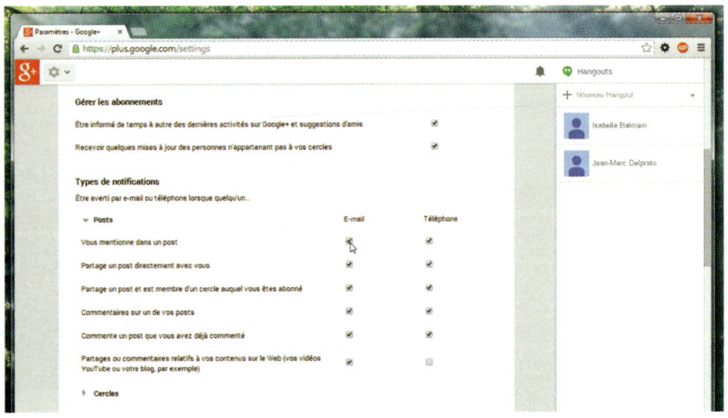

04 Rédiger votre bio

De retour sur votre page de profil, reportez-vous à l'encart sur la droite vous indiquant les étapes que vous devez encore remplir. En particulier, cliquez sur l'onglet Bio afin de rédiger quelques mots vous concernant. Vous pouvez notamment préciser votre parcours professionnel, votre formation et vos coordonnées. Google+ assure ainsi la convergence entre les différents types de réseaux sociaux, qu'ils soient personnels ou professionnels.

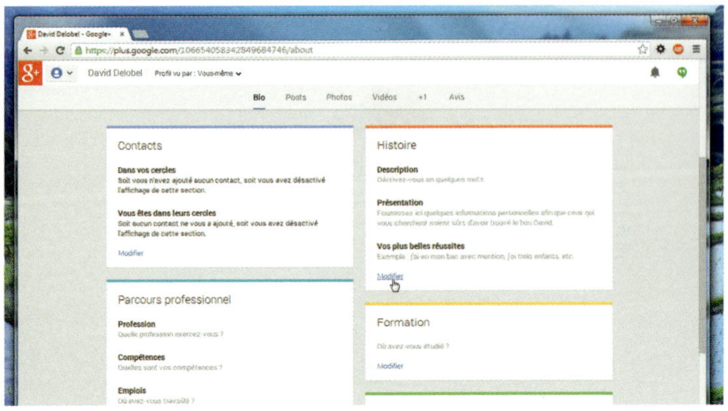

Organiser vos cercles de contacts

Google+ s'articule autour du concept de "cercles", des groupes de contacts grâce auxquels vous triez les membres de votre réseau. Cercle amical, familial ou professionnel : chaque groupe est indépendant et vous choisissez à tout moment les personnes avec lesquelles vous partagez du contenu.

01 Ajouter un contact à un cercle

Sur votre page d'accueil Google+, la barre supérieure vous permet d'accéder aux cercles par défaut : Amis, Famille, Connaissances et Suivi. Cliquez sur l'un d'entre eux pour visionner les posts publiés par le cercle correspondant. Reportez-vous à l'encart "Dans ce cercle" et saisissez directement l'adresse e-mail d'un contact puis pressez la touche Entrée afin de l'ajouter.

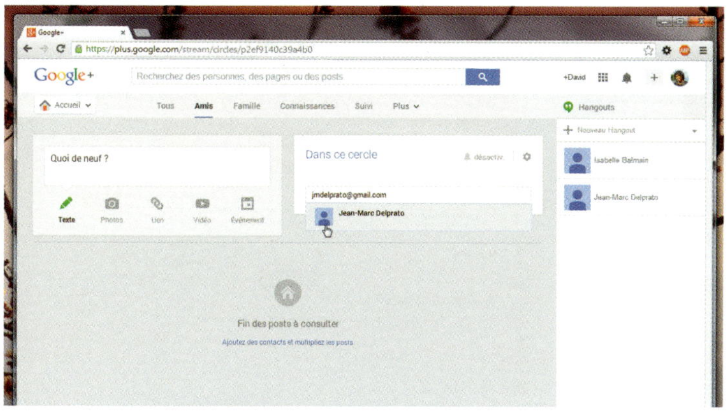

02 Gérer vos contacts

Cliquez sur le bouton Accueil en haut à gauche, puis sur Contacts. Google+ vous suggère d'ajouter une série de contacts en fonction des liens d'amitié que vous avez établis ou de votre propre carnet d'adresses. Survolez le bouton Ajouter et cliquez directement sur le cercle correspondant pour compléter vos contacts. Renouvelez l'opération pour associer rapidement des contacts à vos cercles essentiels.

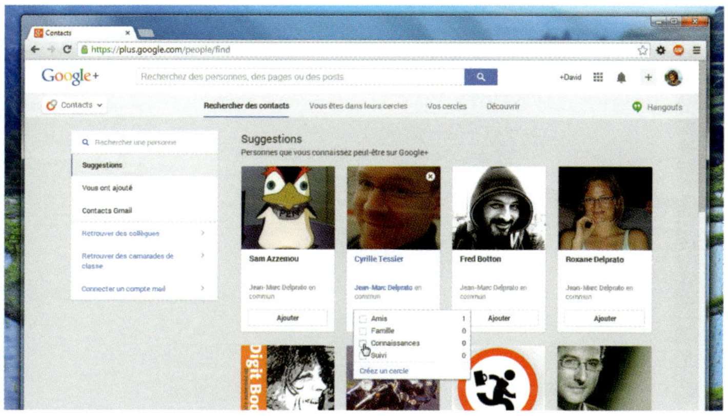

03 Créer des cercles

Vous n'êtes évidemment pas circonscrit à cette sélection initiale de cercles. Toujours dans la page des Contacts, reportez-vous à l'onglet "Vos cercles" de la barre supérieure. Cliquez ensuite sur le bouton + pour créer un nouveau cercle. Vous seul pourrez lire cet intitulé : il vous suffit ensuite de glisser-déposer la fiche d'un contact vers ce cercle pour l'ajouter. Une même personne peut faire partie de plusieurs cercles.

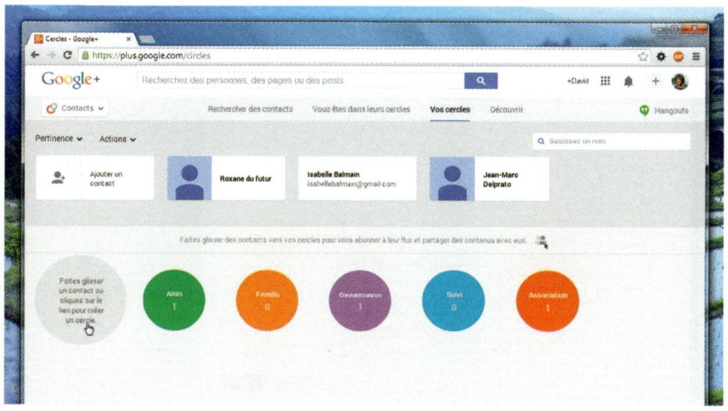

04 Cercles étendus

Les amis de mes amis sont mes amis. C'est un peu le principe des "cercles étendus", qui sont les cercles de vos cercles. Si vous décidez de partager une information avec vos cercles étendus, elle sera diffusée à vos contacts mais également aux contacts de vos contacts. Les cercles sont donc au cœur de vos activités sur Google+ et vous permettent de choisir très précisément les personnes susceptibles de visualiser vos publications.

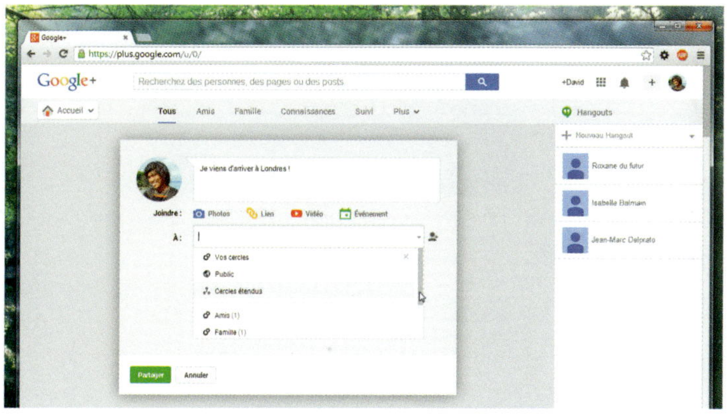

Contrôler le partage de vos informations

Google+ met l'accent sur la maîtrise des informations que vous partagez avec vos contacts à travers la notion de "cercles". Certaines fonctions par défaut peuvent toutefois se révéler délicates d'utilisation, comme l'approbation automatique des tags.

01 Approbation des tags photo

Un tag photo sert à indiquer que vous figurez sur une image. Par défaut, les tags ajoutés par les contacts de vos cercles sont approuvés automatiquement. L'image est alors associée à votre profil et la photo figure dans la section "Photos de vous". Pour garder le contrôle des publications qui vous concernent, cliquez sur Accueil puis sur Paramètres. Reportez-vous à la section "Personnes pour lesquelles l'ajout de tags…" et supprimez la mention "Vos cercles".

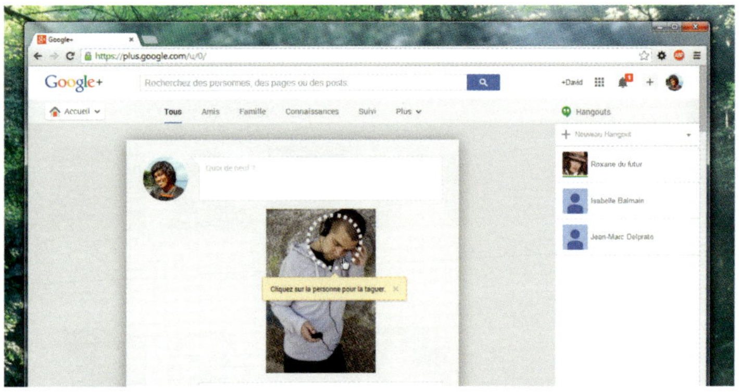

02 Masquer des infos du profil

Par défaut, les informations figurant sur votre page de profil sont visibles par tous. Reportez-vous à l'onglet Bio puis cliquez sur le lien Modifier de chaque section. Cliquez sur la mention "Public" à droite de chaque détail et choisissez son niveau de visibilité. En cliquant sur "Personnalisé", vous indiquez précisément les cercles ou les contacts ayant accès à vos informations.

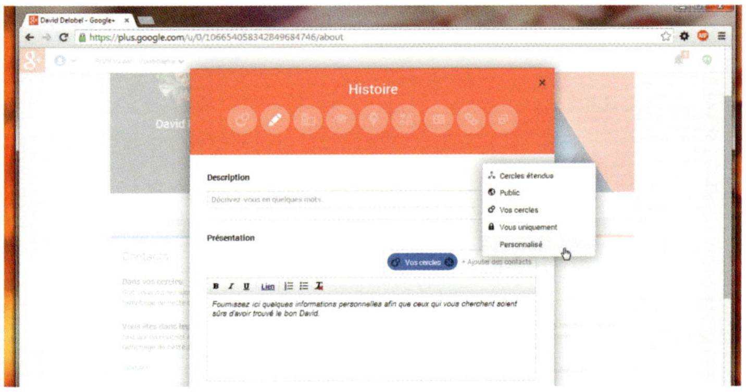

03 Choisir les contacts à afficher

En haut de la page de votre profil, déroulez le menu "Profil vu par" et choisissez "Tout le monde". Comme vous le constatez, n'importe qui peut découvrir les contacts de vos cercles ou les personnes qui vous ont ajouté. Pour y remédier, cliquez sur l'onglet Bio puis sur le lien Modifier à la section Contacts. Sélectionnez les cercles dont vous souhaitez faire apparaître les contacts et les personnes qui peuvent les voir ("Public" ou "Vos cercles").

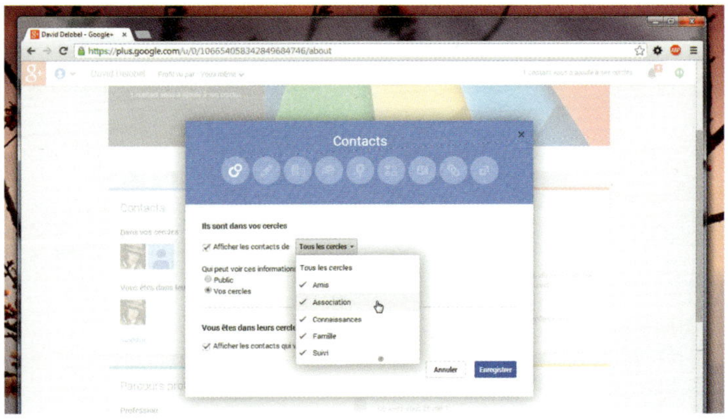

04 Bloquer une personne

Vous pouvez empêcher une personne d'accéder aux contenus que vous partagez avec vos cercles. Elle ne pourra également plus vous citer dans des posts ou commentaires. En revanche, elle pourra toujours consulter le contenu que vous diffusez en mode public. De votre côté, son contenu disparaîtra de votre flux. Pour cela, accédez à son profil puis cliquez sur la flèche sous son nom puis sur "Signaler/Bloquer".

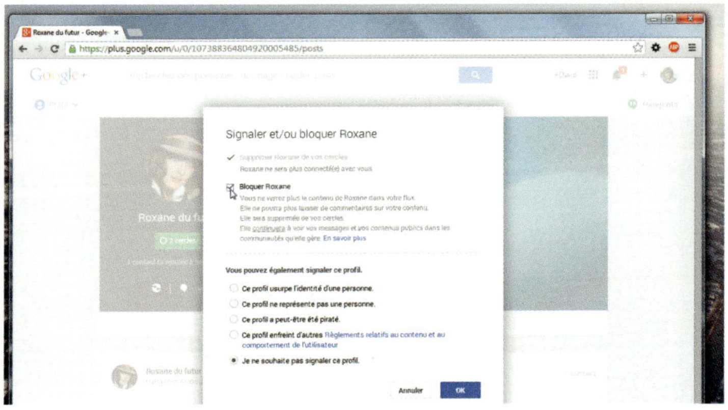

Communiquer avec vos contacts

Le principal intérêt d'un réseau social réside évidemment dans l'échange d'informations et de contenu avec vos contacts selon différents modes de diffusion. Outre les classiques posts, Google+ vous permet de converser en mode chat et en vidéo.

01 Publier et modifier un post

Pour publier un nouveau contenu sur votre page, reportez-vous à la section "Quoi de neuf ?" et saisissez du texte ou partagez une photo, une vidéo ou un lien. Vérifiez en particulier les cercles avec lesquels vous partagez ce contenu. Après publication, cliquez sur la flèche dans le coin supérieur droit et choisissez "Modifier ce post" si vous avez repéré une faute d'orthographe ou si vous désirez restreindre sa diffusion.

02 Poster du contenu

Sur le même principe, vous pouvez partager des contenus de nature très différente. Le bloc de saisie de la section "Quoi de neuf ?" s'adapte en conséquence : en cliquant sur Lien, par exemple, un nouveau champ vous demande de copier-coller une URL. Lors de la publication d'une image ou d'une vidéo, vous êtes invité à importer un fichier depuis votre ordinateur, à parcourir vos albums Google+ ou à effectuer une recherche sur YouTube.

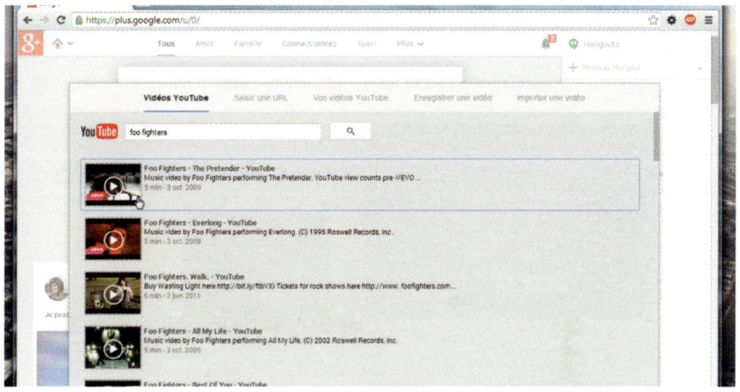

03 Dialoguer avec vos contacts

Le dialogue en temps réel est au cœur de Google+. Le volet droit de la page correspond aux "Hangouts", le module de messagerie instantanée du réseau social. Cliquez directement sur la vignette à l'effigie de l'un de vos contacts pour entamer un dialogue. Des sons ponctuent chaque échange et vous indiquent les réponses de votre interlocuteur, si vous avez basculé vers un autre onglet par exemple.

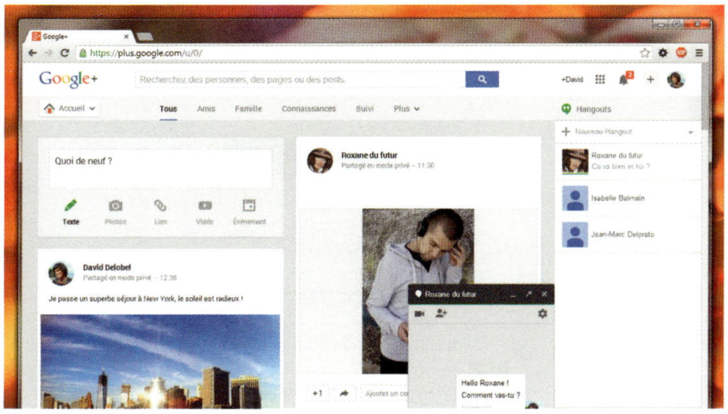

04 Lancer une visioconférence

La messagerie Hangout vous permet également de dialoguer à plusieurs, en cliquant sur le bouton + d'une fenêtre de conversation, ou de basculer vers un appel vidéo en cliquant sur la première icône en haut à gauche. Jusqu'à dix personnes à la fois peuvent participer à votre Hangout vidéo : cliquez sur le bouton "Créer un Hangout vidéo", en bas à droite, pour inviter des contacts. Cliquez sur le bouton Accueil puis sur Hangouts pour découvrir des sessions vidéo publiques.

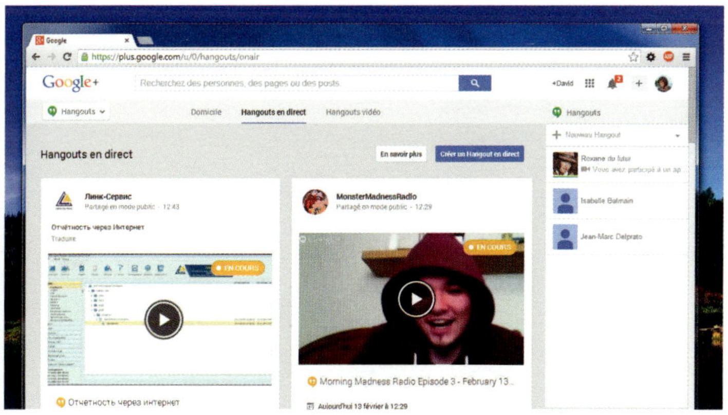

Organiser des événements

Vous organisez une pendaison de crémaillère, un enterrement de vie de garçon, une soirée de jeux en réseau ? Google+ vous facilite la tâche en vous permettant de lancer des invitations électroniques originales. Vous disposez également d'une page web dédiée où les participants pourront poster photos, vidéos et autres commentaires. De quoi réaliser un événement mémorable !

01 Créer un événement

Depuis votre page d'accueil Google+, cliquez sur le bouton Accueil puis sur Événements. Sur la nouvelle page qui s'affiche, cliquez sur le bouton "Créer un événement". Vous accédez ainsi à la boîte de dialogue principale permettant de choisir le thème visuel de l'événement (animé ou non), ainsi que son titre, la date et l'heure, le lieu, des détails complémentaires et bien entendu de dresser la liste des invités.

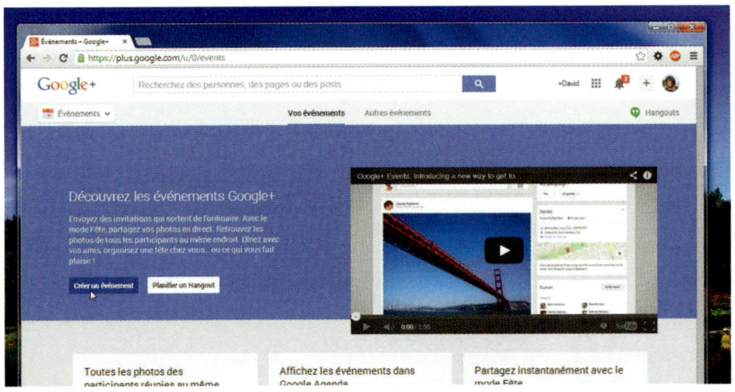

02 Choisir le thème de l'événement

Pour que votre événement Google+ séduise les invités, choisissez un thème attractif et en rapport avec sa nature. Le thème sélectionné figurera dans les invitations que vous allez envoyer par e-mail, mais aussi dans les posts qui mentionnent cet événement ainsi que sur la page qui lui sera consacrée. Faites défiler les thèmes proposés en cliquant sur les boutons pointant vers la gauche et la droite. Pour plus de lisibilité, cliquez sur "Modifier le thème".

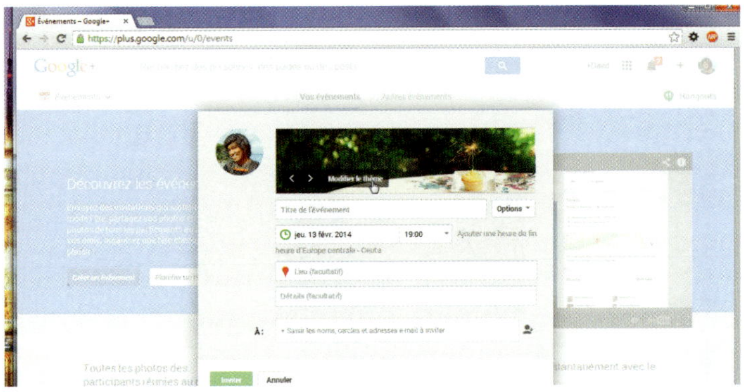

03 Créer votre propre thème

Vous avez également la possibilité de créer votre thème de toutes pièces, à partir de vos propres photos. Cliquez sur "Modifier le thème" puis reportez-vous à la section "Vos photos". Par défaut, vous retrouvez toutes celles que vous avez déjà publiées dans des posts. Cliquez sur le bouton Importer pour ajouter une photo. Recadrez-la éventuellement en manipulant les poignées qui l'encadrent puis cliquez sur "Définir comme thème".

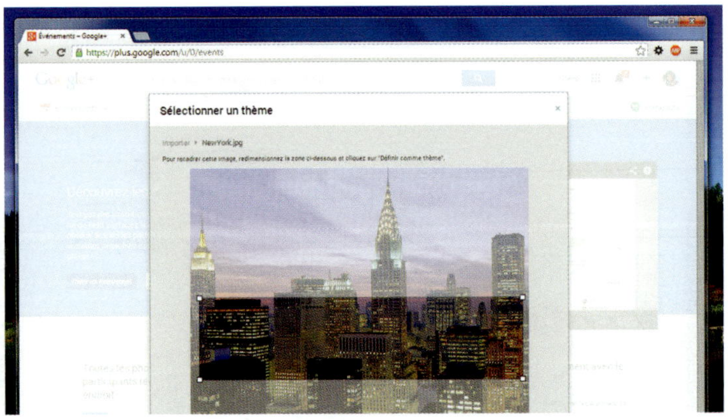

04 Détailler votre événement

Après avoir défini l'aspect visuel de votre événement, saisissez son titre et indiquez l'heure du rendez-vous. Vous pouvez préciser une heure de fin. Saisissez si vous le souhaitez un lieu : une fois reconnu par Google Maps, il figurera sur une carte du service de cartographie de Google. Enfin, ajoutez si besoin quelques indications alléchantes sur ce qui attend vos invités, au champ "Détails".

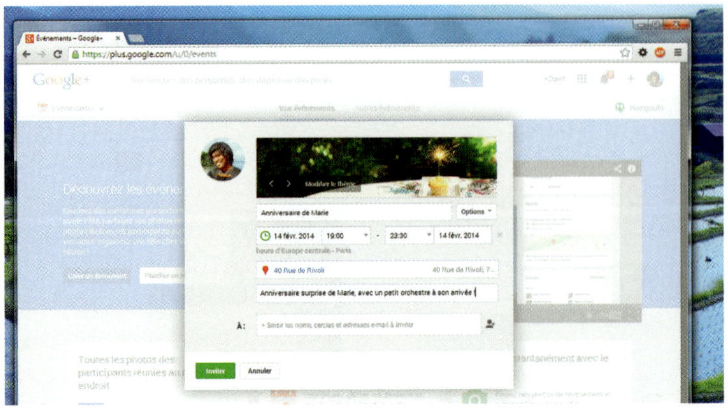

05 Lancer les invitations

Vous lancez des invitations en saisissant les cercles d'amis que vous souhaitez convier, ou simplement les noms des invités (s'ils possèdent un compte Google+) ou encore des adresses e-mail, qu'elles soient de type Gmail ou non. Les convives recevront une notification via Google+ ou un e-mail dans leur boîte de réception. Ils peuvent désormais répondre "Oui", "Non" ou "Peut-être" à votre invitation. S'ils possèdent un compte Google, l'événement s'ajoute à leur agenda.

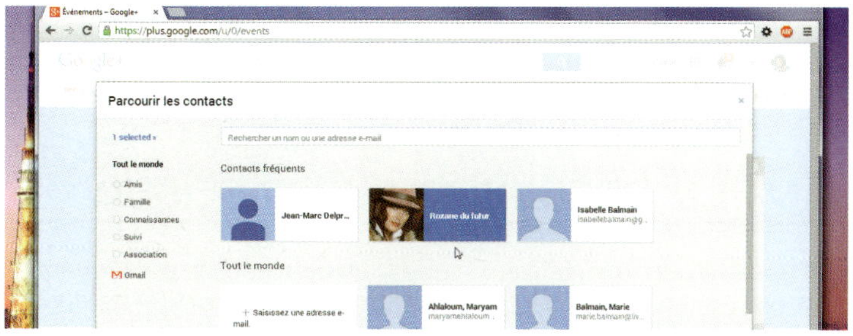

06 Gérer les options des invités

Par défaut, les invités sont autorisés à solliciter d'autres personnes à participer à l'événement. Ils peuvent également ajouter des photos à la page Google+ qui lui est associée. Mais vous pouvez modifier ces options. Pour cela, depuis la page de l'événement, cliquez sur la flèche dans le coin supérieur droit de l'encart "Détails" et décochez les autorisations souhaitées. C'est également à cet endroit que vous modifierez la liste des invités.

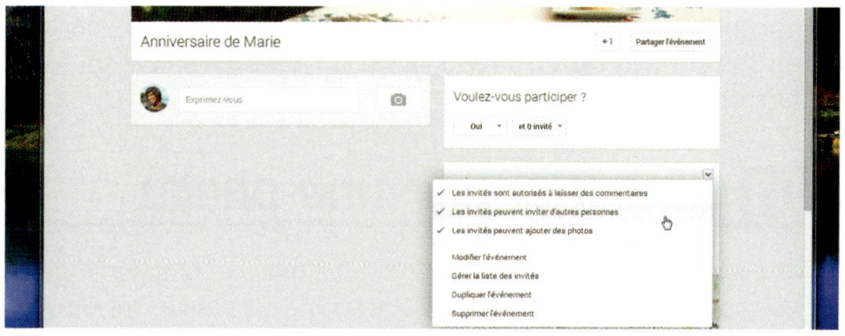

07 Créer un événement public

Par défaut, les événements Google+ sont privés et ne sont visibles que par les invités. Mais vous pouvez opter pour un événement public : il sera alors visible par tous les utilisateurs qui vous ont ajouté à un cercle et figurera dans votre profil public. Pour cela, lors de la création de l'événement, cliquez sur le champ d'ajout des invités et choisissez "Public".

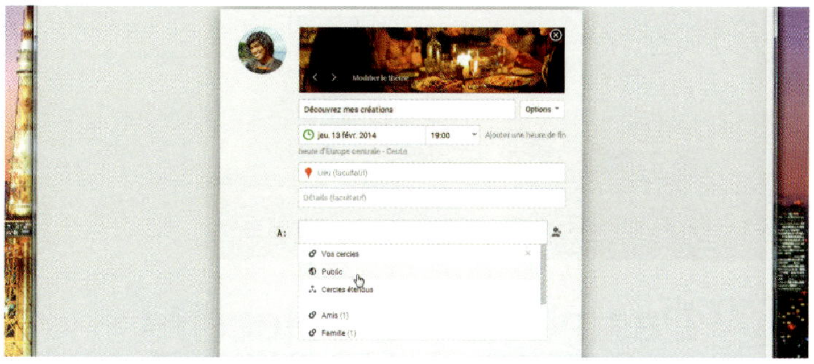

08 Créer un événement en ligne

Vous avez également la possibilité de créer un événement "virtuel" qui ne sera accessible qu'en ligne. Par exemple, vous en profiterez pour diffuser un Hangout vidéo, que vos invités pourront commenter en direct. Lors de la création de votre événement, cliquez sur le bouton Options puis sur Avancé. Sélectionnez ensuite l'option Hangouts. Pratique pour promouvoir votre activité ou pour lancer une réunion virtuelle, par exemple !

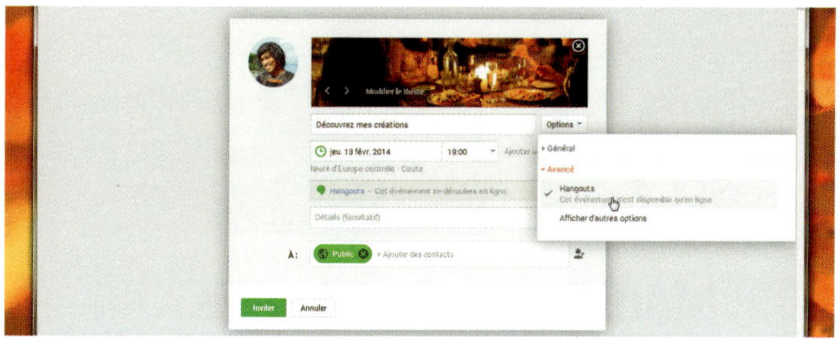

09 Rejoindre une réunion en ligne

Vous avez créé un événement en ligne ou on vous a invité à participer à une telle réunion virtuelle ? Cliquez sur le bouton Accueil, en haut à gauche, puis sur Événements. Lorsque l'événement commence, cliquez sur sa vignette afin d'accéder à la page qui lui est consacrée. Il ne vous reste plus qu'à cliquer sur le bouton "Participer au Hangout" pour ouvrir une nouvelle fenêtre et dialoguer en temps réel avec les autres participants.

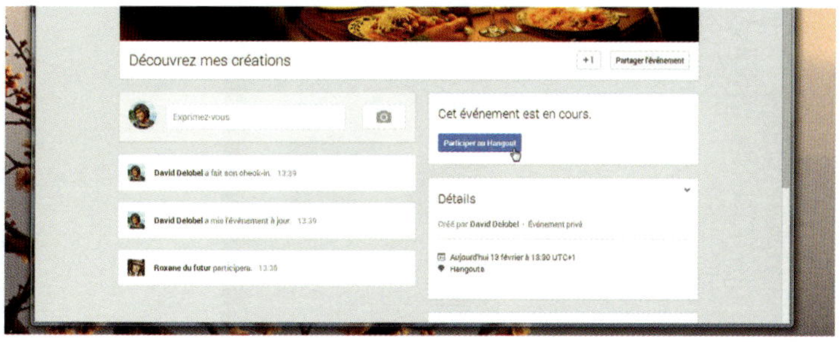

10 Supprimer un événement

Si finalement l'événement ne peut pas avoir lieu, ou si après coup vous préférez qu'il ne figure plus dans Google+, vous devez le supprimer. Reportez-vous à la page des événements et sélectionnez l'élément que vous désirez effacer. Dans l'encart Détails, cliquez sur la flèche dans le coin supérieur droit puis choisissez "Supprimer l'événement". Il disparaît de l'agenda de tous les invités et les photos ou vidéos qui lui ont été associées ne sont plus partagées.

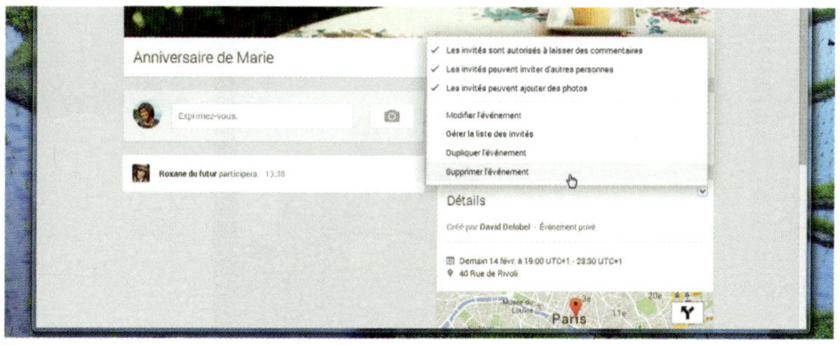

Améliorer ses photos avec Google+

Parmi les nombreux types de contenu que vous pouvez publier sur Google+, les photos sont choyées : outre leur partage avec vos cercles, elles bénéficient d'un puissant outil de retouche qui n'a rien à envier à un véritable logiciel bureautique. Découvrez-le en action

01 Sélectionner une photo

Cliquez sur le bouton Accueil, en haut à gauche, puis sur Photos. Vous découvrez tous les clichés que vous avez publiés sur Google+. Cliquez sur l'une des vignettes pour l'afficher en plein écran. A ce stade, des boutons dans la barre supérieure vous permettent de faire pivoter l'image vers la gauche ou la droite. Vous remarquez par ailleurs un bouton «Modifier», qui donne accès aux fonctions de retouche.

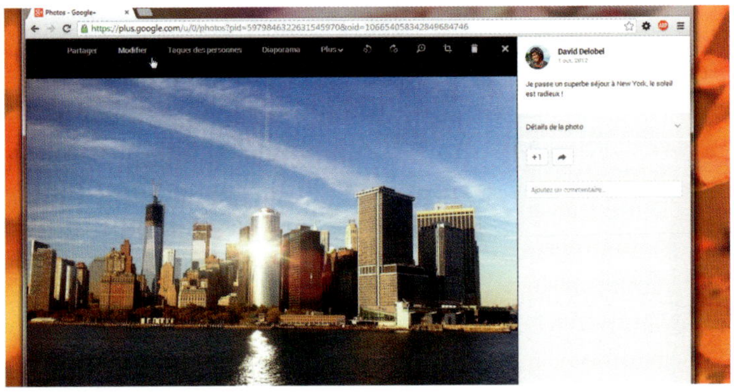

02 La retouche automatique

Première bonne initiative, si vous souhaitez aboutir rapidement à un résultat correct : l'application d'une retouche automatique. Pour cela, cliquez sur le bouton «Plus» puis sur «Amélioration automatique». Trois paramètres sont à votre disposition : Désactivé (par défaut), Normale ou Élevé. Essayez successivement ces deux derniers modes pour découvrir le rendu. La luminosité et le contraste s'équilibrent automatiquement.

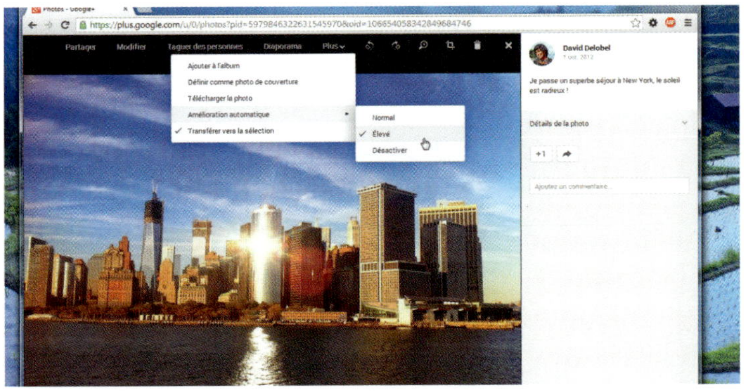

03 Modifier votre image

Le réglage précédent offre de bons résultats pour les clichés sous-exposés ou surexposés. Pour aller plus loin, cliquez sur le bouton Modifier, en haut à gauche. La fenêtre de droite présente douze options différentes ; commencez par cliquer sur Réglages puis saisissez les réglettes afin de corriger la luminosité, le contraste, la saturation, les ombres et la chaleur. Six préréglages, en haut de l'écran, vous aident à trouver des valeurs correctes.

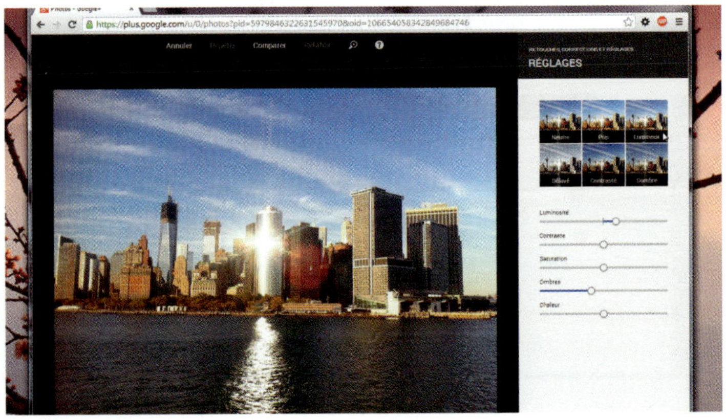

04 Des réglages sélectifs

Seules certaines zones spécifiques de l'image doivent être retouchées ? Passez à l'outil Réglage sélectif puis cliquez sur le bouton «Ajouter un point de contrôle». Cliquez dans la zone de votre cliché que vous désirez améliorer : un point apparaît, avec quatre options au survol (redimensionnement de la zone, modification de luminosité, du contraste et de la saturation). Saisissez chacun de ces boutons à la souris pour modifier la valeur correspondante.

05 Améliorer la netteté

Votre cliché paraît flou à certains endroits ? Utilisez l'outil Détails. Là encore, six préréglages vous permettent d'accroître le niveau de détails et la structure de votre image, ou au contraire d'en adoucir les traits. Utilisez les réglettes Netteté et Structuré pour améliorer le résultat. A tout moment, maintenez le clic enfoncé sur Comparer, en haut de l'écran, pour visualiser à nouveau votre image d'origine.

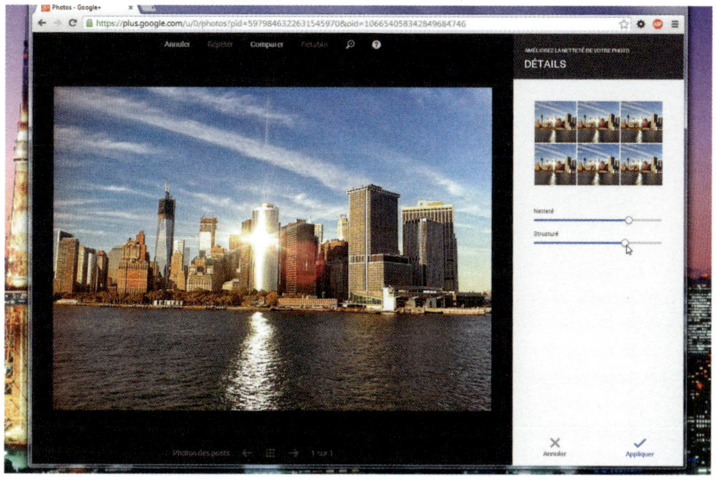

06 Des réglages créatifs

La section suivante des outils de retouche de Google+ concerne les réglages créatifs. Vous pouvez tout d'abord passer votre cliché en noir et blanc ou modifier la mise au point. Dans ce dernier cas, vous repositionnez la focale de l'appareil photo où bon vous semble. La section Drame est très impressionnante : elle joue sur la granularité de l'image, en modifiant la saturation des couleurs, pour aboutir à des effets surprenants.

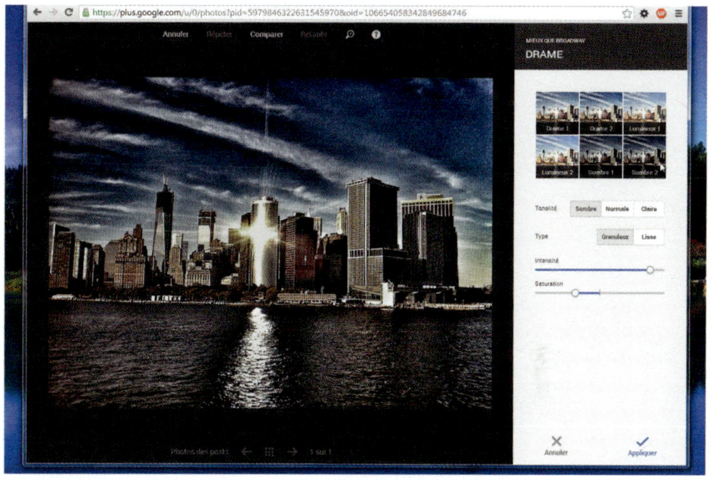

« Les outils de retouche photo intégrés à Google+ n'ont rien à envier à ceux d'un véritable logiciel bureautique. »

07 Bordures et effets rétro

La section Cadres propose 23 effets de bordures, dont vous modifiez la taille en cliquant sur le bouton Ajuster. De quoi donner du cachet à vos photos les plus réussies ! La section Vintage est également très originale : elle applique des effets rétro à vos photos, en «délavant» leurs couleurs ou en appliquant un rendu typique des premières photos argentiques ou des Polaroïds. Choisissez un effet puis un style, et modifiez les réglages.

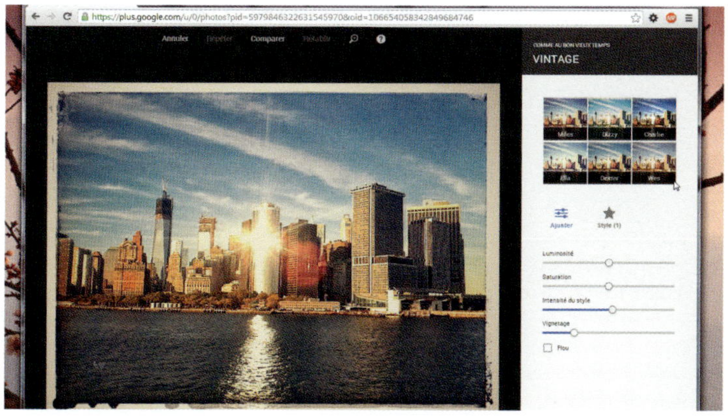

08 Des effets de lumière

La rubrique Retrolux ajoute des effets de lumières et des rainures, comme si votre cliché avait subi l'épreuve du temps. Là encore, choisissez parmi les styles prédéfinis puis modifiez «l'intensité» de chaque effet, en forçant plus ou moins sur les rayures en fonction du résultat escompté. Enfin, le rendu HDR accroît le nombre de détails et la qualité générale de votre image, en intensifiant ses détails et son niveau de contraste. À essayer !

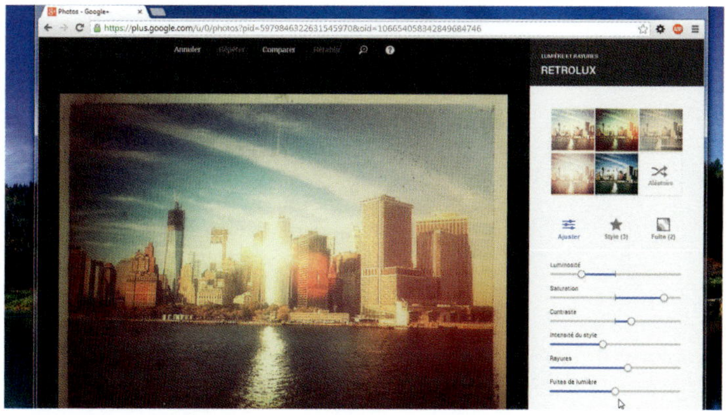

Multimédia

Avec le cloud allié à la puissance de Google, se divertir n'aura jamais été aussi simple. En quelques clics, on peut aisément éditer ses photos, les partager, poster une vidéo ou en regarder sur Youtube. Même la musique est accessible depuis le nuage. Votre musique est ainsi accessible depuis n'importe où ! Et à ce titre, le cloud peut même vous guider… Suivez le guide et découvrez le monde !

Chrome

Chrome est le navigateur de Google très bien réalisé et très efficace qui va améliorer et faciliter votre navigation sur Internet. Plusieurs programmes vous sont proposés pour une optimisation totale. Nous vous en disons plus dans les pages suivantes.

Utiliser les avertissements multimédias

Dans sa dernière version, Google Chrome prend en charge de nombreux contenus multimédias en les identifiant directement à travers des pictogrammes sur ses onglets. Utilisation de votre webcam ou de votre microphone, lecture audio… Apprenez à régler au mieux les paramètres du navigateur et à gérer toutes les autorisations d'accès.

01 Identifier les séquences audio

Après avoir ouvert une dizaine d'onglets, combien de fois avez-vous pesté contre le site web qui s'arrogeait le droit de lancer une séquence audio-vidéo sans votre approbation ? Fini les inlassables parcours de tous vos onglets pour retrouver l'élément fautif : vous identifiez au premier coup d'œil le site correspondant à travers un pictogramme figurant un haut-parleur qui apparaît directement dans l'onglet.

02 Accès à votre microphone

Google Chrome supporte pleinement la reconnaissance vocale, comme vous pouvez le constater en cliquant sur l'icône microphone, à droite du champ de recherche de Google. Lors de la première utilisation, vous devez autoriser le site web à utiliser votre matériel : cochez la case "Continuer à autoriser" et sélectionnez éventuellement votre micro dans la liste. Un point rouge figure dans l'onglet correspondant.

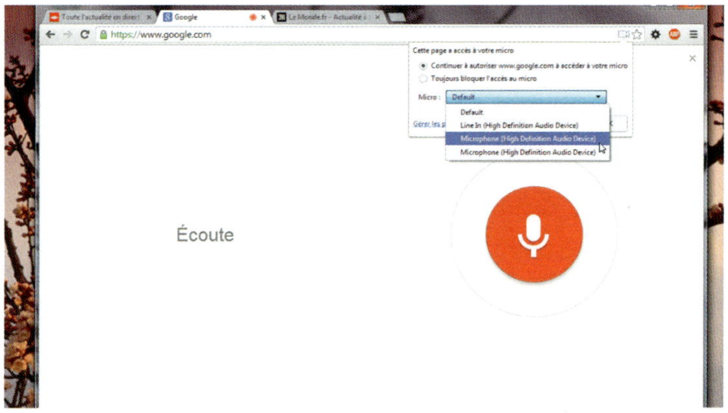

03 Utiliser votre webcam

Dans le même ordre d'idées, vous pouvez autoriser un site web à accéder à votre webcam. Là encore, un pictogramme rouge figure dans l'onglet concerné. Sachez que Chrome distingue l'utilisation exclusive de votre microphone de l'accès à votre webcam et à son microphone. Pour administrer les autorisations que vous avez validées précédemment, cliquez sur le lien "Gérer les paramètres multimédias".

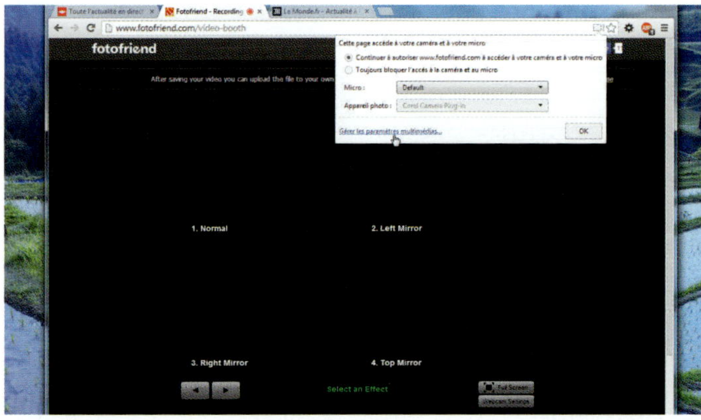

04 Les paramètres multimédias

Vous accédez alors aux paramètres de Google, à la section "Exceptions médias". Cette fenêtre récapitule tous les sites web que vous avez visités et qui vous ont demandé une telle autorisation. Libre à vous d'annuler cette autorisation en cliquant sur la croix en regard de chaque site web, ou au contraire de la confirmer. Dernière possibilité : vous pouvez exiger l'envoi d'une nouvelle demande à chaque visite.

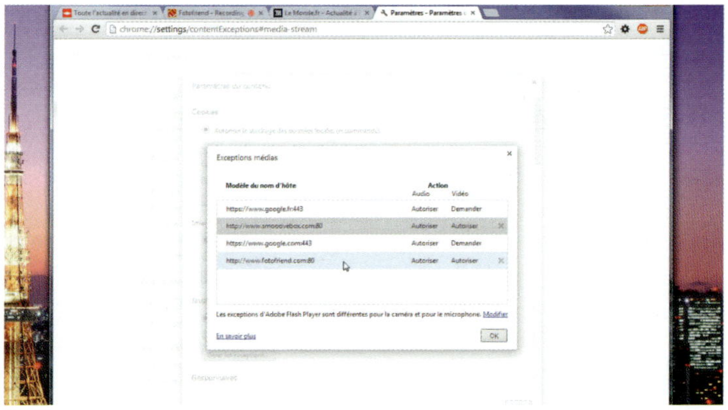

Utiliser le navigateur Google

On n'est jamais si bien servi que par soi-même : après avoir développé quantité de services annexes en marge de son célèbre moteur de recherche, Google propose son propre navigateur web, Chrome. Fiable, performant, sécurisé et rapide, il constitue la porte d'entrée par excellence de toute la richesse du web.

01 Importer des éléments d'un autre navigateur

Vous téléchargerez Chrome à l'adresse www.google.fr/chrome. À l'issue de son installation, il récupèrera automatiquement l'historique et la page d'accueil de votre navigateur par défaut. Pour importer d'autres éléments, cliquez sur l'icône avec les trois barres horizontales, en haut à droite, puis sur Favoris> Importer les favoris et les paramètres.

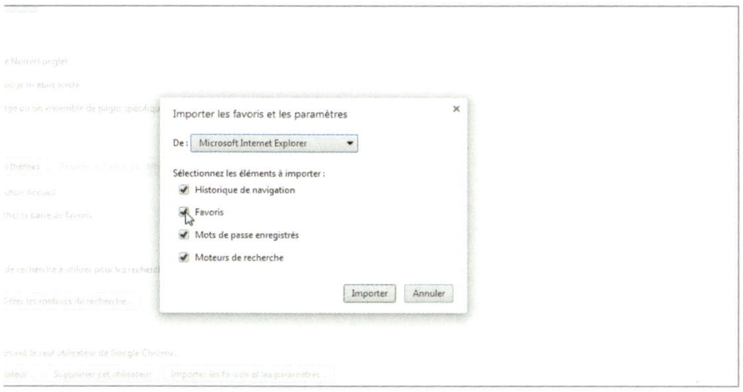

02 Lancer une recherche

La barre d'adresse de Chrome sert aussi à effectuer des recherches. Saisissez directement des mots-clés et pressez la touche Entrée pour lancer la recherche auprès du moteur par défaut. Vous profitez en outre de suggestions de recherche qui vous aiguillent vers les requêtes les plus populaires. Pour changer le moteur par défaut, ouvrez le menu de Chrome et accédez aux Paramètres. Reportez-vous à la section Recherche.

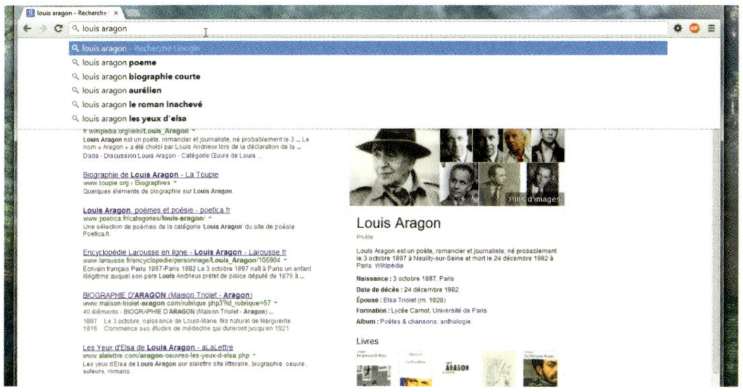

03 Manipuler des onglets

Vous en avez désormais l'habitude : la navigation par onglets vous permet de basculer rapidement d'un site à l'autre, en maintenant un accès immédiat à Gmail par exemple. Pressez Ctrl+T (Windows et Linux) ou Pomme+T (Mac) pour créer un nouvel onglet. Vous ouvrez un lien dans un nouvel onglet en cliquant dessus tout en maintenant la touche Ctrl enfoncée. Enfin, vous pouvez les réordonner en les déplaçant directement à la souris.

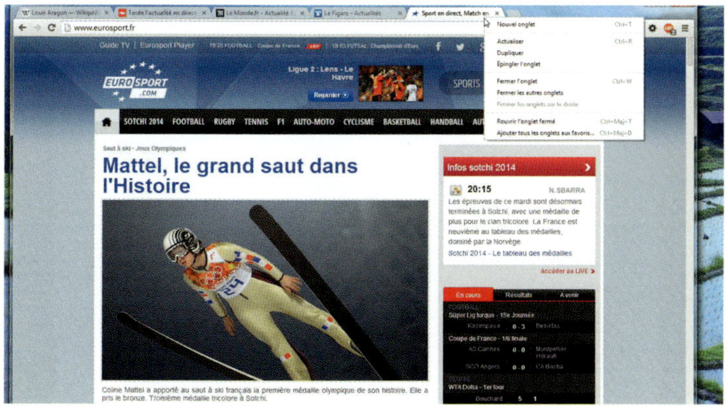

04 Effectuer une recherche

Chrome facilite la recherche de texte au sein d'une page web. Pressez les touches Ctrl+F (Windows et Linux) ou Pomme+F (Mac) puis saisissez un mot-clé. Le nombre d'occurrences apparaît dans la barre supérieure : cliquez sur les flèches de part et d'autre du champ pour faire défiler les résultats. Par ailleurs, des lignes jaunes dans l'ascenseur de la fenêtre, sur le côté droit, vous indiquent les emplacements concernés de la page web.

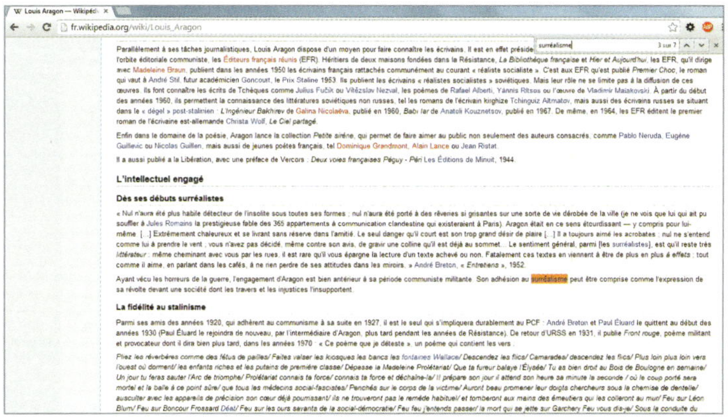

05 Naviguer incognito

Google Chrome intègre un mode de navigation privée grâce auquel l'historique des pages visitées et les cookies ne seront pas consignés sur votre ordinateur. Vous surfez ainsi sans laisser de traces. Pour l'utiliser, cliquez sur l'icône en haut à droite puis sur "Nouvelle fenêtre de navigation privée". Une nouvelle fenêtre s'ouvre, avec l'image d'un espion en haut à gauche : vous pouvez y naviguer en toute discrétion.

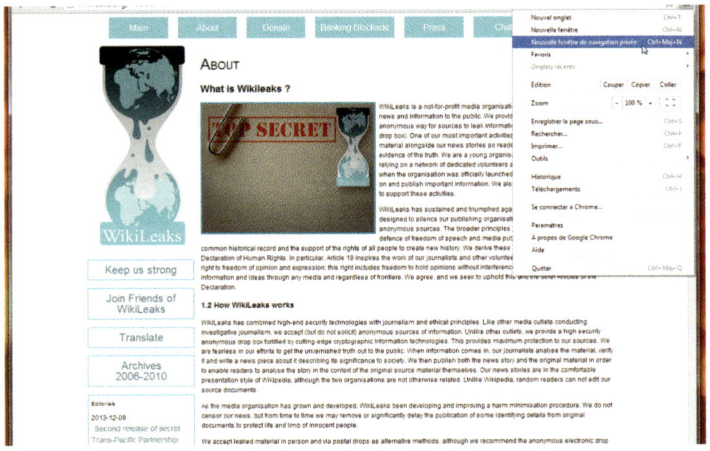

06 Ajouter une page aux favoris

Pour ajouter une page à vos favoris, cliquez sur l'étoile à droite de la barre d'adresse. Dans le menu qui apparaît, modifiez éventuellement le nom du favori et sélectionnez le dossier de votre choix. Par défaut, Chrome les stocke dans la "barre de favoris", que vous faites apparaître en ouvrant le menu puis en cliquant sur Favoris> Afficher la barre de favoris. Cliquez sur "Autres favoris", à droite de la barre, pour parcourir vos dossiers.

« Apprenez en particulier à jongler parmi les onglets, les favoris et les téléchargements de fichiers ! »

07 Télécharger un fichier

Lorsque vous lancez un téléchargement, vous suivez sa progression dans la barre en bas de l'écran. Cliquez sur "Afficher tous les téléchargements" (ou pressez Ctrl+J) pour afficher le gestionnaire. Cliquez ensuite sur le nom d'un fichier que vous avez téléchargé pour l'ouvrir. En cliquant sur "Afficher le dossier", vous ouvrez une fenêtre de l'Explorateur pointant sur le fichier correspondant. Pratique pour le copier-coller ailleurs !

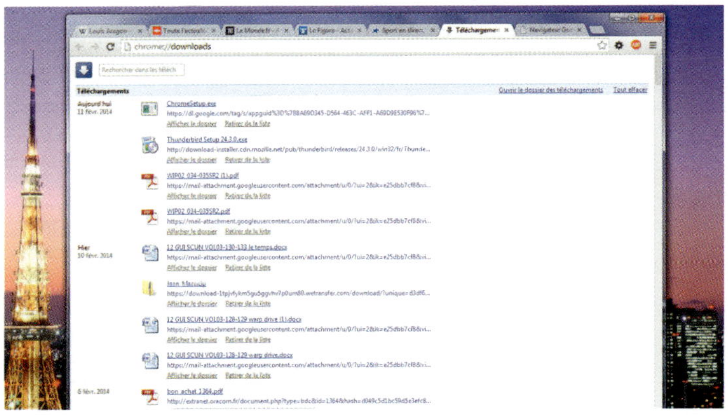

08 Parcourir l'historique

Vous avez fermé des onglets par inadvertance ? Cliquez sur le menu en haut à droite puis sur "Onglets récents" pour découvrir les dernières pages quittées. Cliquez sur Historique (ou pressez Ctrl+H) pour parcourir la liste de tous les sites visités, triés par date. Le champ de recherche, en haut à droite, vous permet de retrouver rapidement une page dont vous vous souvenez vaguement. Là encore, un clic sur une entrée en maintenant la touche Ctrl ouvre un nouvel onglet.

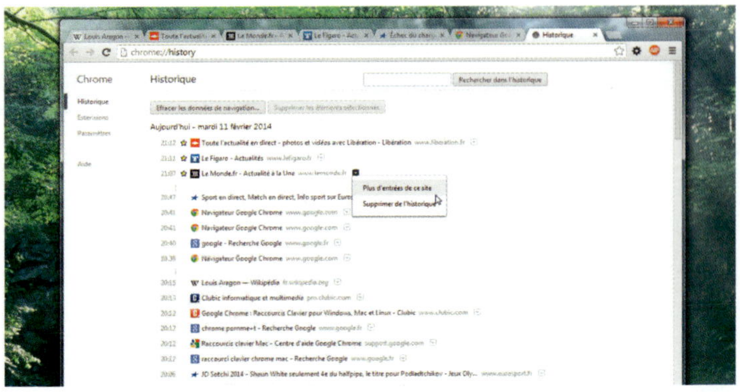

Installer des extensions pour votre navigateur

Avec les extensions, vous pouvez facilement ajouter des fonctionnalités supplémentaires à Google Chrome. Notifications d'événements, informations, il y en a pour tous les goûts. Certaines extensions ajoutent même de nouvelles icônes dans la barre d'adresse afin de personnaliser au mieux votre navigateur.

01 Ouvrir un nouvel onglet

L'ajout d'une extension a été grandement facilité avec l'arrivée de Chrome Web Store. La façon la plus simple d'y accéder consiste à cliquer sur le signe (+) au-dessus de la barre de saisie des URL. Un nouvel onglet s'ouvre alors, donnant accès aux sites les plus visités.

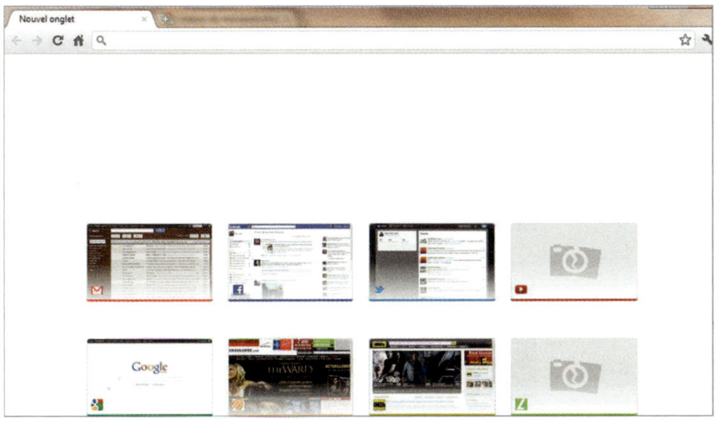

02 Lancer Chrome Web Store

Cliquez sur le bouton "Applications" en bas de la nouvelle fenêtre. Une nouvelle page s'affiche, regroupant les applications qui sont déjà installées dans Google Chrome. Cliquez sur l'icône de Chrome Web Store pour accéder aux extensions et aux applications proposées par Google et la communauté des utilisateurs.

03 Parcourir les extensions

Une fois sur la page de Chrome Web Store, choisissez la rubrique "Extensions" dans la colonne de gauche. Vous pouvez afficher toutes les extensions sur une seule et unique page, ou parcourir les différentes catégories en fonction de vos besoins (Photos, Outils de recherche, Météo, etc.).

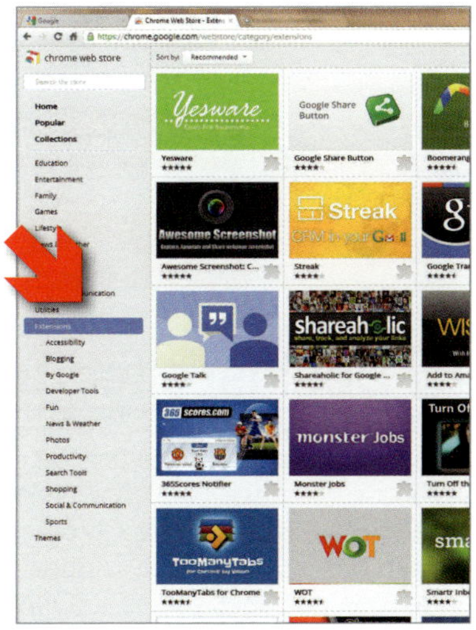

04 Filtrer les extensions

Le Chrome Web Store regorge d'extensions en tout genre et il peut être difficile de s'y retrouver. Heureusement Google propose des outils pour affiner votre recherche. Dans un premier temps, vous pouvez parcourir les différentes catégories en fonction de vos besoins (photos, outils de recherche, météo, etc.).

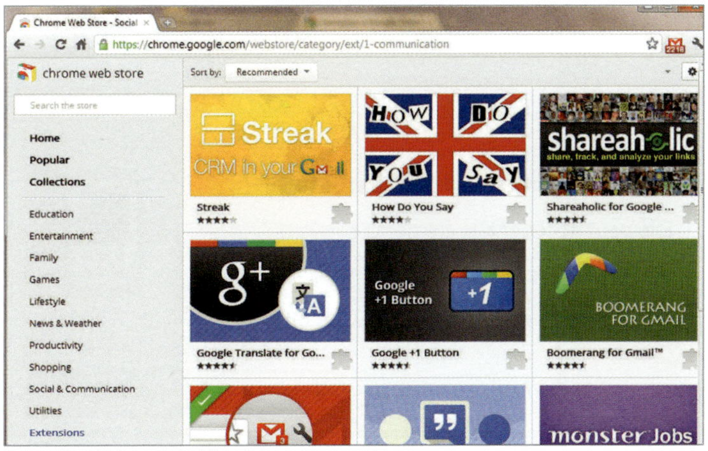

05 Classer les extensions

Une autre méthode existe afin de faciliter vos recherches. Cette fois, vous pouvez utiliser le filtre en haut de page. Les extensions peuvent ainsi être classées selon plusieurs critères : recommandées, les plus populaires ou encore les mieux notées.

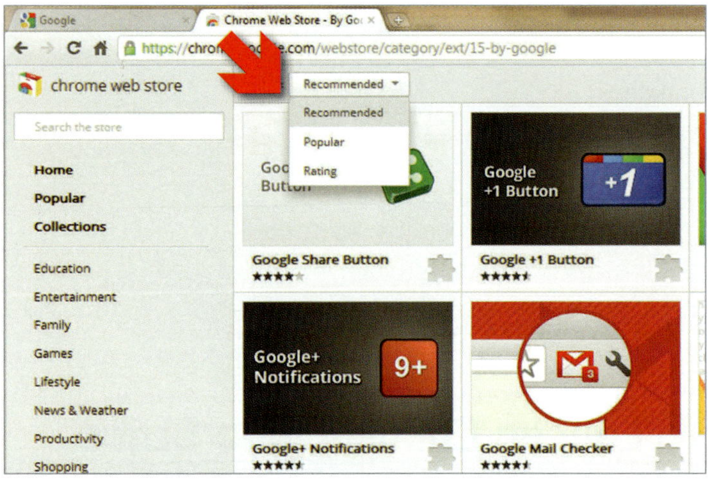

06 Renseignez-vous

Avant d'installer une extension, vous pouvez obtenir une description complète de ses fonctionnalités, des captures d'écran, mais aussi consulter les avis des autres utilisateurs. Pour ce faire cliquez sur l'icône de l'extension de votre choix afin d'ouvrir la page d'information.

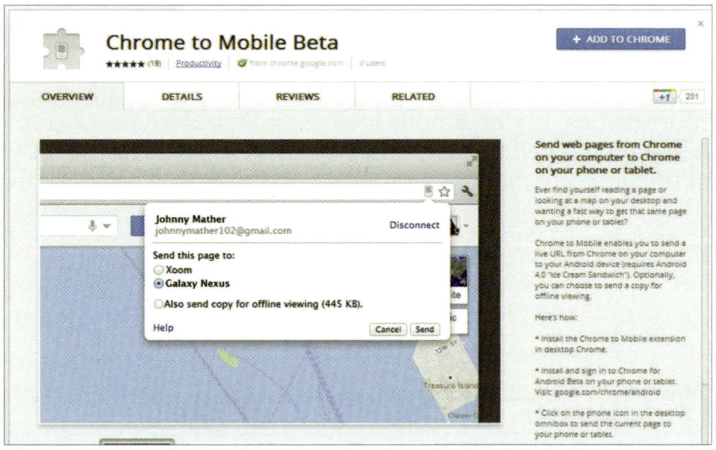

07 Installer une extension

Une fois que vous avez trouvé l'extension qui vous plaît, cliquez sur "+ Ajouter à Chrome" ou "+ Add to Chrome" en haut à droite. Une boite de dialogue s'ouvre alors afin de valider l'installation ou de l'annuler. Cliquez sur "Installer" pour ajouter l'extension de votre choix dans Google Chrome.

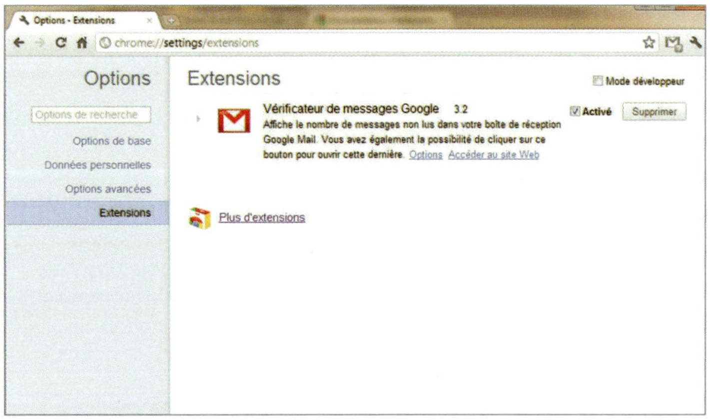

08 Installer une extension plus rapidement

Vous pouvez aussi installer une extension rapidement en passant le curseur de la souris sur son icône. Vous accéderez ainsi à une brève description et au bouton d'installation. Cliquez sur "+ Ajouter à Chrome" ou "+ Add to Chrome" afin d'ajouter l'extension de votre choix dans Google Chrome.

09 Désinstaller une extension

Si vous avez installé une extension et que vous souhaitez vous en débarrasser, cliquez sur l'icône de la clef à molette située dans la barre d'outils de Google Chrome. Choisissez "Outils" puis "Extensions". Dans la liste, cliquez sur "Désinstaller" à côté de l'extension que vous voulez supprimer.

Utiliser Google Now dans Chrome

Grande nouveauté de la version 34 de Chrome : il est désormais possible de retrouver les "cartes" et les notifications du service Google Now dans la version bureautique du navigateur. Vous synchronisez ainsi les informations de votre mobile avec votre ordinateur et profitez de rappels et de conseils personnalisés.

01 La dernière version de Chrome

À l'heure où nous mettons sous presse, le support de Google Now n'est assuré que par la version 34 de Chrome, répondant au nom de code "Canary". Vous la téléchargerez à l'adresse http://www.google.com/intl/fr/chrome/browser/canary.html. Cliquez sur le bouton central et patientez pendant le téléchargement des fichiers nécessaires. Sachez que vous pouvez l'installer en marge de la version normale du navigateur.

02 Procéder à l'installation

L'installation démarre automatiquement dans la foulée : validez les étapes de l'assistant, en conservant les paramètres par défaut. Vous repérez ensuite l'icône de Google Canary dans la barre des tâches, sur fond jaune. N'oubliez pas qu'il s'agit d'une version bêta, encore instable et expérimentale ; nous vous déconseillons de désinstaller la version stable pour l'heure.

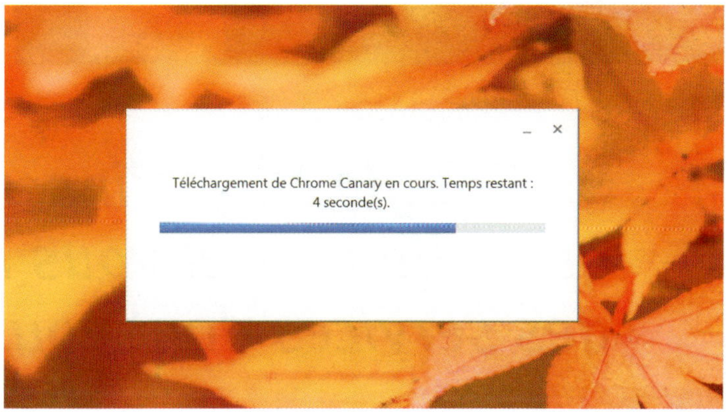

03 Activer Google Now

Vous allez d'ailleurs immédiatement constater à quel point le support de Google Now reste encore expérimental : pour l'activer, ouvrez un nouvel onglet et rendez-vous à l'adresse "chrome://flags/#enable-google-now". Déroulez le menu et choisissez "Activée" puis redémarrez votre navigateur. Le service est désormais activé. En parallèle, vous devez l'avoir configuré sur votre mobile (rendez-vous page 130).

04 Se connecter au compte Google

Pour que le service fonctionne, vous devez connecter Chrome à votre compte Google. Pour cela, déroulez le menu en haut à droite puis cliquez sur "Se connecter à Chrome". Saisissez ensuite votre identifiant et votre mot de passe. Vous avez également la possibilité de vous rendre dans les paramètres, puis de cliquer sur le bouton "Connexion à Chrome". Vous devez renseigner le même compte Google que sur votre mobile.

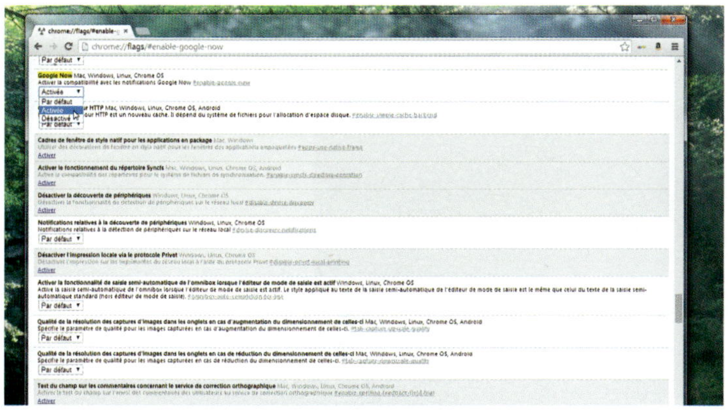

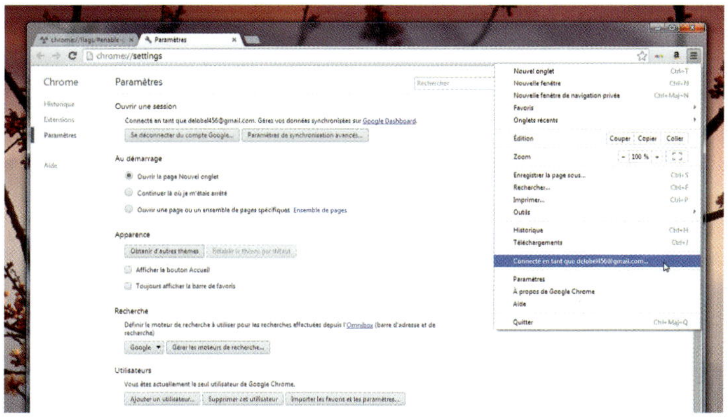

05 Découvrir les cartes en direct

Le service fonctionne sous Windows et sous Mac OS X. Avec le système de Microsoft, les cartes de Google Now apparaissent dans la zone de notifications, à côté de l'horloge : cliquez sur l'icône représentant une cloche pour les visualiser. Sous Mac OS X, elles apparaissent en haut à droite de l'écran. Les cartes correspondent au type d'informations que vous avez définies sur votre mobile : résultats sportifs, météo, circulation…

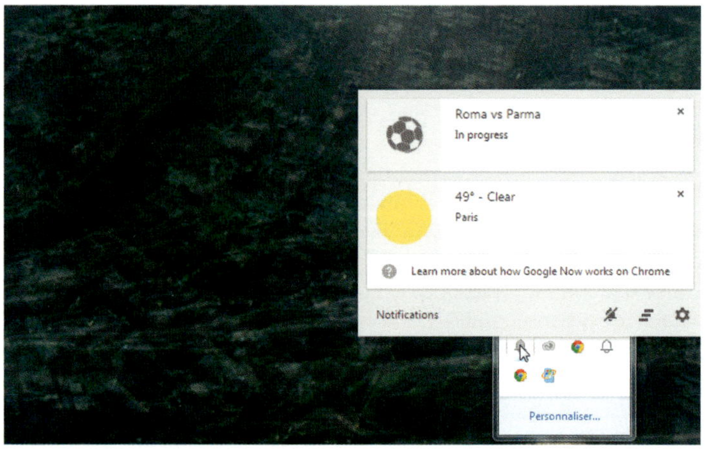

06 Profiter de rappels

Google Now s'inscrit pleinement dans la galaxie de tous les services associés à votre compte Google. Ainsi, si vous avez défini un événement sur votre compte Google+ ou si vous avez un rendez-vous dans votre agenda, une notification Google Now apparaît à l'heure précise où vous devez partir : votre position est relevée depuis votre mobile et l'état de la circulation est pris en compte. Comment faisait-on avant ?

« Google Now s'inscrit dans vos habitudes quotidiennes et vous informe, en temps réel, des services dont vous avez le plus besoin. »

07 Lancer des recherches

Naturellement, les cartes ne sont pas statiques : il vous suffit de cliquer sur l'une d'entre elles pour afficher une recherche ou pour accéder au service Google correspondant. Ainsi, un rappel de rendez-vous pointe automatiquement vers la dernière version de Google Maps, sur lequel votre itinéraire est précalculé. Si vous cliquez sur un bulletin météorologique, vous profitez de prévisions complètes sur les prochains jours.

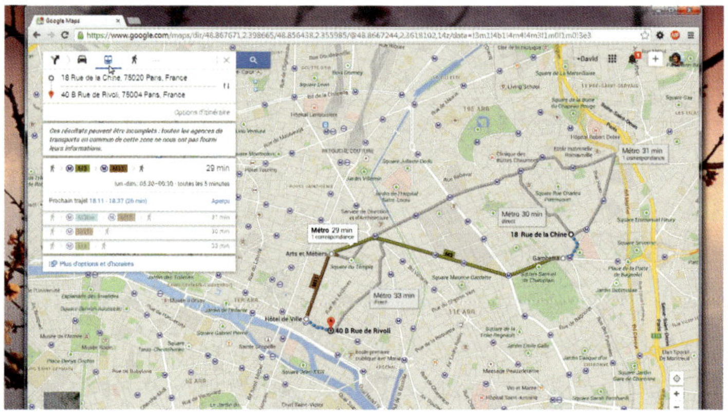

08 Désactiver le service

Vous entrez en réunion ou vous ne souhaitez pas être dérangé pendant le visionnage d'un film, par exemple ? Il vous suffit de cliquer sur l'icône figurant une cloche barrée, en bas à droite : vous ne recevrez plus de notifications. Vous avez également la possibilité d'effectuer un clic droit sur l'icône de la zone de notifications et de choisir "Ne pas déranger pendant une heure" ou "Ne pas déranger pendant un jour".

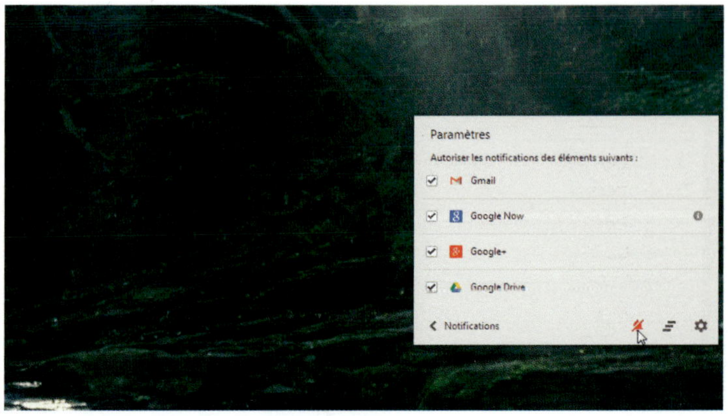

Personnaliser Google Chrome

Paramétrez le navigateur de Google pour qu'il corresponde à vos usages ou tout simplement pour disposer d'une interface visuelle plus fun. Page d'accueil, moteur de recherche par défaut, tout est personnalisable. Et, comme avec Firefox, vous pouvez ajouter de nombreuses extensions.

01 Choisir une ou plusieurs pages d'accueil

Cliquez sur l'icône présentant une clé à molette et choisissez l'onglet "Options". Dans les options de base figure une section "Page d'accueil". Saisissez-y l'URL de la page que vous souhaitez retrouver à chaque démarrage, ici : www.facebook.com. Notez également la présence d'une section "Au démarrage" qui vous permet d'ouvrir le navigateur sur les dernières pages ouvertes ou sur plusieurs pages spécifiques. Enfin, cochez "Afficher la page Nouvel onglet" pour retrouver cette page dynamique à chaque démarrage (voir ci-après).

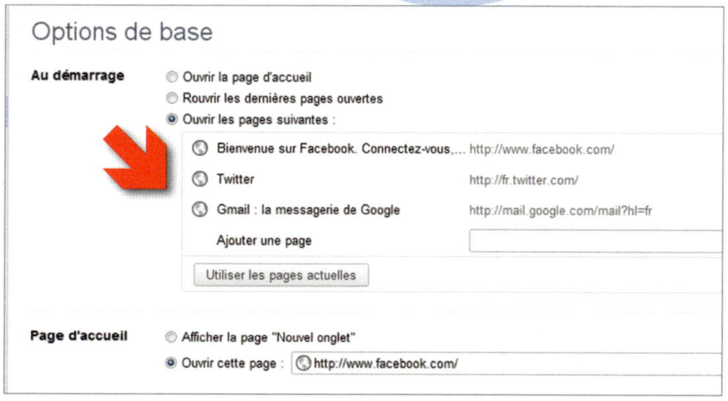

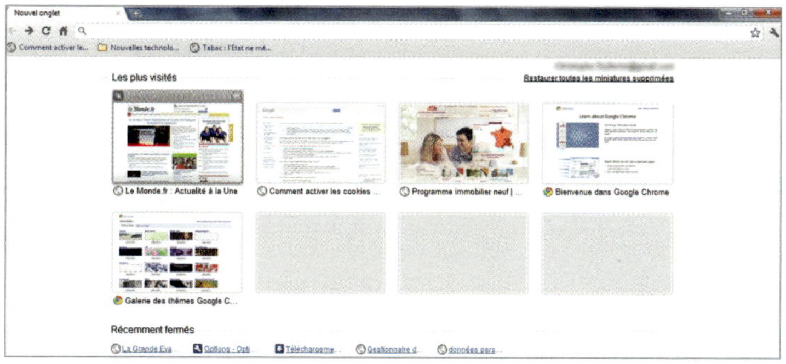

02 Modifier la page Nouvel onglet

Cette page est affichée chaque fois que vous ouvrez un nouvel onglet ou au démarrage de Google Chrome (voir précédemment). Il s'agit d'une page dynamique intégrant notamment vos pages les plus visitées. Pour garder définitivement une page visitée, passez le pointeur de votre souris sur sa miniature puis cliquez sur l'icône présentant une épingle. Déplacez les miniatures par glisser-déposer. Notez que vous y retrouvez les pages récemment fermées et les éventuelles applications installées depuis le Chrome Web Store (voir ci-après).

03 Choisir un thème

Pour changer de thème visuel, cliquez sur l'icône figurant une clé à molette puis sur "Options", "Données personnelles" et enfin "Obtenir d'autres thèmes". Vous accédez ainsi à la galerie de thèmes proposée sur le Chrome Web Store. Vous pouvez classer les thèmes selon leur popularité ou par dates d'ajout. Cliquez sur la vignette du thème pour accéder à une fiche détaillée. Pour l'appliquer, cliquez sur "Ajouter à Google Chrome" puis sur "Installer" depuis la fenêtre qui s'affiche. Vous pouvez restaurer le thème classique dans la section "Données personnelles".

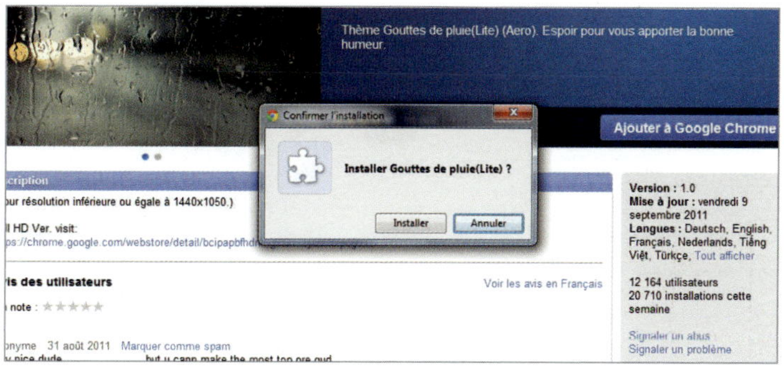

04 Ajouter des extensions

À l'instar de Firefox, Google Chrome peut accueillir des modules complémentaires. Ils sont de deux types : les applications et les extensions. Pour les télécharger, accédez au Chrome Web Store, via l'URL suivante https://chrome.google.com/webstore. Ici le bouton "Google Partage" qui permet de facilement partager des pages web. Cliquez sur la vignette d'une extension pour afficher sa fiche détaillée. Elle intègre de précieux commentaires des utilisateurs. Pour ajouter l'extension, cliquez sur "Ajouter à Google Chrome" puis sur "Installer".

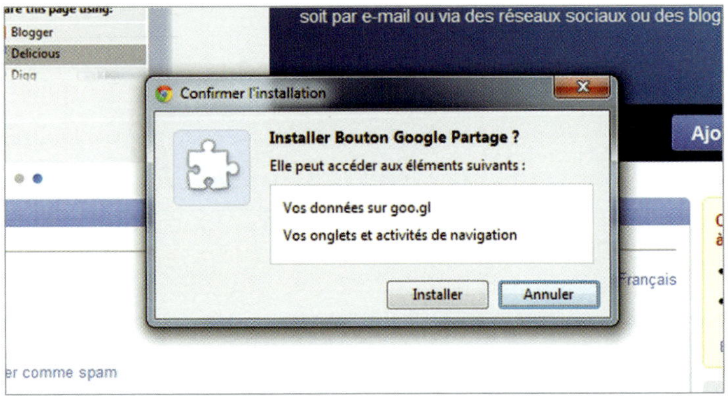

05 Ajouter une application

Selon la même procédure que celle des extensions, vous pouvez ajouter des applications à Google Chrome. Ces applications peuvent être de simples liens vers des services en ligne, ce qui offre peu d'intérêt. En revanche, certaines sont de véritables programmes, spécialement développés pour une utilisation avec Google Chrome. Ils intègrent alors des fonctions spécifiques comme ici l'application Gmail hors connexion. Elle permet de rédiger et consulter des messages sans connexion Internet, puis de les synchroniser une fois connecté.

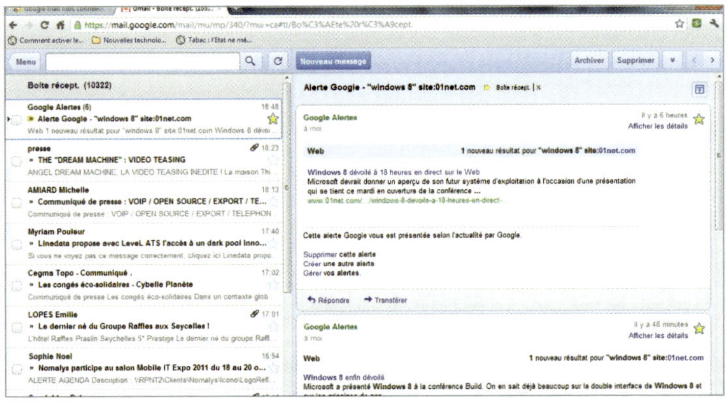

06 Gérer vos extensions et applications

Pour gérer vos extensions, cliquez sur l'icône représentant une clé à molette puis sur "Outils" et "Extensions". Dans la liste qui s'affiche, vous pouvez désactiver, désinstaller ou paramétrer les options de chaque extension. Pour gérer les applications, rendez-vous dans la page "Nouvel onglet" en ouvrant simplement un nouvel onglet. Depuis cette page, faites un clic droit sur la miniature de l'application afin d'accéder aux options. Vous pouvez ainsi la désinstaller, mais aussi créer un raccourci vers cette application depuis votre OS.

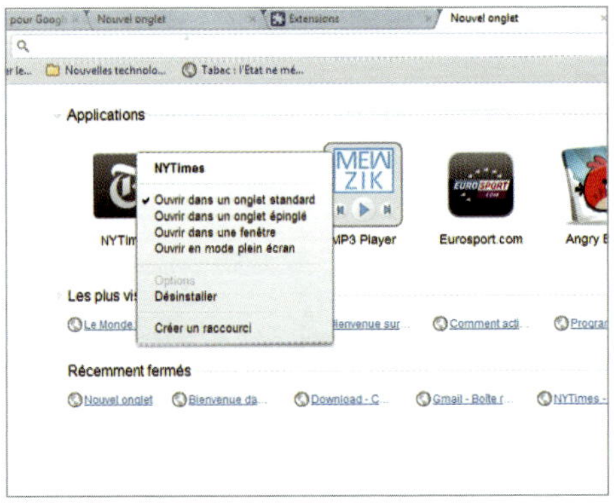

07 Choisir votre moteur de recherche

Cliquez sur l'icône avec une clé à molette puis "Options" et "Options de base". Dans la section "Recherche", Chrome vous propose déjà une sélection de moteurs alternatifs tels que Bing ou Yahoo!. Pour en ajouter un autre, cliquez sur "Gérer" et copiez l'URL de recherche du moteur. Notez que cette URL diffère de celle du site web. Pour l'obtenir, lancez une recherche avec le moteur et remplacez le terme de recherche dans l'URL par "%s". Ex. : http://www.google.fr/search ?q=chrome (recherche sur le mot Chrome), l'URL de recherche est donc : http://www.google.fr/search ?q=%s.

08 Gérer vos données de navigation

Même si le navigateur de Google propose un mode de navigation privé (voir notre tutoriel : Surfer avec Google Chrome), vous pouvez effacer les données de navigation enregistrée en dehors de ce mode. Cliquez sur l'icône avec une clé à molette, puis sur "Options" et "Options avancées". Dans la section "Confidentialité", cliquez sur "Effacer les données de navigation" et sélectionnez les données à effacer. Notez que depuis la section "Confidentialité", le bouton "Paramètres de contenu" vous permet de bloquer les cookies, les JavaScript et même les fenêtres pop-up.

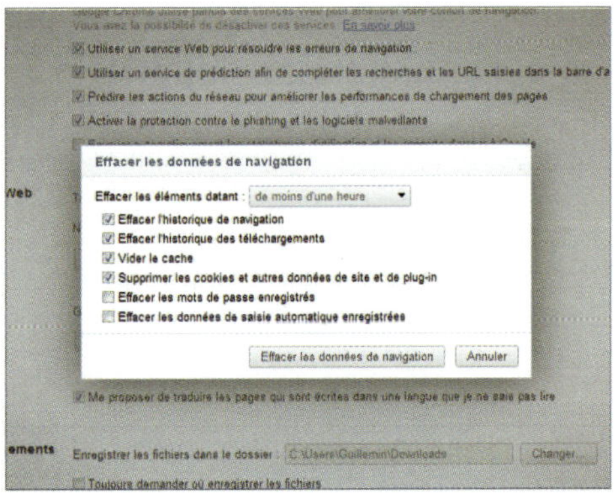

Utiliser la navigation privée

Le mode navigation privée de Google Chrome permet de surfer sans laisser de traces sur l'ordinateur que vous utilisez. Ainsi, les pages web consultées et les fichiers téléchargés ne sont pas enregistrés dans l'historique. De plus, tous les cookies reçus sont automatiquement supprimés lorsque vous fermerez les fenêtres du navigateur.

01 Aller dans les options

Cliquez sur la clef à molette située dans la barre d'outils du navigateur Google Chrome. Par défaut, celle-ci se trouve en haut et à droite de la barre de saisie des URL. Dans le menu déroulant, choisissez "Nouvelle fenêtre de navigation privée" afin d'ouvrir une fenêtre pour naviguer sans laisser de traces.

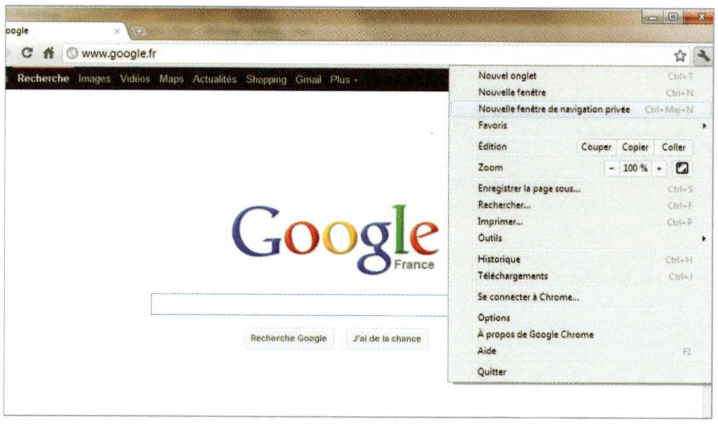

02 Lire l'avertissement

Une nouvelle fenêtre s'ouvre qui se différencie des autres fenêtres de Google Chrome avec son personnage déguisé en haut à gauche. Un avertissement s'affiche pour vous rappeler quelques concepts de base. Par exemple, le mode navigation privée n'empêche pas les personnes qui se tiennent derrière vous de voir ce qui se passe sur votre écran !

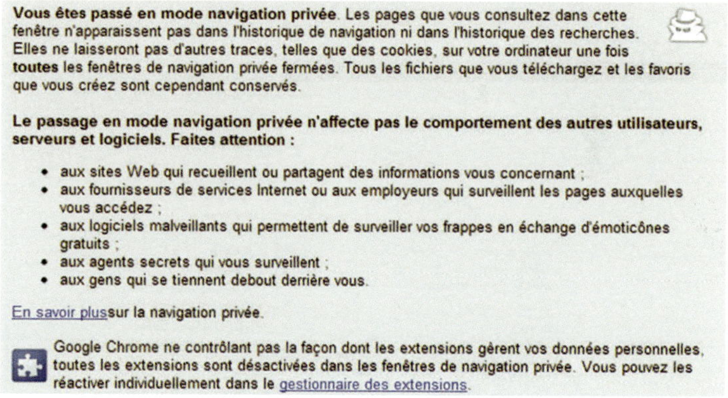

03 Prendre garde

Vous pouvez à présent surfer sans peur de laisser de traces sur l'ordinateur que vous utilisez. Toutefois, gardez à l'esprit que toutes les informations saisies, notamment dans un formulaire par exemple, seront conservées par ailleurs sur les serveurs du fournisseur de services.

GOOGLE

Utiliser le gestionnaire de tâches

À l'instar de Windows ou de n'importe quel système d'exploitation, Google Chrome propose un gestionnaire des tâches. Celui-ci permet d'obtenir des détails à propos d'un processus en cours mais également de forcer la fermeture d'une application ou d'un onglet défaillant.

01 Ouvrir le gestionnaire des tâches

Dans Google Chrome, cliquez sur la clef à molette située dans la barre d'outils du navigateur. Par défaut, celle-ci se trouve en haut et à droite de la barre de saisie des URL. Dans le menu déroulant, cliquez sur "Outils" puis sur "Gestionnaire des tâches".

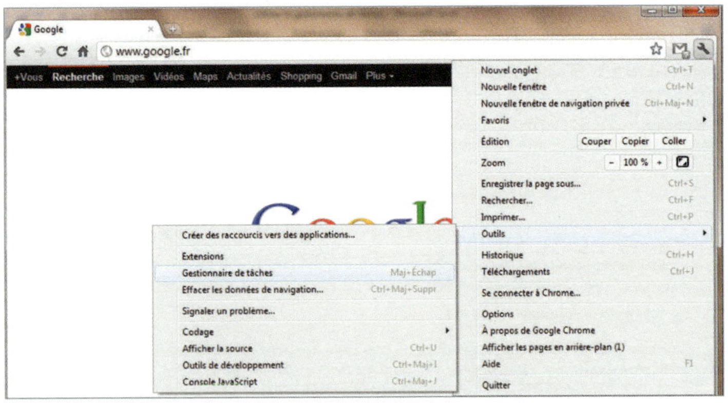

02 Terminer un processus

Une fenêtre s'ouvre et recense tous les processus actifs dans Google Chrome. Plusieurs informations, comme la mémoire occupée, l'utilisation du processeur et l'activité réseau sont disponibles. Pour fermer un onglet, une application ou une extension, cliquez sur son nom puis sur "Terminer le processus".

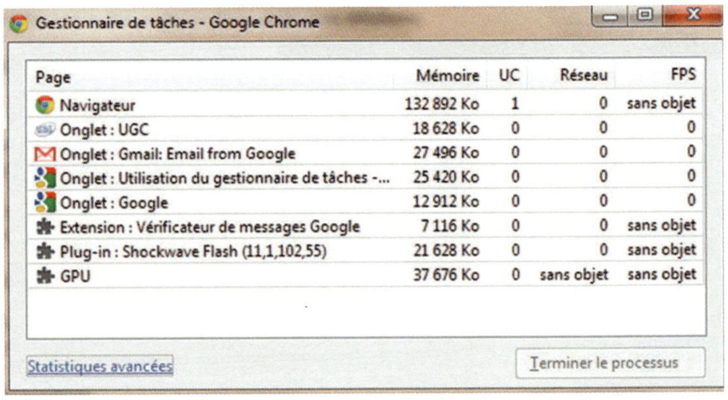

03 Garder l'œil ouvert

Cliquez sur le lien "Statistiques avancées" de la fenêtre précédente pour afficher une nouvelle page regroupant des informations plus détaillées sur l'occupation de la mémoire. Si d'autres navigateurs sont ouverts, Google Chrome affichera également leur occupation mémoire dans la catégorie "Summary" (Résumé).

Processes

		Memory			Virtual memory	
PID	Name	Private	Shared	Total	Private	Mapped
4748	Browser	133956k	23336k	157292k	124388k	50412k
5332	Tab UGC	18628k	19140k	37768k	19024k	12692k
692	Plug-in Shockwave Flash	21592k	12380k	33972k	22136k	25580k
608	GPU	37676k	7484k	45160k	56852k	21088k
5132	Tab Utilisation du gestionnaire de tâches - Centre d'aide Google Chrome	25828k	19512k	45340k	25888k	12180k
5384	Tab Gmail: Email from Google	27492k	18680k	46172k	27768k	12180k
4864	Extension Vérificateur de messages Google	7116k	14540k	21656k	6820k	12180k
5176	Tab About Memory	7196k	14704k	21900k	7200k	12180k
	Σ	279484k		409260k	290076k	158492k

Gérer les pop-up

Trop nombreux sont les sites qui affichent des pop-ups. Il s'agit de fenêtres intempestives qui s'ouvrent automatiquement sans qu'on ait rien demandé. La plupart du temps, les pop-ups affichent des pages de publicité. Google Chrome peut automatiquement les empêcher de s'afficher et d'encombrer votre écran.

01 Modifier les options

Cliquez sur la clef à molette située dans la barre d'outils du navigateur Google Chrome. Par défaut, celle-ci se trouve en haut et à droite de la barre de saisie des URL. Dans le menu déroulant choisissez "Options" afin d'accéder aux paramètres de configuration.

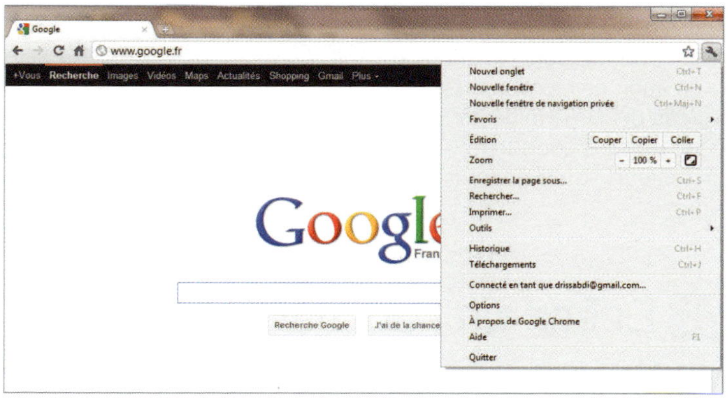

02 Changer les paramètres de contenu

Sélectionnez l'onglet "Options avancées" dans la colonne de gauche. Parmi les différentes sections proposées, choisissez "Confidentialité" puis cliquez sur le bouton "Paramètres de contenu..." afin d'accéder aux réglages des pop-ups dans Google Chrome.

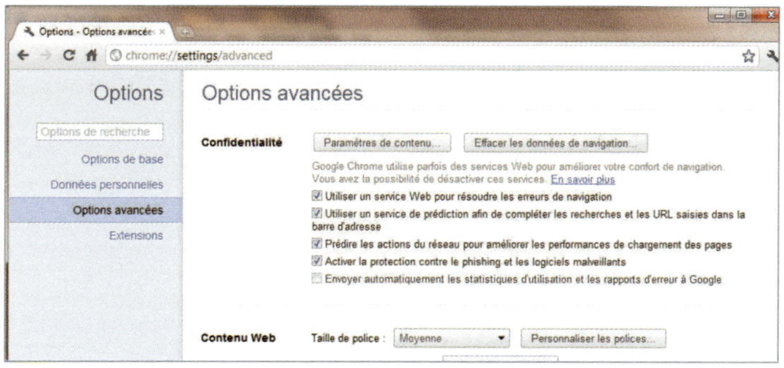

03 Interdire les pop-up

Dans la rubrique "Fenêtres pop-up", cochez la case "Interdire à tous les sites d'afficher des fenêtres pop-up" pour empêcher les sites web d'ouvrir de nouvelles fenêtres automatiquement. Google Chrome affichera une icône dédiée dans la barre d'adresse pour vous informer quand des fenêtres pop-up sont bloquées.

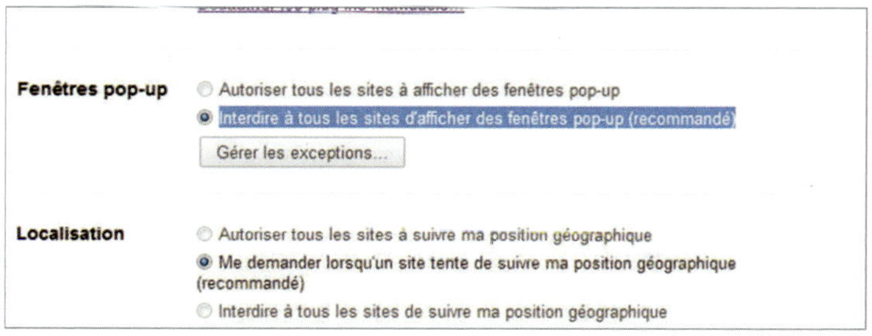

04 Autoriser certains pop-up

Vous pouvez également définir des exceptions afin d'autoriser certains sites web à afficher des pop-ups. Pour ce faire, cliquez sur le bouton "Gérer les exceptions". Saisissez l'URL du site dans la zone de saisie "Modèle du nom d'hôte" puis choisissez l'action pour autoriser ou bloquer les pop-ups.

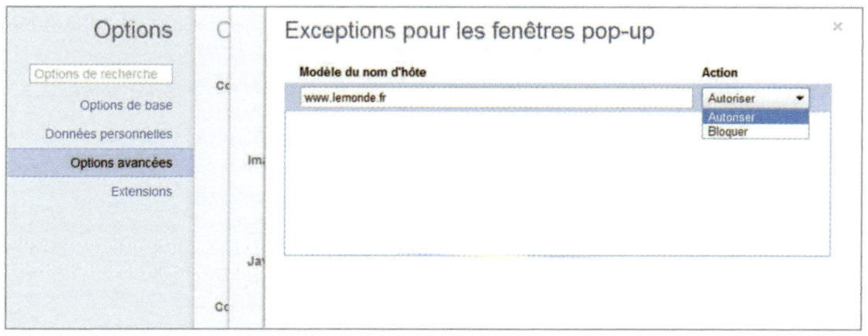

Créer des raccourcis d'applications et de pages web

Google Chrome permet de créer des raccourcis vers vos sites web favoris mais aussi vers des applications, notamment celles installées depuis Chrome Web Store. Les raccourcis peuvent être placés sur le bureau de votre ordinateur et dans des menus pour y accéder rapidement et en toute facilité.

01 Ouvrir la fenêtre d'applications

Ouvrez un nouvel onglet dans Google Chrome en cliquant sur l'icône "+" au-dessus de la barre de saisie des URL de votre navigateur. Vous accéderez ainsi aux vignettes des sites les plus visités. Cliquez sur la rubrique "Applications" en bas de la fenêtre pour accéder aux applications qui sont déjà installées dans Google Chrome.

02 Choisir une application

Une fois dans la section "Applications", cliquez sur l'icône de celle de votre choix avec le bouton droit de la souris. Ensuite, sélectionnez "Créer un raccourci". Attention, la création de raccourcis vers le bureau ou le menu démarrer n'est possible que sur les ordinateurs sous Windows ou Linux.

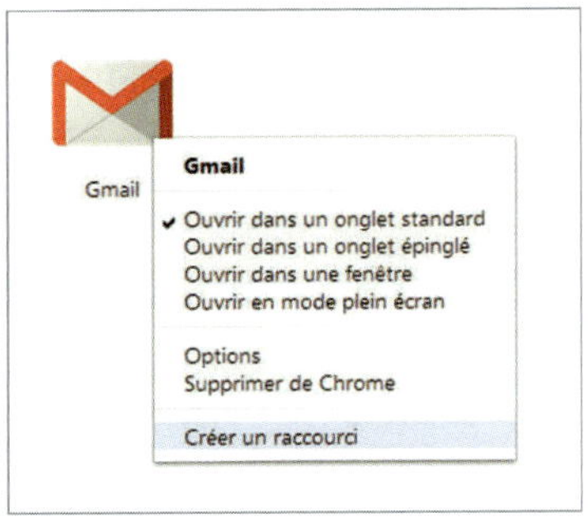

03 Créer un raccourci vers une application

Une boîte de dialogue s'affiche après avoir cliqué sur "Créer un raccourci". Une fenêtre de dialogue apparaît à l'écran vous proposant plusieurs emplacements pour votre raccourci. Cochez les cases de votre choix puis cliquez sur le bouton "Créer". Des raccourcis sont automatiquement créés aux emplacements en question.

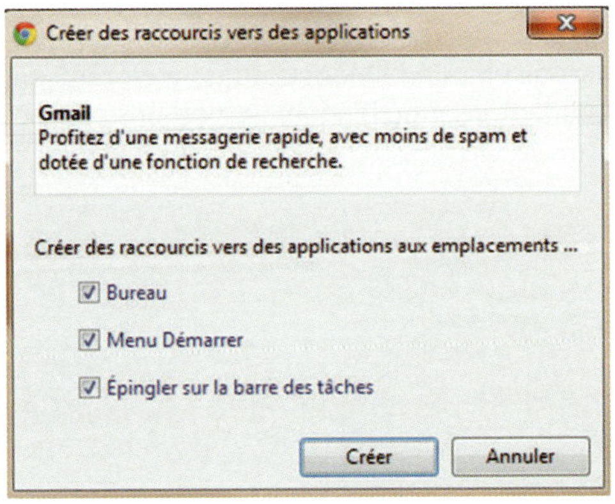

04 Créer un raccourci vers une page web

Google Chrome permet également de créer un raccourci vers une page web, ce qui est pratique pour accéder rapidement à un site que vous avez l'habitude de visiter. Cliquez sur l'icône en forme de clef à molette en haut à droite de la barre de saisie des URL. Sélectionnez "Outils" puis "Créer des raccourcis vers des applications".

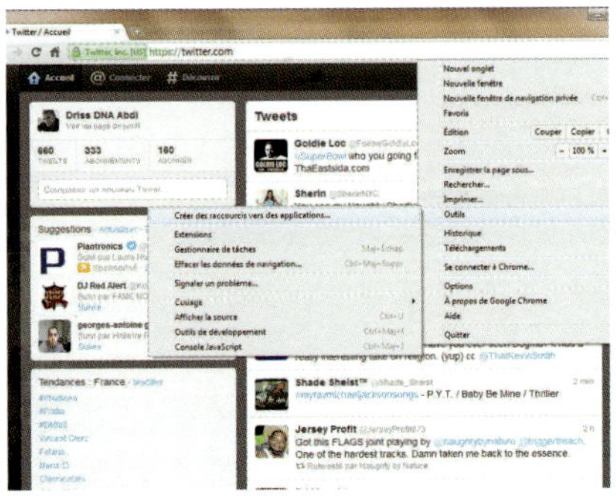

Gérer les favoris

Comme tout navigateur qui se respecte, Google Chrome permet de créer des favoris pour accéder en un seul clic à vos pages web préférées. De nombreuses options sont intégrées pour gérer au mieux vos favoris avec notamment un gestionnaire avancé et une barre de favoris accessible à tout instant.

01 Créer un favori

Google Chrome permet de créer un favori en un seul clic à partir de n'importe quelle page web. À tout moment, cliquez sur l'étoile à droite dans la zone de saisie des URL. Vous pouvez personnaliser le nom du favori ou l'intégrer dans un dossier. Si vous avez créé un favori par inadvertance, cliquez sur "Supprimer" pour annuler.

02 Accéder à vos favoris

Tous vos favoris sont enregistrés dans la barre de favoris. Celle-ci n'est pas visible par défaut. Pour l'afficher, cliquez sur l'icône représentant une clef à molette puis sélectionnez "Favoris". Cliquez sur "Afficher la barre des favoris" pour l'ancrer sous la barre de saisie des URL des sites web.

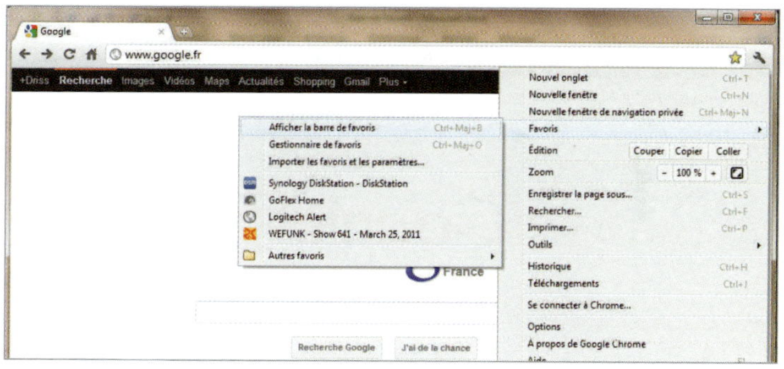

03 Modifier vos favoris

Une fois la barre de favoris affichée, vous pouvez à tout moment modifier vos favoris. Il suffit de cliquer avec le bouton droit sur celui de votre choix puis de sélectionner "Modifier". Vous pouvez changer le nom, l'URL et le dossier de destination du favori depuis la boîte de dialogue "Modifier le favori".

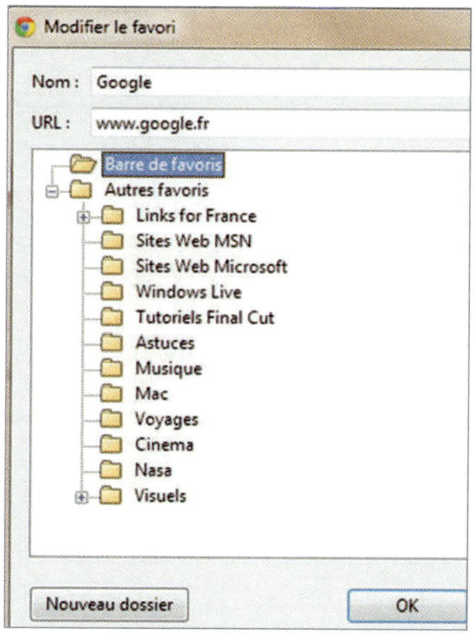

04 Utiliser le gestionnaire de favoris

Le gestionnaire de favoris est encore plus adapté à la gestion de vos favoris. Il permet notamment de les classer dans des dossiers, de les déplacer, de modifier leurs noms ou encore de supprimer un dossier ou des favoris. Pour y accéder, cliquez sur l'icône représentant une clef à molette, puis sur "Favoris" et enfin sur "Gestionnaire de favoris".

Activer la recherche instantanée

Google oblige, Chrome est optimisé pour les recherches sur Internet. Pour aller encore plus vite, vous pouvez activer la fonction de recherche instantanée. Les résultats s'affichent ainsi dans la fenêtre du navigateur au fur et à mesure que vous saisissez du texte dans la barre d'adresse, et avant même que vous n'appuyiez sur la touche Entrée.

01 Un tour dans les paramètres

Dans Google Chrome, cliquez sur la clef à molette située dans la barre d'outils du navigateur. Par défaut, elle se trouve en haut et à droite de la barre de saisie des URL. Dans le menu déroulant, choisissez "Options" pour passer à l'étape suivante.

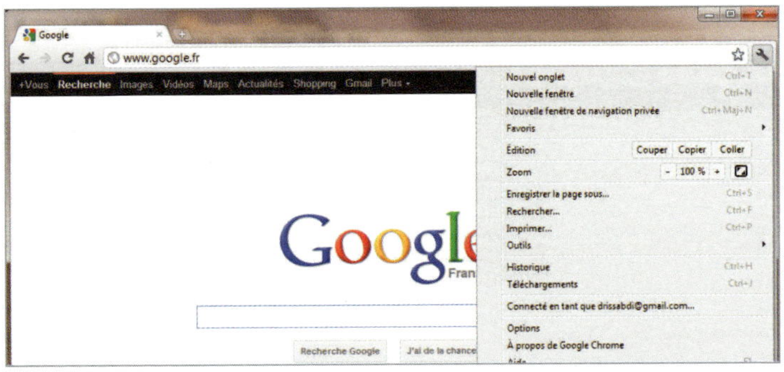

02 Une option de base

Sélectionnez l'onglet "Options de base" dans la colonne de gauche. Parmi les différentes sections qui sont proposées, choisissez "Recherche" et cochez la case "Activer la recherche instantanée pour accélérer la recherche". Pour la désactiver, il suffit de décocher la case.

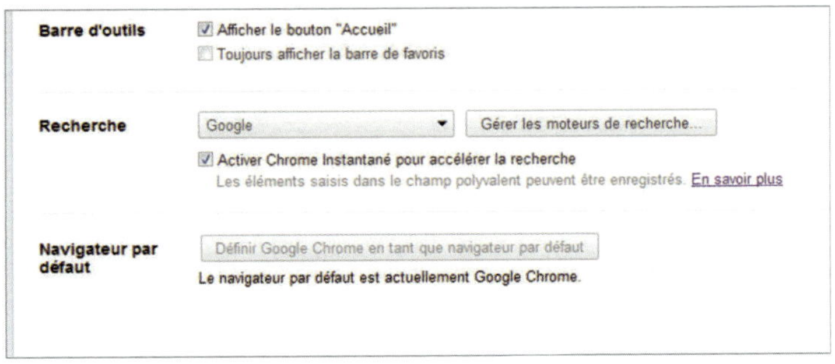

03 Un navigateur clairvoyant

Pour utiliser la fonctionnalité de recherche instantanée, saisissez les termes de requête dans la barre d'adresse. À mesure que vous saisissez du texte, les éléments enregistrés dans l'historique de navigation et de recherche qui correspondent au texte saisi s'affichent dans un menu situé en dessous de la barre d'adresse.

04 Choisir un moteur de recherche

La recherche instantanée est également compatible avec d'autres navigateurs. À condition bien entendu que le moteur en question prenne en charge cette fonctionnalité. Dans la section Recherche, vous pouvez définir votre moteur de recherche aisément. Cliquez sur le menu déroulant pour faire votre sélection.

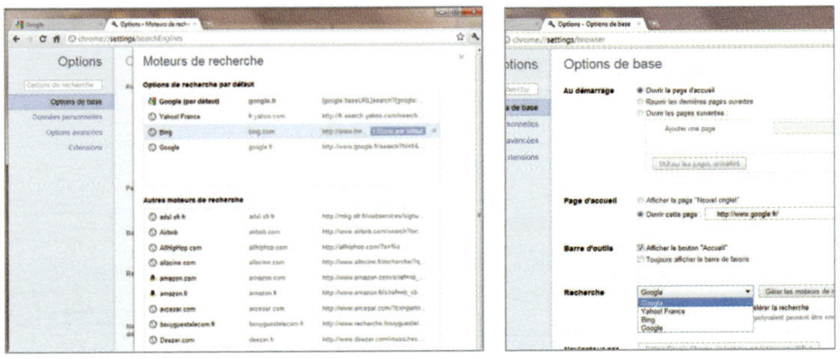

Utiliser la saisie automatique

Google Chrome peut vous faciliter la vie au moment de remplir des formulaires web avec des informations standardisées. Nom, prénom, adresse, code postal : votre navigateur est en mesure de compléter ces champs à votre place. En activant la saisie automatique dans Google Chrome, les formulaires se rempliront automatiquement en un seul clic.

01 Les incontournables options de Chrome

Dans Google Chrome, cliquez sur la clef à molette située dans la barre d'outils du navigateur. Par défaut, celle-ci se trouve en haut et à droite de la barre de saisie des URL. Dans le menu déroulant choisissez "Options" pour passer à l'étape suivante.

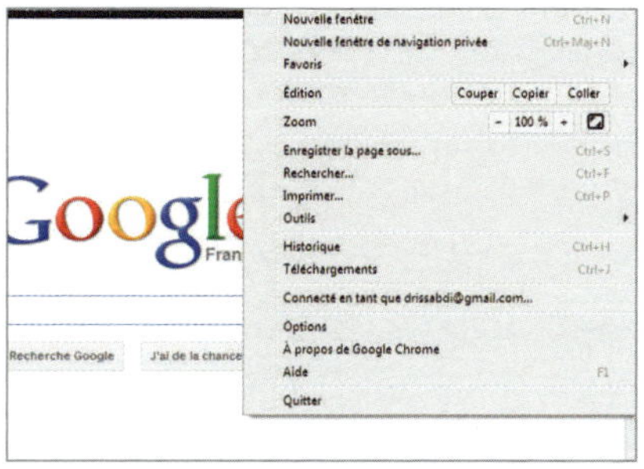

02 Activer la saisie automatique

Sélectionnez l'onglet "Données personnelles" dans la colonne de gauche. Parmi les différentes sections qui sont proposées, choisissez "Saisie automatique" et cochez la case "Activer la saisie automatique pour remplir les formulaires Web d'un simple clic". Vous pourrez la désactiver de la même manière en décochant la case.

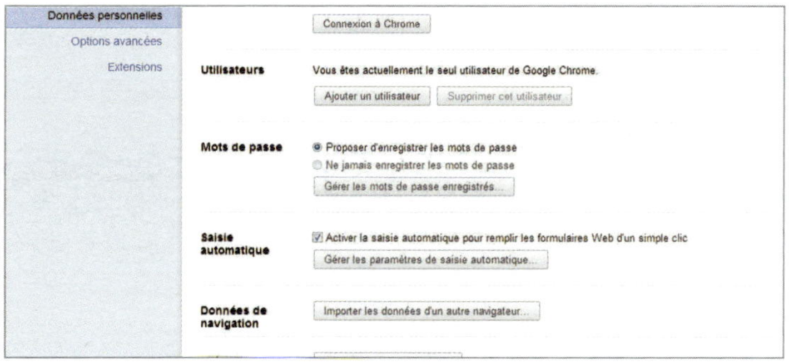

03 Entrer vos paramètres de saisie

Cliquez sur le bouton "Gérer les paramètres de saisie automatique" afin d'accéder aux options de saisie automatique, ensuite sur le bouton "Ajouter une adresse postale" pour saisir les paramètres tels que vos nom et prénom ainsi que votre adresse. Cliquez sur "Ajouter une carte de paiement" pour saisir les informations de votre carte bancaire.

04 Remplir les champs

Complétez les différents champs avec vos données personnelles. Par la suite, les formulaires seront automatiquement remplis à partir de ces informations. Prenez soin d'en vérifier l'exactitude afin d'éviter les erreurs. Vous risqueriez de ne jamais recevoir votre commande lorsque vous commandez online par exemple. Cliquez sur OK pour valider.

Utiliser la traduction automatique

Anglais, espagnol, mais aussi russe, japonais ou arabe. Google Chrome intègre une fonctionnalité de traduction automatique. Vous pourrez donc consulter n'importe quel site, même si vous ne parlez aucune langue étrangère. Pour ce faire, Google Chrome intègre une barre de traduction qui s'active automatiquement lorsque la langue détectée ne fait pas partie de vos langues préférées pour les pages web.

01 Activer l'option traduction automatique

Dans Google Chrome, cliquez sur la clef à molette située dans la barre d'outils du navigateur. Par défaut, celle-ci se trouve en haut et à droite de la barre de saisie des URL. Dans le menu déroulant, choisissez "Options" pour passer à l'étape suivante.

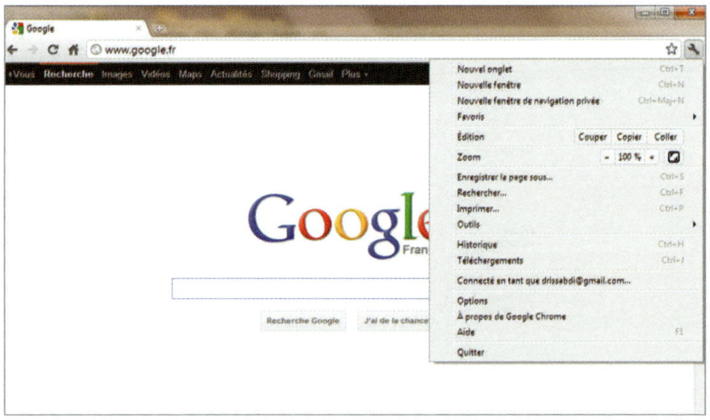

03 Traduire un site

Dès lors que vous accédez à une page web rédigée dans une langue étrangère, la barre de traduction s'affiche automatiquement en haut de votre écran. Cliquez sur le bouton "Traduire" afin d'obtenir une version dans votre langue favorite. Cette fonctionnalité est disponible sur PC, Mac, Linux ainsi que sur Google Chrome OS.

02 Garder le contrôle

Sélectionnez l'onglet "Options avancées" dans la colonne de gauche. Parmi les différentes sections proposées, choisissez "Traduire" et cochez la case "Me proposer de traduire les pages qui sont écrites dans une langue que je ne sais pas lire" afin d'activer la barre de traduction. Vous pourrez la désactiver de la même manière en décochant la case.

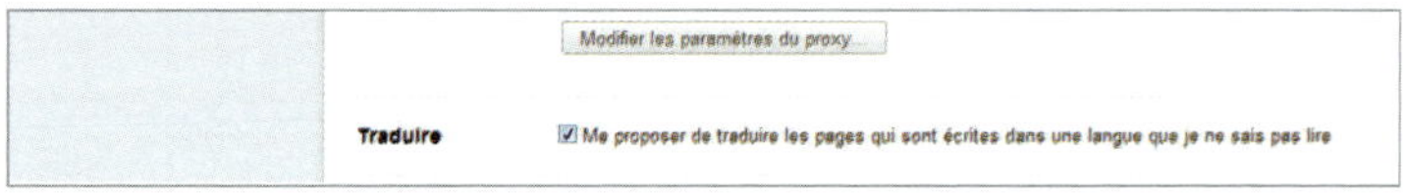

04 Modifier les paramètres de la barre de traduction

Pour ne plus avoir à cliquer sur le bouton "Traduire", vous pouvez configurer la barre de traduction de Chrome de façon à ce que les pages rédigées dans une langue spécifique soient automatiquement traduites. Cliquez sur le bouton "Options" et choisissez "Toujours traduire en français".

Effacer vos données de navigation

Pour une raison ou pour une autre, vous pouvez être amené à effacer vos traces après une session sur Internet. Google Chrome propose tout le nécessaire pour réaliser cette opération rapidement et en toute simplicité. Une procédure qui s'avère indispensable, notamment si vous utilisez l'ordinateur d'un ami ou dans un lieu public.

01 Lancer le navigateur Chrome

Commencez par lancer le navigateur Google Chrome à partir du menu Démarrer si vous utilisez Windows, ou via le Dock sous Mac OS. Une fois qu'une page web s'affiche à l'écran, cliquez sur la clef à molette en haut à droite de la barre de saisie des URL pour accéder à un menu déroulant.

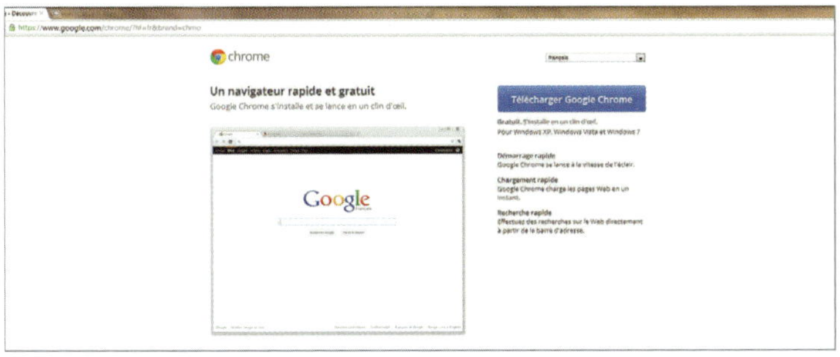

02 Un tour dans les options

Le menu déroulant donne accès à toutes les fonctions du navigateur de Google. Il permet notamment de gérer les favoris et d'accéder aux paramètres avancés. Cliquez sur "Options" afin d'accéder aux paramètres avancés de Google Chrome. Les options de base s'affichent alors.

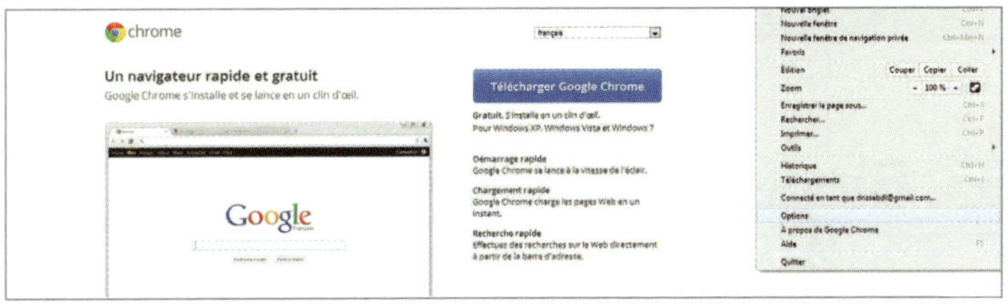

03 Modifier les options avancées

Sélectionnez les "Options avancées" dans la colonne de gauche. Une nouvelle page s'affiche alors, donnant accès à la rubrique correspondant aux paramètres de confidentialité de Google Chrome. Cliquez sur le bouton "Effacer les données de navigation".

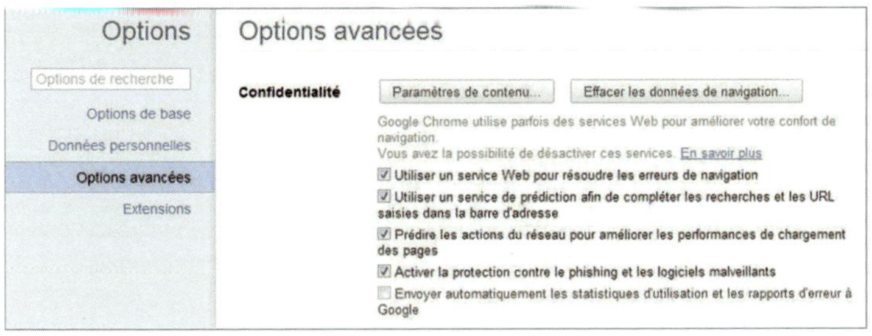

04 Effacer vos traces

Google Chrome offre de nombreuses options afin d'effacer toutes vos données de navigation en une seule fois ou seulement celles de votre choix. Vous pouvez notamment effacer les éléments issus de la dernière session de surf ou remonter plus loin dans le temps via le menu déroulant.

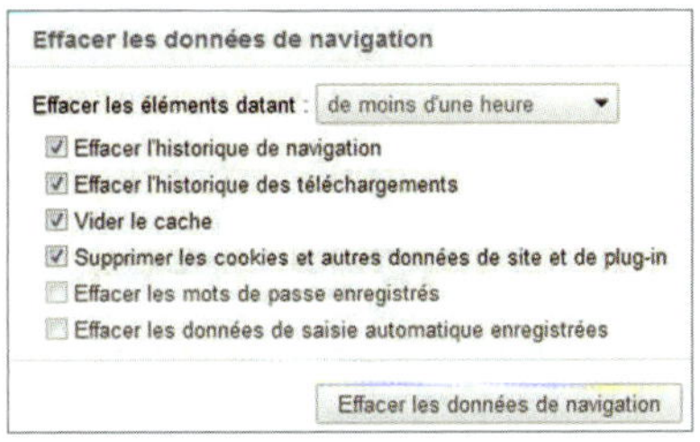

05 Garder vos mots de passe

Si vous utilisez un ordinateur public, n'hésitez pas à cocher toutes les cases. En revanche, il peut être judicieux de garder les données de saisie automatique enregistrées ou les mots de passe si vous utilisez votre ordinateur personnel. Ainsi, vous n'aurez pas besoin de les saisir de nouveau.

Installer et gérer les plug-ins

À ne pas confondre avec les applications et les extensions qui ajoutent des fonctionnalités à Google Chrome, les plug-ins permettent d'afficher des contenus web spécifiques. Ils sont notamment indispensables pour bénéficier des animations et des vidéos Flash sur Internet, mais également de QuickTime, Windows Media, Java, Acrobat Reader ou encore Microsoft Silverlight. Sans plug-ins, le navigateur n'affichera rien ou un simple message d'erreur.

01 Installer un plug-in

La plupart du temps, Google Chrome vous propose d'installer un plug-in manquant lorsque vous visitez une page qui l'utilise. Vous pourrez le télécharger directement à partir de la page en question ou via un lien qui s'affiche au-dessous de la zone de saisie des URL de Google Chrome.

02 Désactiver des plug-ins

Si vous souhaitez désactiver un plug-in, saisissez l'adresse chrome http://plugins/ dans la barre d'adresse de Google Chrome. Recherchez le plug-in à désactiver, puis cliquez sur "Désactiver". Vous pourrez réactiver les plug-ins désactivés à tout moment sur cette même page en cliquant sur "Activer".

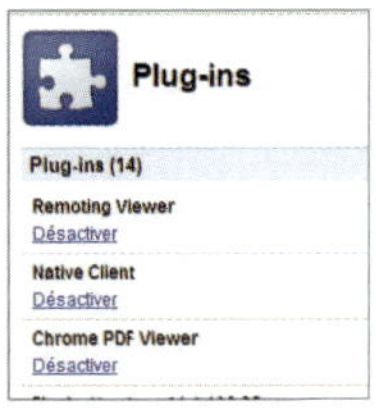

03 Bloquer des plug-ins

Google Chrome autorise tous les plug-ins par défaut, à l'exception de ceux qui ont été détectés comme n'étant plus à jour. Pour bloquer automatiquement tous les plug-ins, cliquez sur l'icône représentant une clef à molette puis sélectionnez "Options".

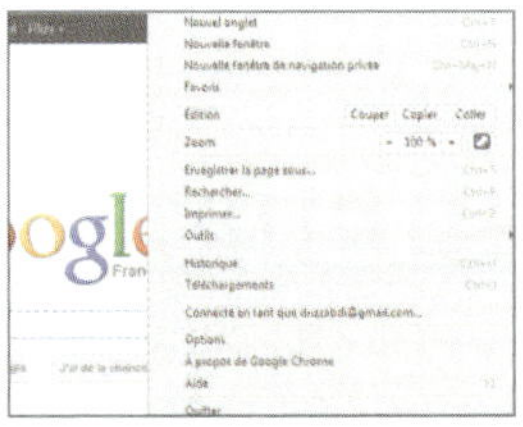

04 Un peu de confidentialité

Une fois dans les options, cliquez sur "Options avancées" dans la colonne de gauche. Dans la section "Confidentialité", cliquez sur le bouton "Paramètres de contenu" pour accéder aux réglages appropriés afin de modifier les autorisations automatiques des plug-ins de Google Chrome.

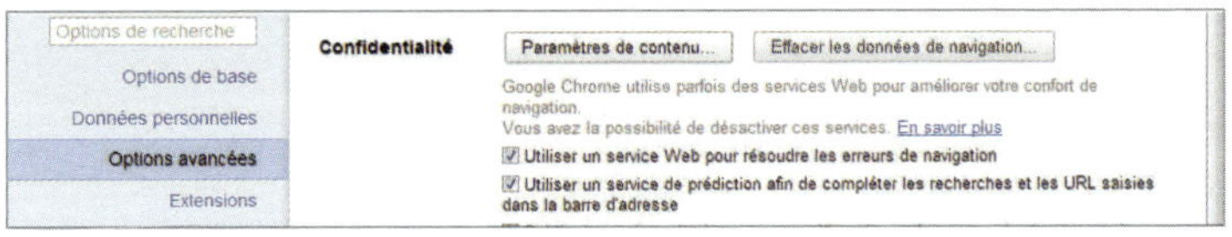

05 Modifier les paramètres de contenu

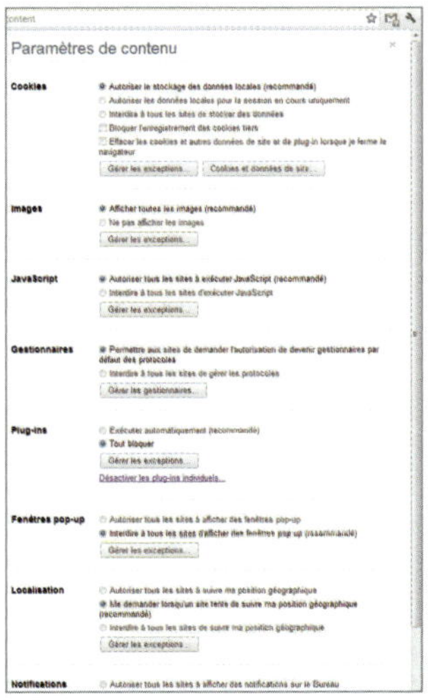

Dans les paramètres de contenu, sélectionnez "Tout bloquer" dans la section "Plug-ins". Une fois cette action validée, plus aucun plug-in ne fonctionnera dans Google Chrome. De plus, le navigateur ne vous proposera plus systématiquement d'installer de nouveaux plug-ins lorsque vous surferez sur Internet.

06 Faire exception

Certains plug-ins sont toutefois indispensables, notamment sur des sites développés en Flash. Il peut donc être intéressant de déclarer des exceptions lorsque vous bloquez les plug-ins. Cliquez sur le bouton "Gérer les Exceptions...", et saisissez l'adresse du site que vous souhaitez autoriser à utiliser des plug-ins.

Lancer des recherches vocales

Ne tapez plus vos requêtes de recherche au clavier mais dictez-les à Chrome. Le navigateur de Google permet en effet, via l'extension Voice Search, d'exploiter la technologie de reconnaissance vocale prévue initialement pour Android, depuis votre ordinateur personnel.

01 Le Web Store de Chrome

Pour installer la reconnaissance vocale à votre navigateur, vous devez tout d'abord lui ajouter l'extension Voice Search. Pour l'acquérir, connectez-vous au kiosque d'applications via l'URL suivante : https://chrome.google.com/webstore. Vous pouvez également cliquer sur l'icône représentant une clé à molette dans la barre d'outils du navigateur, puis sur "Outils" et "Extensions". Dans la page qui s'affiche, cliquez sur "Plus d'extensions".

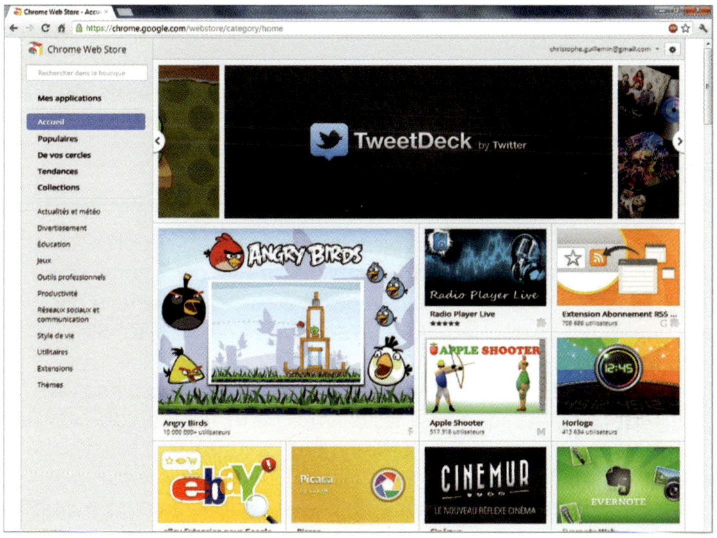

03 Vérifier le bon fonctionnement de votre micro

Le câble de votre microphone doit être branché sur l'entrée correspondante de votre ordinateur. Pour tester votre micro, faites un clic droit sur l'icône représentant un haut-parleur dans la barre d'outils, sélectionnez "Périphériques d'enregistrement" puis cliquez sur "Configurer" et "Configurer le micro" (pour Windows). Sélectionnez le type de micro et lisez ensuite les phrases proposées à l'écran. Si votre micro est bien réglé, vous devez rester dans la zone verte.

02 Installer Voice Search

Dans le champ de recherche en haut à gauche, tapez "Voice Search". Dans la liste qui s'affiche, sélectionnez la première proposition qui est "Voice Search sur le site eligrey.com". Cliquez sur le bouton bleu "Ajouter à Chrome". Une fenêtre vous indique les éléments auxquels peut accéder l'application. Acceptez les conditions et cliquez sur le bouton "Ajouter". Le téléchargement débute et prend normalement quelques secondes. L'extension est ensuite automatiquement installée.

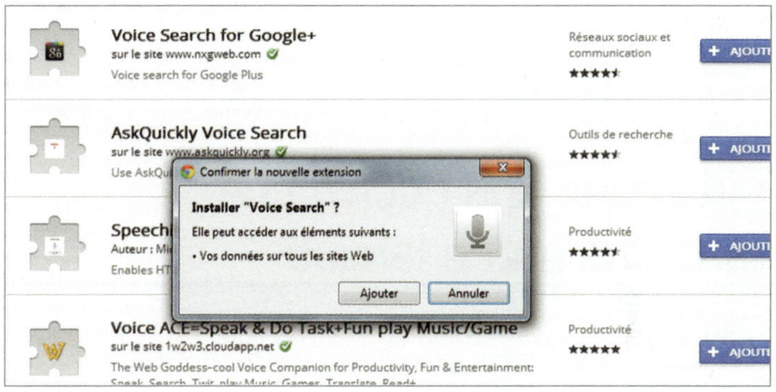

04 Augmenter le volume du micro

Si votre microphone ne donne pas le rendu souhaité, essayez d'en augmenter le volume. Cliquez sur l'icône en forme de haut-parleur dans la barre d'outils et sélectionnez "Mélangeur" (pour Windows). Augmentez alors le volume du micro en déplaçant le curseur vers le haut. Pour plus d'options, cliquez sur l'icône du micro puis, dans la boîte de dialogue, sur "Propriétés" et "Niveaux". Vous pouvez alors jouer sur l'amplification du micro si l'augmentation du volume ne suffit pas.

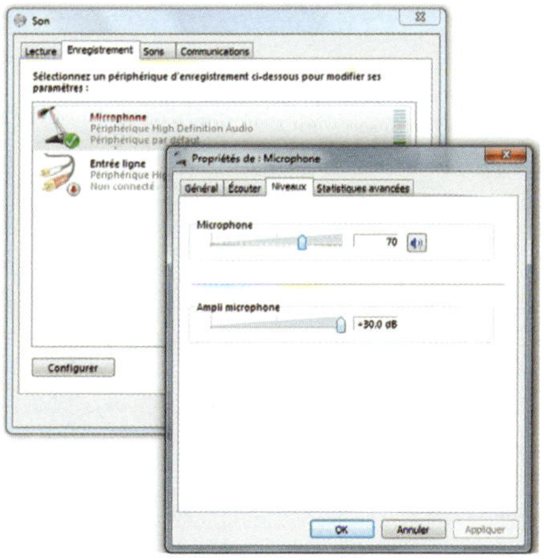

05 Lancer une première recherche vocale

Une fois l'extension Voice Search ajoutée, une icône représentant un microphone apparaît à droite de la barre d'adresse de Chrome. Une icône similaire grisée est également affichée dorénavant dans certains champs de sites web compatibles. Ils sont cependant encore très rares. Le premier intérêt de Voice Search est d'être utilisé pour les champs de recherche des services Google, comme ici Google Search, mais aussi YouTube, Maps ou Google+. Cliquez simplement sur l'icône pour lancer l'analyse vocale.

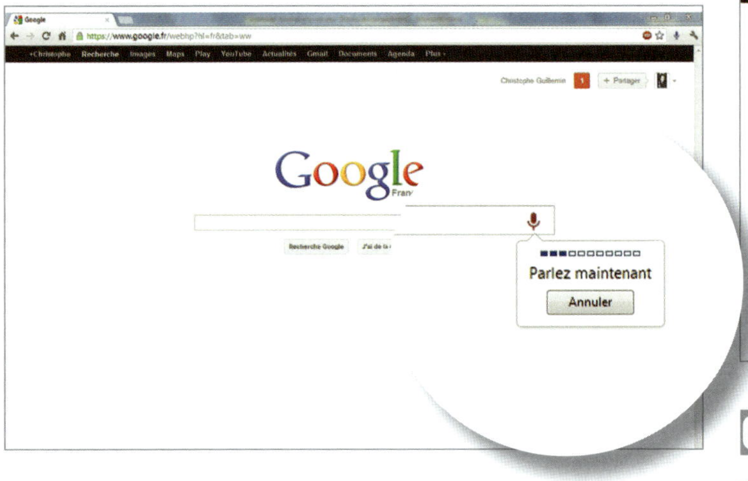

07 Lancer une recherche dans une autre langue

La reconnaissance vocale de Chrome est réalisée dans la langue associée au champ où vous effectuez la saisie. Si vous avez entendu une expression dans une langue étrangère, par exemple l'anglais, et que vous souhaitez la retrouver grâce à Voice Search, modifiez simplement les paramètres de recherche de Google Search. Pour cela, depuis n'importe quelle page de résultats, cliquez sur l'icône en forme de roue dentée, puis sur "Paramètres de recherche" et sélectionnez la langue de votre choix dans le menu "Quelle langue souhaitez-vous utiliser avec les produits Google ?".

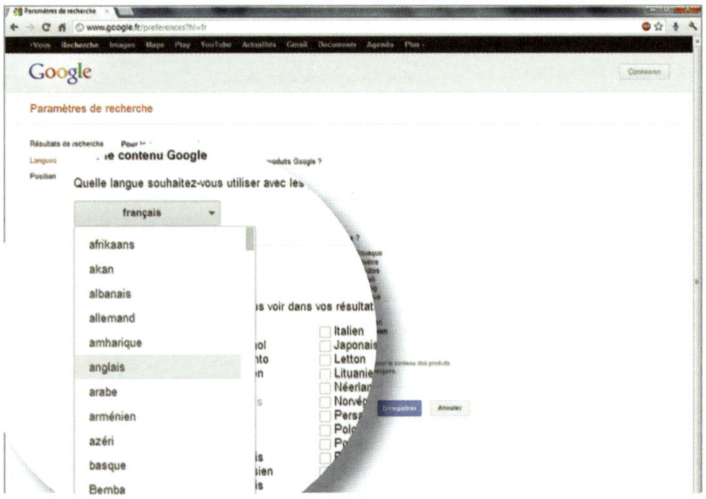

06 Optimiser votre diction

Même si elle se révèle plutôt performante, la reconnaissance vocale de Google gagnera en pertinence si votre diction est adaptée. Utilisez tout d'abord un ton monocorde et prononcez tous les mots avec la même intensité. N'hésitez pas à laisser de larges blancs entre les mots et ne vous embarrassez pas des liaisons. Bref, parlez un peu comme le ferait un robot. Si votre énoncé n'est pas reconnu, Chrome vous propose de réessayer ou de vérifier les paramètres de votre micro (voir ci-avant).

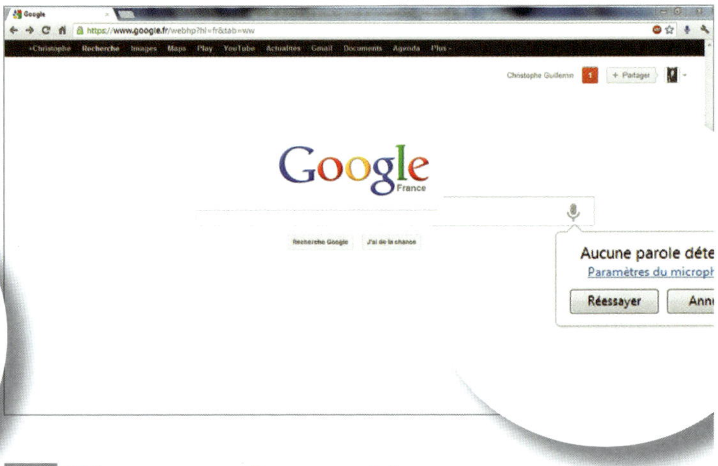

08 Changer les options de Voice Search

Pour accéder aux options de Voice Search, faites un clic droit sur son icône et sélectionnez "Options". Il n'y a que deux paramètres modifiables. Le premier est la liste des moteurs de recherche pris en compte par l'extension. Pour en supprimer un, déplacez-le dans la poubelle. Le deuxième paramètre modifiable est le type de champ pris en compte par Voice Search : "Tous les champs de texte" (défaut), "Uniquement les champs de recherche" ou "Aucun champ". Comme évoqué précédemment, Voice Search fonctionne encore essentiellement avec les champs de recherche des services Google. Ce deuxième paramètre ne présente donc aujourd'hui pas grand intérêt à être modifié.

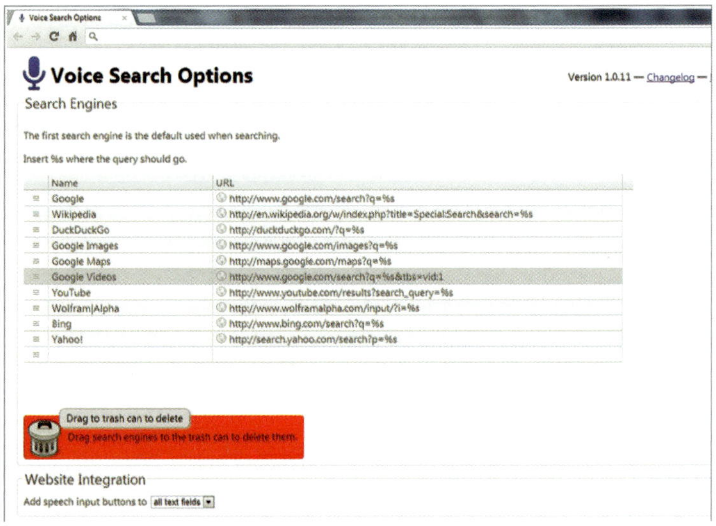

Faire du shopping avec Google Checkout

Google propose sa propre solution de paiement en ligne, baptisée "Google Checkout". Ce concurrent de PayPal vous permet de saisir une fois pour toutes vos coordonnées bancaires afin de réaliser des achats sécurisés en quelques clics. Un système incontournable sur l'Android Market.

01 Inscription

Pour vous inscrire à Google Checkout, utilisez l'URL suivante : https://checkout.google.com. Associez votre compte Google à ce service ou créez un nouveau compte. Si vous êtes utilisateur d'Android, utilisez le compte Google associé à votre mobile, car Google Checkout est requis pour acheter des applications sur l'Android Market. Remplissez ensuite le formulaire d'inscription en indiquant vos coordonnées de facturation et votre numéro de carte de crédit. Google est légalement responsable de la confidentialité de vos données bancaires.

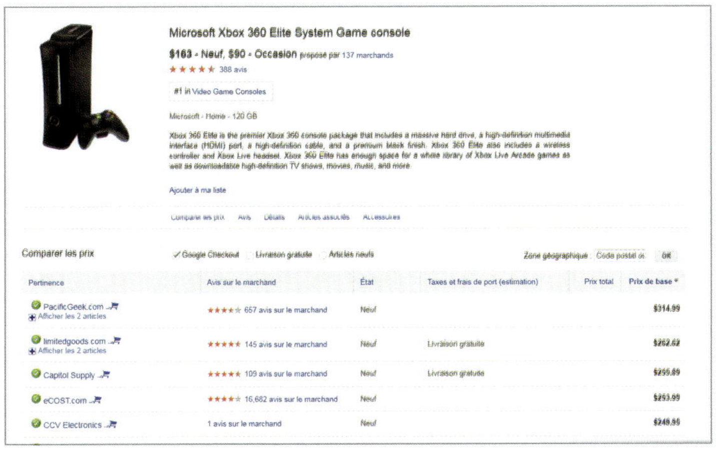

02 Trouver des vendeurs partenaires

Les cybermarchands acceptant Google Checkout ne sont pas encore si nombreux et quasiment tous américains. Mais cette solution devrait être prochainement acceptée par des boutiques hexagonales. La procédure d'achat sera identique. Vous devez tout d'abord trouver un vendeur partenaire. Utilisez pour cela le service Google Shopping http://www.google.com/prdhp). Tapez un nom de produit puis, dans la page de résultats, cochez "Afficher uniquement Google Checkout". Vous filtrerez ainsi les vendeurs acceptant la solution de paiement de Google.

03 Sélectionner le meilleur vendeur

Pour certains produits, Google Shopping propose plus d'une centaine de cybermarchands. Cliquez sur "Comparer les prix" pour afficher les tarifs proposés par les différentes boutiques. Vous pouvez également comparer les offres en fonction de l'évaluation des vendeurs réalisée par les internautes. Vérifiez également l'état du produit (neuf ou occasion), ainsi que les frais de livraison et autres taxes. Cliquez simplement sur l'intitulé du critère qui vous intéresse, en haut de la page, pour filtrer les résultats.

04 Payer votre produit

Une fois votre offre sélectionnée, suivez la procédure d'achat du cybermarchand. En général, vous ajoutez d'abord le produit à votre panier, puis vous consultez son contenu et finalement confirmez l'achat. Lorsque le cybermarchand vous demande le moyen de paiement utilisé, cliquez sur le logo Google Checkout. Si vous n'êtes pas connecté avec votre compte Google, entrez votre identifiant et votre mot de passe. Vérifiez votre adresse de livraison et confirmez l'achat. Vous recevrez ensuite un e-mail avec le détail de la transaction, dont le numéro de commande.

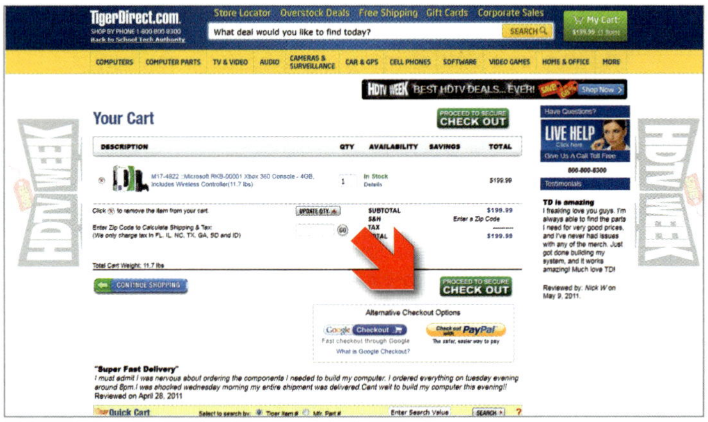

05 Trouver des promotions

Google passe régulièrement des accords avec certains vendeurs à qui il propose de la visibilité en échange d'offres promotionnelles. Pour les retrouver, utilisez l'adresse http://www.google.com/checkout/deals. Près d'une vingtaine de catégories de produits sont proposées, allant de "Art et artisanat" (Arts & crafts) à "Jouets et loisirs" (Toys & hobbies). Pour recevoir des offres par e-mail, allez sur la page d'accueil de Google Checkout, connectez-vous avec votre compte et cliquez sur "Préférences e-mail". Cliquez ensuite sur le bouton "S'inscrire". Pour ne plus recevoir ces promotions, retournez au même endroit et cliquez sur "Se désinscrire".

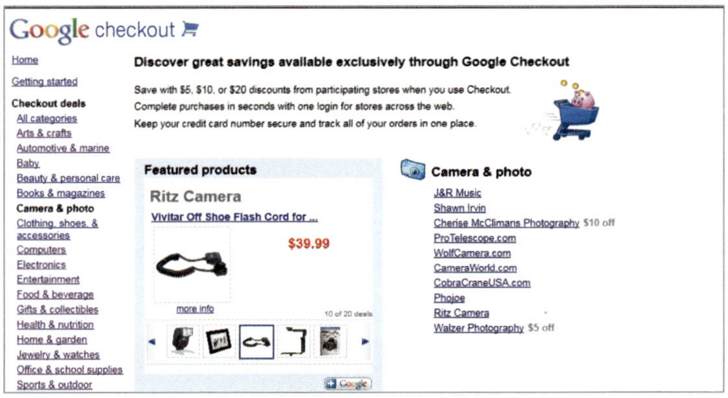

06 Tableau de bord

Pour suivre vos achats, accédez à la page d'accueil de Google Checkout avec votre compte Google actif. Vous retrouverez alors tout l'historique de vos achats, ici des applications sur l'Android Market. Pour chaque transaction, le récapitulatif intègre la date, l'identité du vendeur et le montant de l'achat, dans la devise utilisée pour l'opération. Si vous avez laissé un avis sur des commerçants (voir ci-après), vous en retrouverez la liste en cliquant sur "Vendeurs que j'ai évalués". Depuis ce tableau de bord, vous pouvez également changer vos coordonnées bancaires depuis l'onglet "Modifier les modes de paiement".

07 Afficher une commande

Pour connaître le détail d'une commande, cliquez sur son intitulé depuis la page d'accueil. Dans la nouvelle page qui s'affiche, vous pouvez suivre l'avancée de la livraison. Vous retrouvez également le numéro de commande qui vous a déjà été communiqué par e-mail. Il vous sera demandé pour activer des produits ou services comme certaines applications Android. La page de commande renseigne également sur les coordonnées du vendeur, ce qui peut être utile en cas de réclamation.

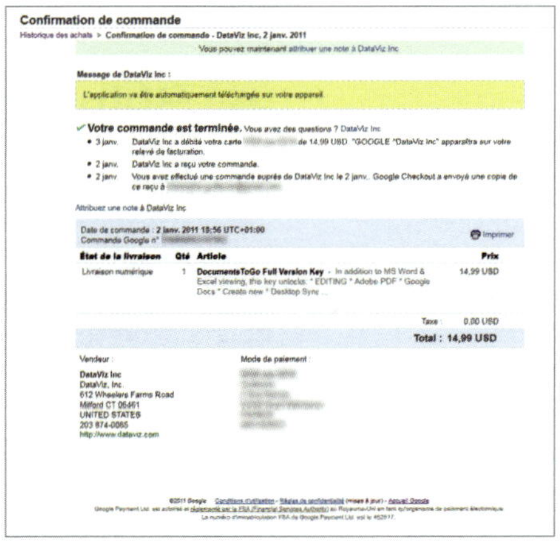

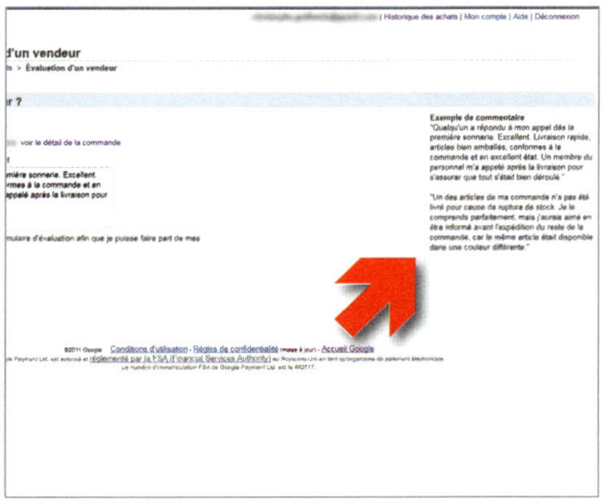

08 Évaluer un vendeur

Lorsque vous avez terminé un achat, vous pouvez donner une note au vendeur. Affichez un récapitulatif de commande correspondant au commerçant (voir ci-avant). Cliquez sur "Attribuer une note à". Évaluez la qualité du vendeur (et non du produit) sur une échelle de cinq étoiles, en cliquant simplement dessus. Une étoile signifie "Décevant, je déconseille ce vendeur" et cinq "Excellent, j'effectuerai certainement d'autres achats auprès de ce vendeur". Vous pouvez également rédiger un commentaire afin de partager votre expérience avec d'autres consommateurs.

Les nouveautés de Chrome 33

Dites 33… Affichant une maturité impressionnante, Chrome paraît être aujourd'hui au sommet de son art : ergonomique, performant et rapide, il offre un canevas idéal aux technologies du web les plus modernes. Découvrez ses dernières nouveautés et apprenez à en tirer le meilleur parti.

01 Support des Web Components

Les principales nouveautés de Chrome 33 se trouvent sous le capot. Parmi celles-ci, les développeurs web apprécieront le support des Web Components, une technologie encore en voie de finalisation qui leur permet de séparer le contenu de la mise en forme. Concrètement, retenez que ces composants participeront à rendre les interactions plus riches et à consolider plus facilement les mêmes interfaces à travers une application web.

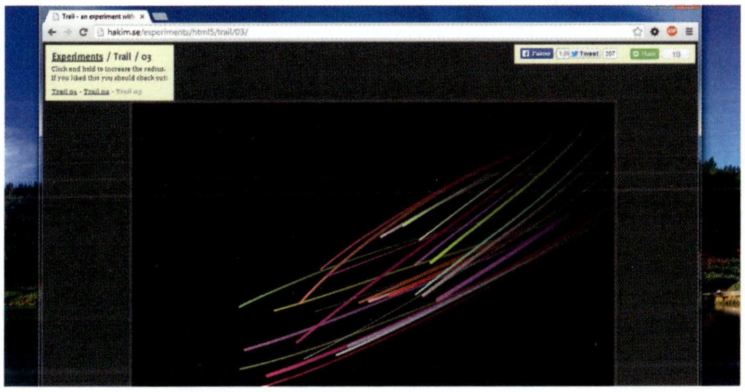

02 Reconnaissance et synthèse vocale

Autre technologie de premier plan qui se voit intégrée à la version bureautique de Chrome : le support de la reconnaissance et de la synthèse vocale. Si un champ présente un pictogramme représentant un microphone, comme le champ de recherche principal de Google, cliquez dessus pour activer votre équipement. Vous pouvez alors prononcer l'objet de votre recherche, face à votre écran, comme sur les tablettes ou smartphones.

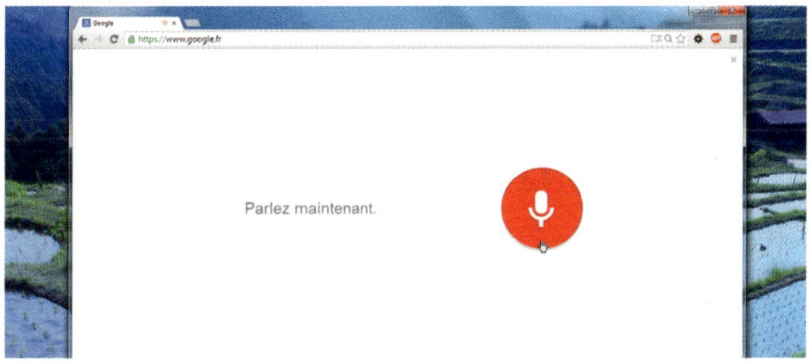

03 Une interface à la "Windows 8"

Windows 8.1 est définitivement implanté dans le parc informatique et sépare nos usages entre un "écran d'accueil" et le Bureau traditionnel. Chrome s'est plié à ce nouveau concept et dispose désormais d'une version entièrement dédiée à l'écran d'accueil dans sa dernière version : ouvrez le menu de droite et choisissez "Relancer Google Chrome en tant qu'application Windows 8". Vous profitez alors d'un véritable lanceur d'applications.

04 Des icônes de médias

Après avoir ouvert une dizaine d'onglets, combien de fois avez-vous pesté contre un site web s'arrogeant le droit de lancer une séquence vidéo ou s'égosillant dans vos haut-parleurs ? Vous détectez rapidement le site correspondant à travers des pictogrammes figurant directement dans les onglets : dans le même ordre d'idées, des pictogrammes vous indiquent les sites accédant à votre webcam, par exemple.

05 Blocage automatique de malwares

Le Centre de téléchargement de Google Chrome, accessible en pressant simultanément les touches Ctrl+J, gagne en efficacité et reconnaît désormais automatiquement les logiciels espions et les autres formes de malwares. Vous pouvez donc télécharger des fichiers sans risque : les virus sont automatiquement évincés. La fonction n'est toutefois pas exempte d'erreurs et peut laisser filtrer malgré tout des éléments malveillants.

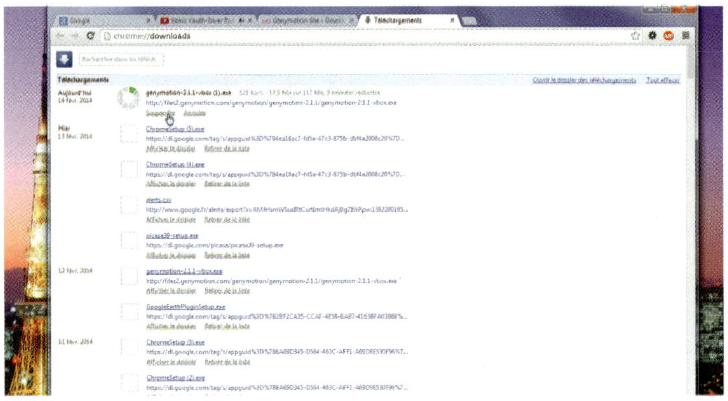

06 Rechercher des images

C'est une nouveauté un peu anecdotique, mais elle pourrait malgré tout vous faire gagner un temps précieux : désormais, il vous suffit d'effectuer un clic droit sur une image puis de choisir "Rechercher cette image sur Google" afin d'ouvrir un nouvel onglet et de lancer une recherche d'images similaires. L'outil offre de bons résultats et constitue un excellent point de départ pour habiller les billets de votre blog, par exemple.

« Chrome 33 fait la part belle aux gestes tactiles, au support de la reconnaissance vocale et aux dernières technologies du web. »

07 De nouveaux gestes tactiles

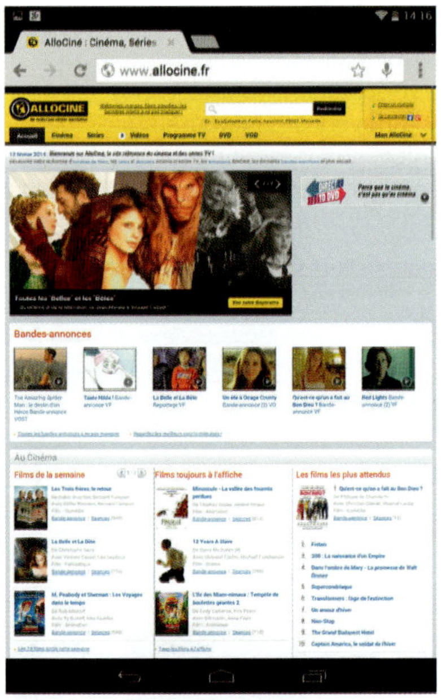

En marge de sa version bureautique, Chrome se décline évidemment en une version mobile pour smartphones et tablettes. Elle suit les évolutions de son aînée et se pare désormais de nouveaux gestes tactiles. Il suffit par exemple d'effectuer un glissement horizontal sur la barre d'outils pour passer rapidement d'un onglet à l'autre. Ces effets se répliquent également sur les ordinateurs équipés d'un écran tactile : vous avez notamment la possibilité de zoomer ou de dézoomer en apposant deux doigts sur votre moniteur.

07 Des performances accrues

Au-delà de ces nouveautés d'ordre ergonomique, Chrome 33 profite également de nombreuses améliorations au niveau de ses performances. Le moteur de rendu graphique gagne en rapidité et les calculs JavaScript sont également plus véloces. Pour vous en rendre compte, n'hésitez pas à tester votre propre configuration à l'aide de Peacekeeper (http://peacekeeper.futuremark.com), un benchmark reconnu qui a élu Chrome en tête du podium.

Utiliser le correcteur orthographique

Si vous avez des doutes sur votre orthographe ou que votre clavier n'arrive pas à suivre votre cadence infernale de saisie, Google Chrome propose un correcteur orthographique bien pratique.

01 Changer les paramètres

Cliquez sur la clef à molette située dans la barre d'outils du navigateur Google Chrome. Par défaut, celle-ci se trouve en haut et à droite de la barre de saisie des URL. Dans le menu déroulant choisissez "Options" afin d'accéder aux paramètres de configuration.

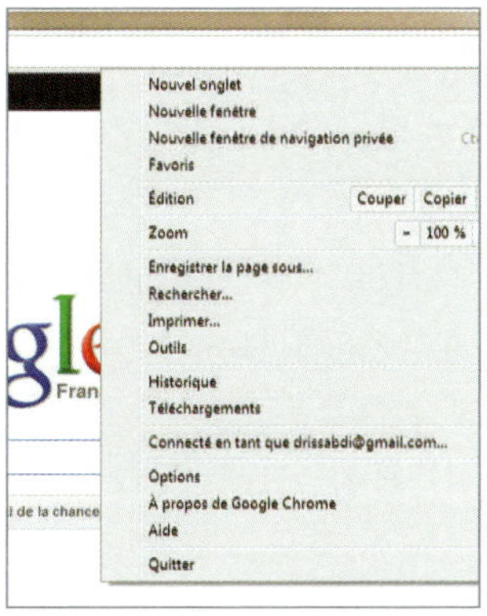

02 Modifier les options avancées

Sélectionnez l'onglet "Options avancées" dans la colonne de gauche. Parmi les différentes sections qui sont proposées, choisissez "Contenu Web" et cliquez sur le bouton "Langues et paramètres du correcteur orthographique".

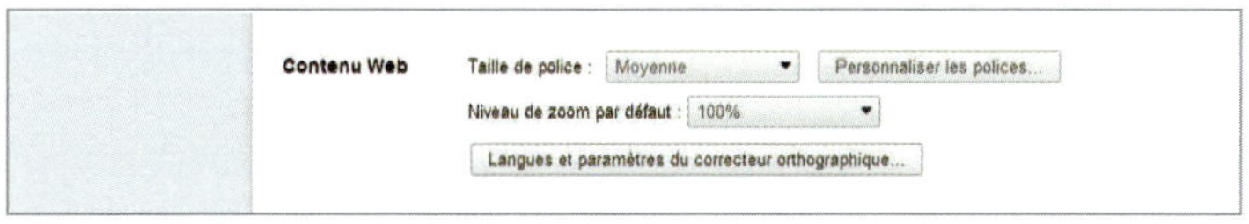

03 Activer le correcteur

Dans la rubrique "Langues", cochez la case "Activer la vérification orthographique" pour activer et désactiver le correcteur orthographique. La langue dans laquelle Chrome est affiché par défaut sera celle dans laquelle le correcteur d'orthographe sera utilisé.

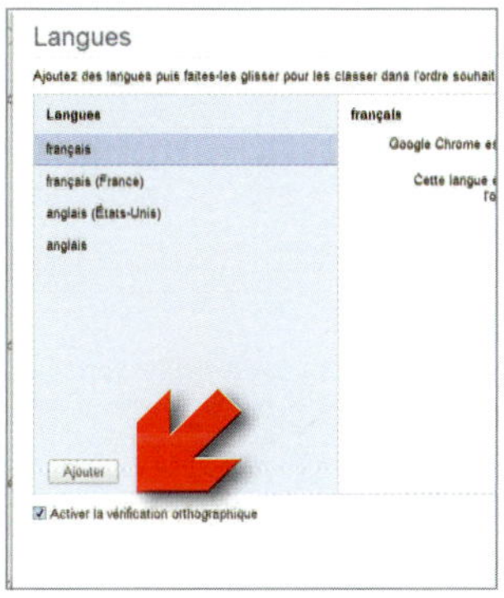

04 Changer de langue

Vous pouvez ajouter d'autres langues à Google Chrome. Cliquez sur le bouton "Ajouter" dans la fenêtre "Langues" puis sélectionnez la langue de votre choix dans le menu déroulant. Cliquez sur "OK" pour valider. Vous pouvez répéter cette opération pour ajouter plusieurs langues les unes à la suite des autres.

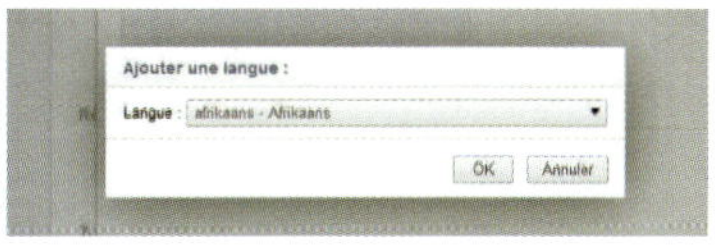

05 Corriger automatiquement une autre langue

Chrome permet également d'attribuer le correcteur orthographique à une autre langue que celle utilisée par défaut. Cliquez sur la langue de votre choix dans la colonne de gauche puis sur le bouton "Utiliser cette langue pour corriger l'orthographe".

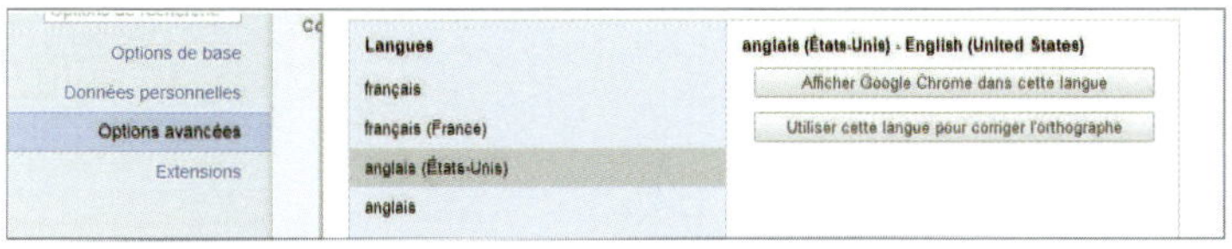

06 Ajouter un mot au dictionnaire

Vous pouvez étoffer le dictionnaire de Chrome pendant la saisie. Cliquez avec le bouton droit de la souris sur le mot souligné par le correcteur orthographique puis sélectionnez "Ajouter au dictionnaire". Attention, il est pour le moment impossible de supprimer un mot du dictionnaire.

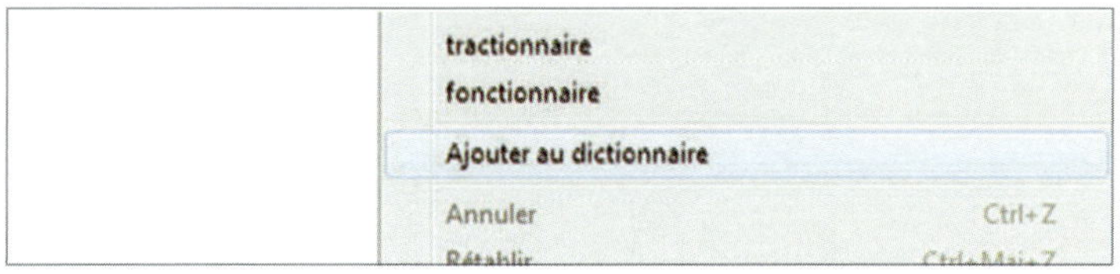

Se divertir

Certains utilisent Google comme un outil de travail, d'autres s'en servent pour se divertir. Parce qu'entre Picasa, YouTube et Google Maps, les services de divertissement sont étoffés, nous vous expliquons comment bien les utiliser.

GOOGLE

Créer un album sur Picasa Albums Web

Picasa Albums Web est un service d'hébergement de photos permettant d'en stocker jusqu'à 1 Go. En quelques minutes, vous pourrez transférer vos photos et créer votre premier album.

01 Accéder à Picasa Albums Web

Pour accéder à Picasa Albums Web, connectez-vous avec votre compte Google à l'adresse suivante : https://picasaweb.google.com. Pour créer un album, il faut tout d'abord transférer des photos vers le service en ligne. Deux méthodes s'offrent à vous. La première consiste à installer le logiciel Picasa et à transférer les images depuis cette application. Si vous préférez ne pas utiliser le logiciel de Google, vous pouvez aussi transférer des images directement depuis l'interface de Picasa Albums Web.

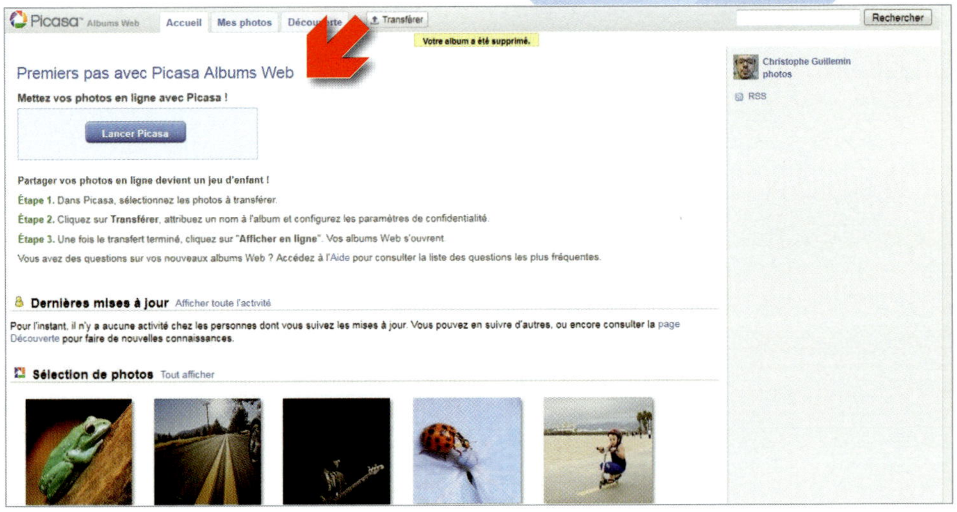

02 Transfert depuis le logiciel Picasa

Pour transférer des photos, lancez le logiciel de Google et cliquez en haut à droite sur "Connexion à Picasa Albums Web". Sélectionnez ensuite les photos à importer et cliquez sur le bouton "Transférer" avec une flèche verte. Donnez un nom à votre album et configurez les paramètres de confidentialité (tous les internautes, ceux à qui vous envoyez le lien de votre album ou privé). Cliquez enfin sur "Transférer". Une fois le transfert terminé, cliquez sur "Afficher en ligne" pour visualiser vos albums web (lire également notre article "pratique" dédié à Picasa, ci-après).

03 Transfert depuis Picasa Albums Web

Cliquez sur le bouton "Transférer" depuis la page d'accueil de Picasa Albums Web. Saisissez le nom de l'album. Pour transférer les photos, effectuez un simple glisser/déposer dans l'espace central de l'interface web. Autre solution : cliquez sur "Sélectionner les photos sur votre ordinateur" et faites votre choix via le gestionnaire de fichiers du système d'exploitation. Par défaut, l'album est privé, mais vous pourrez le partager par la suite (voir ci-après).

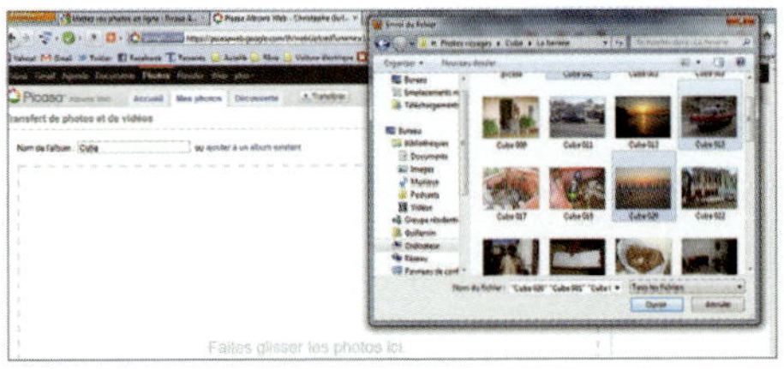

04 Compléments

Lorsque vous affichez une photo, plusieurs options s'offrent à vous afin de lui apporter des informations complémentaires. Vous pouvez tout d'abord intégrer une légende. Vous pouvez ensuite préciser l'endroit où elle a été prise en cliquant sur "Ajouter un lieu". En lui attribuant un "tag", vous la retrouverez facilement en tapant un mot-clé correspondant à ce tag. Enfin, l'option "Lien vers cette photo" affiche l'URL de la photo à envoyer à vos amis ainsi que le code HTML pour la publier sur votre blog.

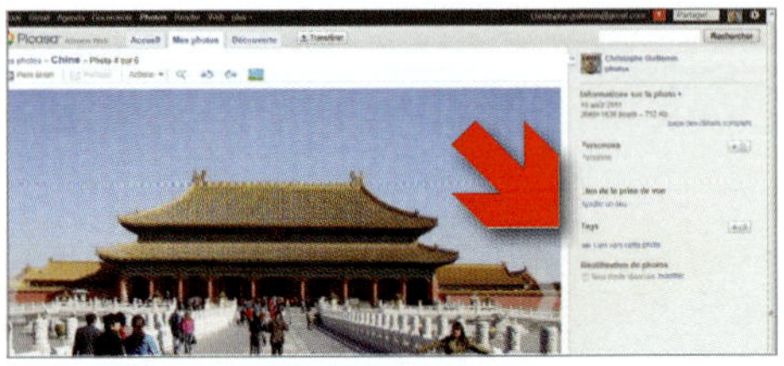

Organiser vos photos

Picasa Albums Web permet de stocker jusqu'à dix mille albums pouvant contenir un millier de photos. Cela peut paraître beaucoup. Mais avec un espace de stockage de 1 Go, un peu de classement, ou même de ménage, peut se révéler nécessaire, surtout si vos clichés sont de haute qualité.

01 Déplacer une image dans un album

Pour accéder aux fonctions d'organisation des photos, cliquez sur le bouton "Organiser" au-dessus d'un album. Vous pouvez alors déplacer une image par simple glisser-déposer. Les touches classiques de sélection multiple fonctionnent. Pour constituer un groupe d'images, maintenez ainsi la touche Ctrl enfoncée tout en cliquant sur les images à sélectionner. Dans le cas d'une suite d'images, sélectionnez un groupe en cliquant sur sa première et sa dernière photo tout en maintenant la touche Maj enfoncée.

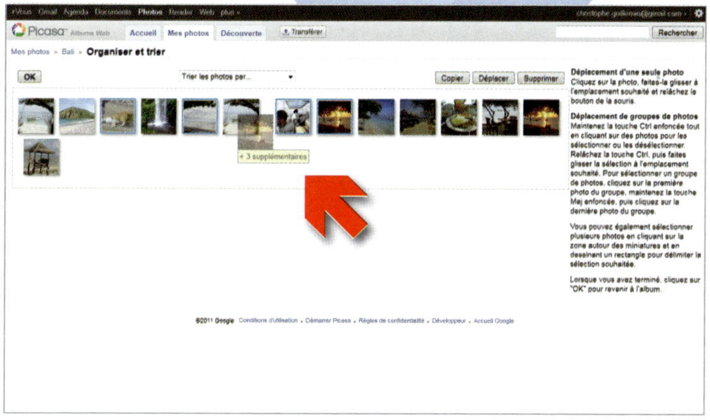

02 Déplacer une image vers un autre album

Si vous êtes en train de visualiser une image de manière individuelle, vous pouvez la déplacer vers n'importe quel album en cliquant sur le bouton "Action" puis sur l'option "Déplacer vers un autre album". Dans la fenêtre qui s'affiche, choisissez parmi les albums existants ou saisissez le titre d'un nouveau pour en créer un et y déplacer dès à présent l'image. Depuis un album, vous pouvez déplacer plusieurs images. Cliquez sur "Organiser", sélectionnez vos images, cliquez sur le bouton "Copier" ou "Déplacer" et choisissez l'album de destination.

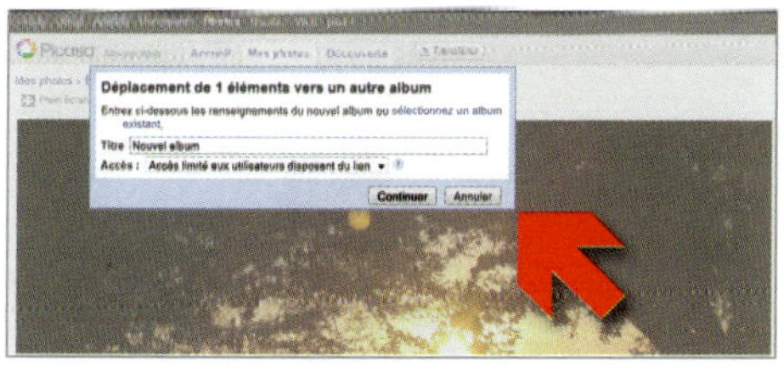

03 Modifier l'ordre de tri

Dans un album, vous pouvez modifier l'ordre de tri automatique selon lequel les images sont affichées. Pour cela, cliquez sur "Organiser" puis sur le menu déroulant "Trier les photos par". Choisissez alors d'afficher les photos de la plus ancienne à la plus récente ou inversement, ou encore selon le nom des fichiers. Notez que dans ce dernier cas, si vous avez intégré un numéro aux noms des différentes images (par ex. : 1-bali, 2-bali, etc), elles seront classées dans cet ordre.

04 Supprimer des albums et photos

Pour supprimer un album complet, cliquez sur l'onglet "Actions" puis choisissez l'option "Supprimer l'album". Pour supprimer une ou plusieurs images dans un album, cliquez sur "Organiser", effectuez votre sélection et cliquez sur le bouton "Supprimer". Enfin, lorsque vous visualisez une image, cliquez sur "Actions" puis sur "Supprimer cette photo". Attention, toutes ces opérations sont définitives, Picasa Albums Web n'intègre aucune fonction de type corbeille.

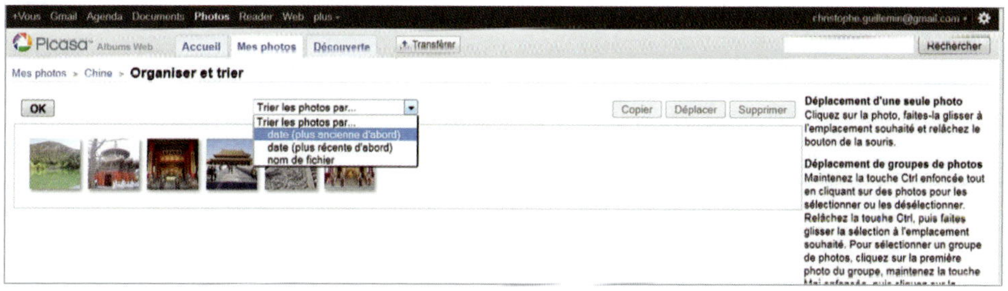

Partager vos photos

Une fois vos photos accessibles en ligne, vous souhaiterez probablement les partager avec vos amis ou même avec l'ensemble des internautes. Picasa Albums Web permet de facilement populariser vos clichés sur les réseaux sociaux ou simplement de lancer des invitations par e-mail.

01 Gérer la visibilité de vos albums

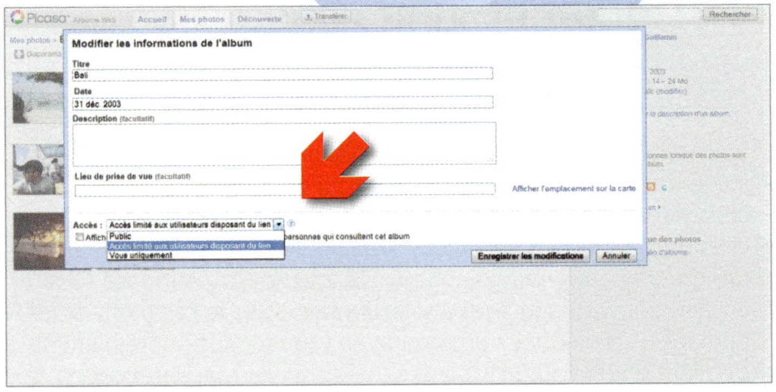

Pour partager vos photos, la première solution est tout simplement de rendre votre album public, c'est-à-dire consultable pour tous les internautes se rendant sur Picasa Albums Web. Pour cela, cliquez sur le bouton "Modifier" dans le volet de droite depuis la page d'un album. Dans la nouvelle fenêtre, choisissez "Public". Notez que vous pouvez choisir l'option "Accès limité aux utilisateurs disposant du lien". Utilisez-la si par exemple vous souhaitez partager l'URL d'un album avec des contacts (voir ci-après).

02 Lancer une invitation pour consulter un album ou une photo

Afin de populariser vos photos, vous pouvez inviter des contacts à venir les consulter. Pour cela, il suffit de leur envoyer l'URL unique de votre album ou d'une photo par e-mail ou messagerie instantanée. Pour une image unique, cliquez sur "Lien vers cette photo" dans le volet de droite et vous obtiendrez son URL. Pour un album, même procédure, cliquez sur "Lien vers cet album". Pour copier/coller l'URL, les raccourcis clavier Ctrl+C (copier) et Ctrl+V (coller) peuvent se révéler utiles.

03 Publier sur les réseaux sociaux

Lorsque vous visualisez une image ou un album, vous noterez que le volet de droite intègre des boutons rassemblés dans une section intitulée "Message sur". Utilisez-les pour facilement poster une image ou un album sur Twitter, Blogger ou encore Buzz. Si vous disposez d'un compte Google+, vous pouvez facilement publier un album sur le réseau social de Google en cliquant sur "Partager" puis en choisissant les cercles avec lesquels le partager. Avec une photo unique, vous pouvez ajouter un tag Google+ correspondant à la personne prise en photo.

04 Utiliser un album collaboratif

Pour utiliser un album à plusieurs, il suffit d'y ajouter des contributeurs. Cliquez sur "Partager" puis entrez les adresses e-mail de vos contributeurs. Cochez la case "Autoriser les personnes avec qui je partage à ajouter des photos" et cliquez sur "Partager". Les personnes choisies recevront une invitation à contribuer à l'album. Notez que pour les utilisateurs de Google+, cette fenêtre de partage est différente (voir précédemment). Il faut alors cliquer sur "Envoyer plutôt un e-mail" en bas de la fenêtre, puis suivre la même procédure.

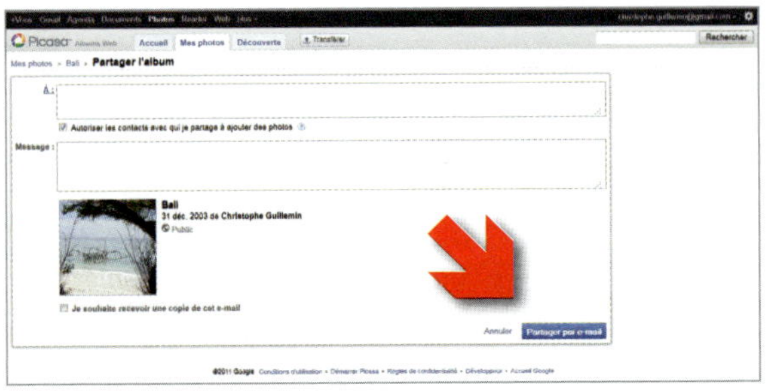

Partager vos vidéos sur YouTube

YouTube ne sert pas qu'à visionner des vidéos. Vous pouvez aussi devenir facilement contributeur en publiant votre propre séquence, à partager avec d'autres internautes ou à garder en privé. Le service de Google accepte des vidéos d'une durée allant jusqu'à 15 minutes et pesant jusqu'à 20 Go.

01 Se connecter

Vous ne pouvez pas publier une vidéo sur YouTube de manière anonyme. Il vous faut donc vous enregistrer sur le service. Si vous disposez d'un compte Google, cliquez sur le bouton "Connexion" sur la page d'accueil de YouTube. Personnalisez ensuite votre profil via les "Paramètres de compte". Vous pourrez ainsi utiliser un nom d'utilisateur spécifique à YouTube. Si vous ne disposez pas encore d'un compte, cliquez sur "Créer un compte" et suivez la procédure. Il vous suffit de disposer d'une adresse e-mail valide.

02 Ajouter une vidéo

Une fois connecté à YouTube avec votre compte, cliquez sur le bouton "Ajouter une vidéo". Si vous disposez d'une webcam, vous pouvez directement enregistrer une séquence en cliquant sur "Enregistrer une vidéo depuis la webcam". Si le fichier vidéo est déjà présent sur votre disque dur, faites un glisser-déposer dans le cadre central ou utilisez le gestionnaire de fichiers via le bouton jaune "Ajouter une vidéo". Attention, votre vidéo doit être au format AVI, 3GP, MPEG, MP4, WMV, MOV, FLV ou MKV.

03 Transférer les vidéos

Si votre vidéo fait entre 2 et 20 Go, vous pouvez tout de même la publier sur YouTube. Cliquez sur "Mise en ligne avancée de vidéos" et acceptez l'installation de la petite application Java proposée. Le transfert s'effectuera désormais par "morceaux". De cette manière, si la connexion réseau est coupée pendant le transfert, vous pourrez le reprendre là où il s'est arrêté.

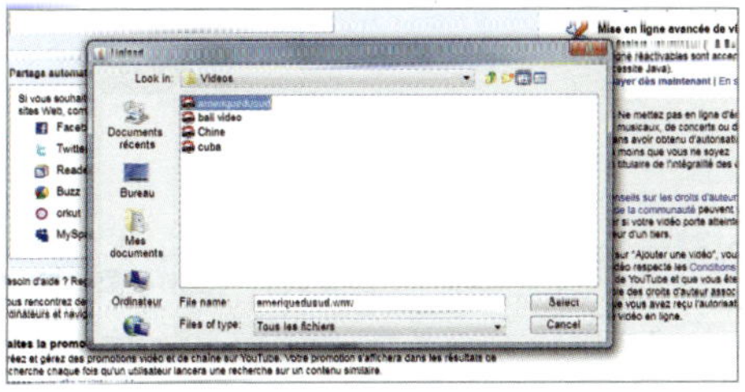

04 Ajouter des mots-clés

Durant le transfert de votre vidéo, vous pouvez modifier son titre, donner une description, intégrer des mots-clés (tags), sélectionner la catégorie de YouTube dans laquelle elle apparaîtra, préciser les droits d'accès et associer une licence d'utilisation. Une fois le chargement terminé, votre vidéo est "traitée" pour être adaptée à la diffusion sur YouTube. Cette opération peut prendre de quelques minutes à plusieurs heures. Les formats recommandés pour un usage courant sont le MPEG-4 avec une résolution 640 x 480 pour la vidéo et le MP3 pour l'audio.

Créer et personnaliser votre chaîne

La chaîne est votre espace personnel sur YouTube. Une page utilisateur, avec les vidéos que vous avez publiées mais aussi votre sélection de séquences favorites. Totalement personnalisable, cette chaîne peut ensuite être partagée avec d'autres internautes qui s'y abonneront.

01 Accéder à votre chaîne

Votre chaîne est créée automatiquement lorsque vous avez enregistré un compte sur YouTube (compte Google ou compte YouTube spécifique). Pour accéder à votre chaîne, utilisez le menu déroulant "Mon compte" accessible en cliquant sur la flèche à côté de votre identifiant, depuis n'importe quelle page YouTube. Choisissez ensuite l'onglet "Chaîne". Elle se présente de manière assez simple avec les vidéos que vous avez éventuellement ajoutées et celles que vous aurez marquées comme favorites.

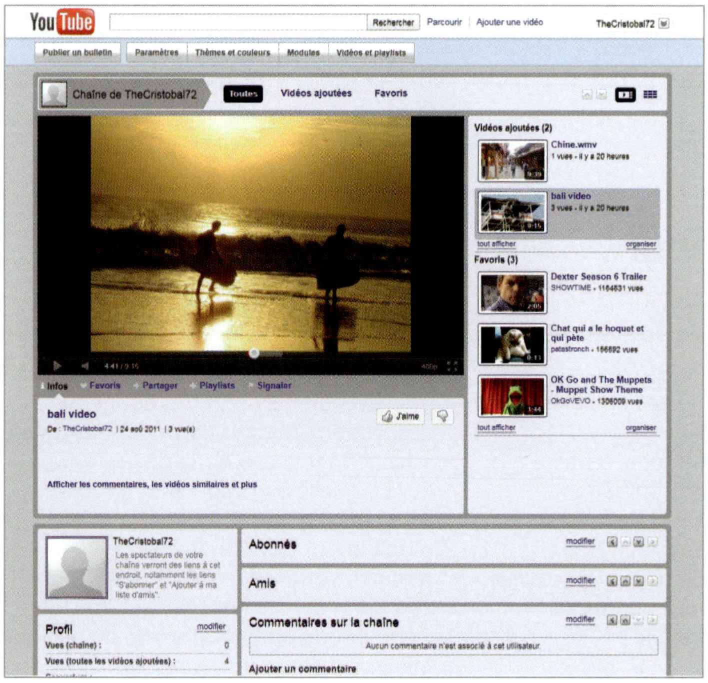

02 Modifier le thème visuel

Première personnalisation possible : changer le thème visuel de votre chaîne. Pour cela, cliquez sur l'onglet "Thèmes et couleurs" en haut de votre page. Vous pouvez essayer une dizaine de thèmes déjà réalisés. En cliquant sur un des thèmes, vous aurez un aperçu du nouvel aspect de la chaîne avant validation. Pour une personnalisation plus poussée, cliquez sur "Afficher les options avancées". Vous pouvez alors modifier les polices ou les couleurs pour les différentes zones de votre chaîne et ainsi créer votre propre thème.

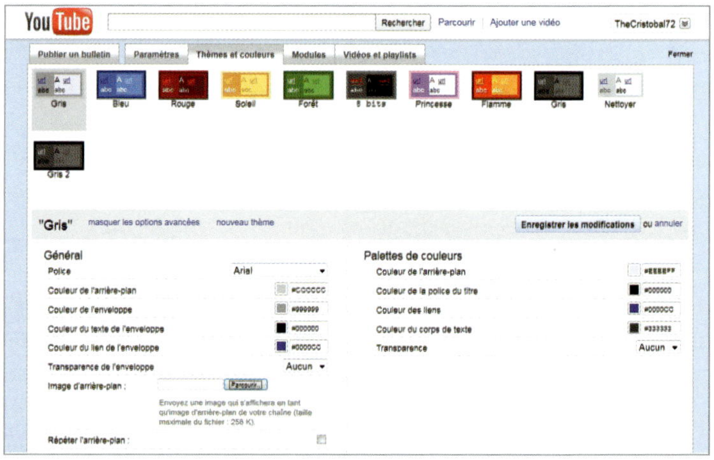

03 Appliquer une image en arrière-plan

Les thèmes ne font qu'afficher un arrière-plan uni. Pour plus de personnalisation, utilisez une image comme arrière-plan. Depuis le volet des options avancées des thèmes, cliquez sur le bouton "Parcourir" dans la section "Image d'arrière-plan". Choisissez ensuite l'image que vous souhaitez utiliser. L'option "Répéter l'arrière-plan" permet d'afficher l'image autant de fois que nécessaire afin qu'elle couvre toute la hauteur de votre page. N'hésitez pas à jouer sur les options de transparence pour que cet arrière-plan soit bien visible.

Première personnalisation possible : changer le thème visuel de votre chaîne.

04 Modifier les modules affichés

Votre page est composée de différents blocs de contenu appelés "Modules". Vous pouvez en ajouter ou en retirer selon votre convenance. Cliquez sur l'onglet "Modules" et cochez ceux que vous souhaitez voir s'afficher sur votre chaîne. Les modifications apportées à la chaîne sont données en temps réel afin que vous puissiez optimiser la visibilité de l'ensemble. Vous pouvez ensuite modifier l'ordre d'affichage des modules en utilisant les flèches grises présentent sur chaque bloc, directement depuis votre page.

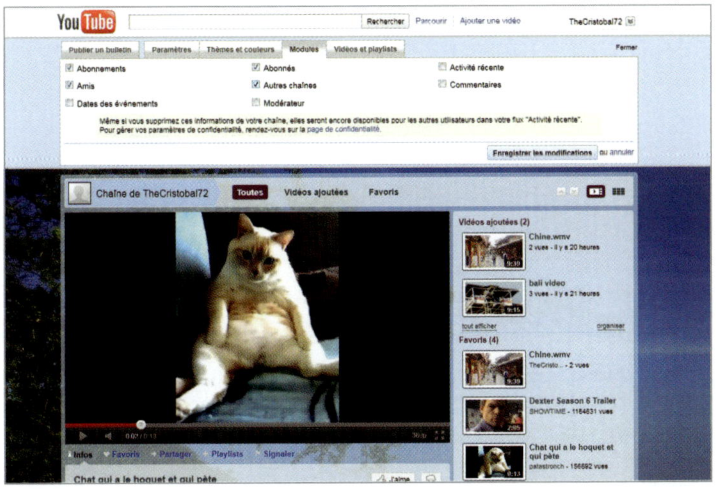

05 Agencer vos vidéos

Vous pouvez modifier l'organisation de vos vidéos dans les rubriques "Vidéos ajoutées" et "Favoris". Sélectionnez l'onglet de la rubrique puis cliquez sur le bouton "Organiser les vidéos mises en ligne" ou "Organiser les favoris". Dans la page qui s'affiche, agencez les séquences dans l'ordre que vous souhaitez par simple glisser/déposer sur le chemin de fer. Pour changer la position d'un élément déjà classé, faites-le simplement glisser vers un autre numéro. Vous pouvez ainsi agencer un maximum de douze éléments.

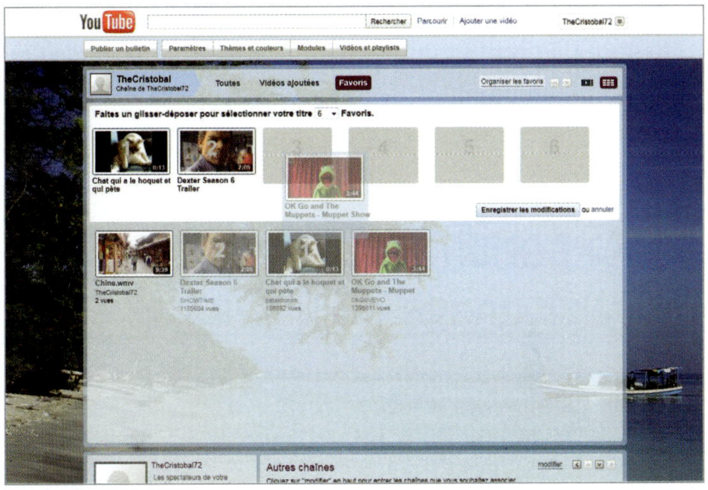

06 Rebaptiser et taguer votre chaîne

Par défaut, le titre de votre chaîne est votre nom d'utilisateur. Vous souhaiterez peut-être lui attribuer un titre plus attrayant. Cliquez alors sur l'onglet "Paramètres" et saisissez le titre de votre choix. Vous pouvez également associer des mots-clés ou "tags" à votre chaîne. Les internautes tapant un de ces mots dans le moteur de YouTube pourront ainsi se voir proposer l'accès à votre chaîne. N'hésitez pas à en saisir un grand nombre, séparés par un espace.

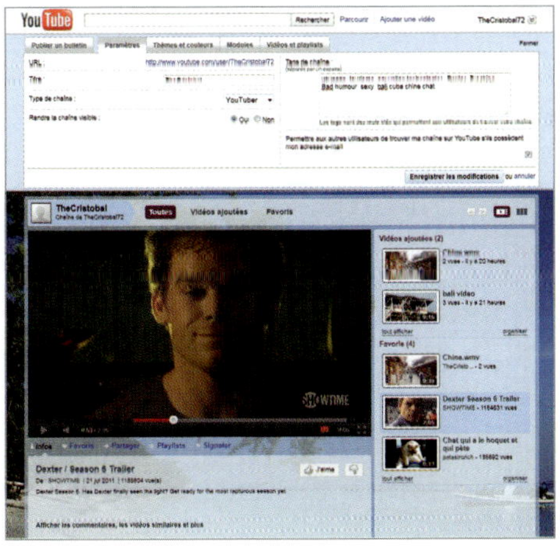

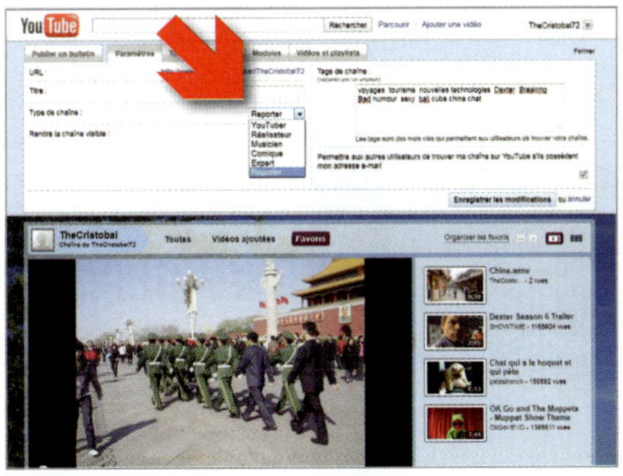

07 Changer de type de chaîne

YouTube propose plusieurs types de chaînes qui correspondent à différents profils d'utilisateurs. Par défaut, vous êtes simple "YouTuber". Mais vous pouvez choisir d'être Comique, Expert, Musicien, Réalisateur ou Reporter, depuis l'onglet "Paramètres". De nouvelles options d'informations seront proposées dans le module "Profil" qui donne une description de l'auteur de la chaîne. Par exemple, en choisissant Musicien, vous pourrez afficher des informations sur votre style de musique, votre maison de disques, les membres de votre groupe, etc.

08 Faites connaître votre chaîne

Une fois votre chaîne créée et personnalisée, vous allez devoir la faire vivre et la populariser. Envoyez son URL (affichée dans l'onglet "Paramètres") à un maximum de contacts. Lorsque vous commencerez à avoir quelques abonnés, un bon moyen de maintenir leur intérêt sera de publier des bulletins. Ouvrez l'onglet correspondant puis saisissez un texte, par exemple pour prévenir de la publication d'une nouvelle vidéo. Le bulletin sera publié sur la page d'accueil de vos abonnés et/ou envoyé par e-mail si vos contacts ont accepté d'en recevoir (facultatif).

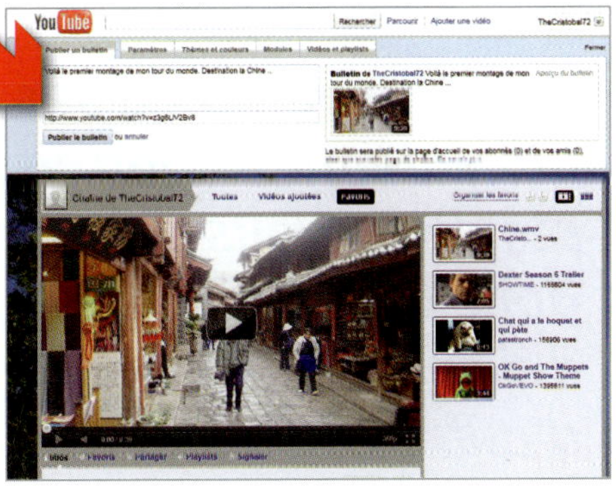

Écouter de la musique en illimité

Avec les limitations d'écoutes désormais imposées par Spotify ou Deezer, bon nombre d'utilisateurs se sont tournés vers YouTube afin d'écouter de la musique en streaming de manière illimitée. C'est ce que permet la fonction playlist du service de Google.

01 Création lors du visionnage de vidéos

Première méthode pour vous constituer une liste de lecture ou "playlist" : ajouter des séquences au fur et à mesure que vous visionnez des vidéos. Connectez-vous à YouTube avec votre compte. Si vous souhaitez intégrer une vidéo et créer une playlist du même coup, cliquez sur le bouton "Ajouter à" puis sur "New playlist". Saisissez son nom ; elle est créée et votre vidéo ajoutée automatiquement. Par la suite, vous pourrez ajouter des vidéos aux playlists existantes depuis le même menu déroulant.

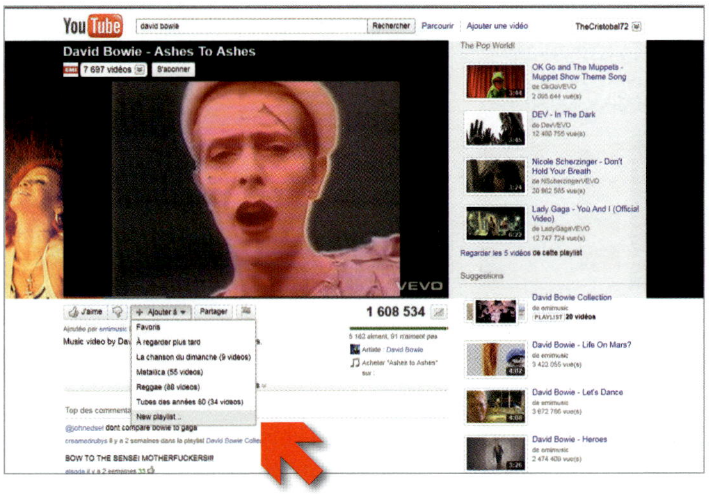

02 Création à part

Vous pouvez également créer une liste de lecture avant de visionner les vidéos à y inclure. Cliquez sur l'onglet "Vidéos" dans le menu déroulant de vos options de compte, accessible via la flèche à côté de son intitulé. Cette page s'intitule "Vidéos et playlists" et sert de tableau de bord pour gérer vos contenus. Cliquez sur le bouton "+Nouvelle" à côté de "Playlists". Dans la fenêtre qui s'affiche, saisissez le titre de la liste de lecture, ajoutez éventuellement une courte description ainsi que des mots-clés (tags).

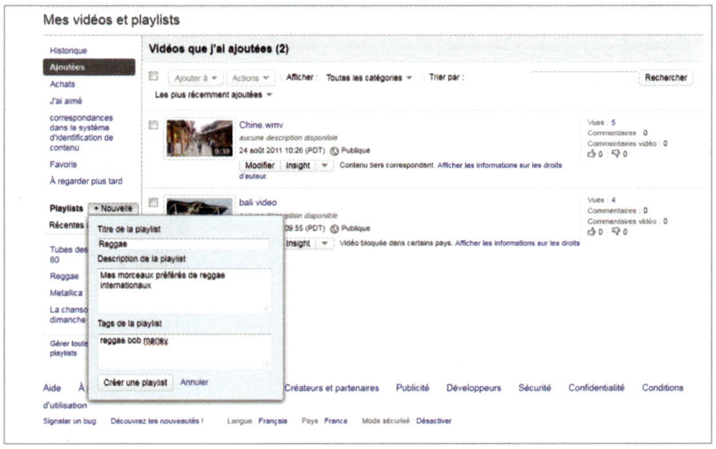

YouTube permet à ses utilisateurs de partager leurs playlists. Vous pouvez donc trouver des playlists déjà constituées par d'autres internautes.

03 Trouver une playlist d'un autre utilisateur

YouTube permet à ses utilisateurs de partager leurs playlists (voir ci-après). Vous pouvez donc trouver des playlists déjà constituées par d'autres internautes et les ajouter aux vôtres. Saisissez les mots-clés de la musique recherchée dans le moteur de recherche de YouTube. Pour limiter les résultats aux playlists, cliquez sur "Options de recherche" puis sur "Playlists". Notez alors que tous les résultats intègrent une icône spécifique aux listes de lecture. Pour écouter la playlist, cliquez sur sa vignette.

04 Ajouter la playlist d'un autre utilisateur

L'écoute de la liste de lecture s'effectue via la barre de playlist en bas de l'écran. Elle intègre les fonctions classiques de passage à la vidéo suivante ou précédente ainsi que la lecture aléatoire des séquences. Vous pouvez également cliquer directement sur une vignette pour lancer la vidéo correspondante. Une fois que vous êtes décidé à ajouter cette playlist aux vôtres, cliquez sur le bouton "Options" depuis cette barre. Sélectionnez ensuite "Enregistrer comme nouvelle playlist" et saisissez un titre.

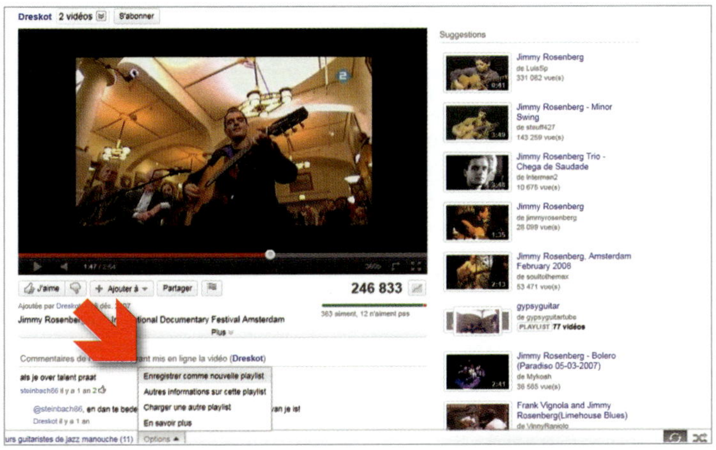

05 Organiser vos playlists

Afin d'avoir une vue d'ensemble de vos playlists, cliquez sur l'onglet "Vidéos" dans le menu déroulant de vos options de compte. Cliquez ensuite sur "Gérer toutes les playlists". Choisissez alors de les afficher par dates ou en ordre chronologique. Pour supprimer une liste de lecture, cliquez sur le bouton "Modifier" afin d'accéder à sa page détaillée. Cliquez ensuite sur "Supprimer". Depuis l'onglet "Modifier les infos", vous pouvez changer l'image affichée dans la vignette de chaque playlist.

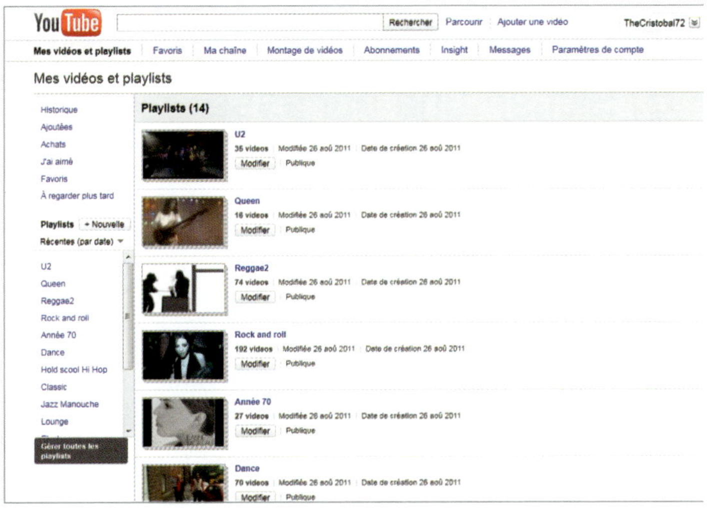

06 Modifier vos playlists

Depuis la page détaillée de la liste de lecture (voir ci-avant), vous pouvez changer l'ordre des séquences. Chaque vidéo composant la playlist possède un numéro de lecture. Pour le modifier, cliquez sur ce numéro puis saisissez-en un nouveau dans la petite fenêtre qui s'affiche. Confirmez le déplacement dans la liste avec le bouton "Déplacer". La séquence suivante, dans l'ordre initial, prend la place de celle que vous avez déplacée. Depuis cette même page, vous pouvez aussi copier des morceaux d'une playlist à une autre via le bouton "Ajouter à".

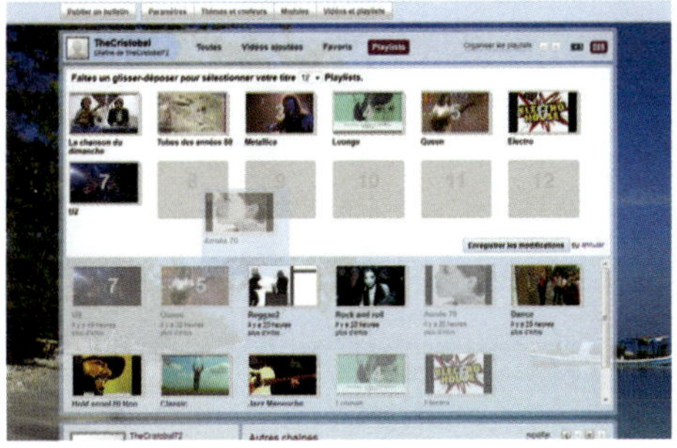

07 Gérer vos playlists depuis votre chaîne

Autre possibilité d'interface : gérer vos playlists depuis votre chaîne YouTube. Il s'agit de votre espace personnel créé automatiquement par le service de Google (voir article "pratique" précédent). Cliquez sur l'onglet "Vidéos et playlists" pour choisir quelles playlists vous souhaitez afficher sur votre chaîne. Vous pouvez ensuite les visualiser dans le volet à droite du lecteur en cliquant sur le bouton "Playlists". Pour les agencer, cliquez sur "Organiser les playlists" et déplacez-les sur le chemin de fer.

08 Gérer la confidentialité de vos playlists

Par défaut, toutes les playlists que créent les utilisateurs de YouTube sont publiques et donc accessibles à d'autres internautes. Pour rendre privée une liste de lecture, rendez-vous sur la page "Vidéos et playlists". Cliquez ensuite sur "Modifier", puis sur "Droits d'accès" et cochez l'option "Privée". À l'inverse, si vous souhaitez largement diffuser votre playlist, cliquez sur "Partager" depuis cette même page. Vous pourrez alors envoyer l'URL de la playlist par e-mail et obtenir le code HTML pour la publier sur votre blog.

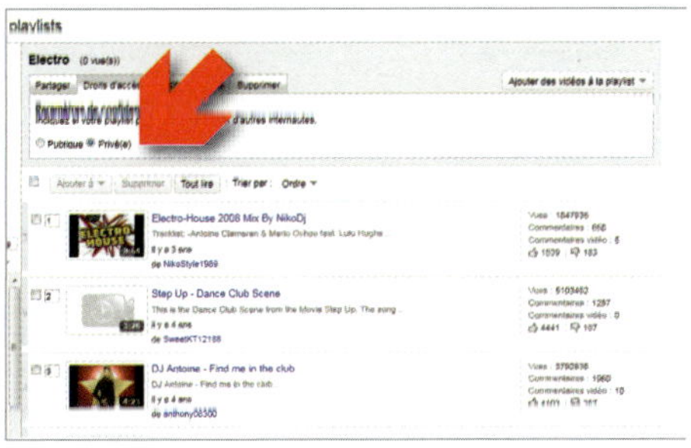

Situer une adresse grâce à Google Maps

Google Maps est désormais une hydre à deux têtes. Côté pile, un service toujours aussi efficace pour retrouver rapidement une adresse ou consulter un plan, avec de nombreux services à la clé. Côté face, une véritable application web qui vous fait découvrir le monde en 3D. Basculez entre les deux au gré de vos besoins.

01 Situer une adresse

La version classique de Google Maps (http://maps.google.fr) reste la solution la plus pratique pour consulter rapidement une carte ou repérer une adresse. Saisissez-la dans le champ supérieur puis pressez Entrée. Le service devine aisément les saisies approximatives. Le marqueur sur la carte correspond à l'emplacement exact de l'adresse. Vous pouvez librement déplacer la carte puis cliquer sur le marqueur A dans le volet gauche pour y revenir.

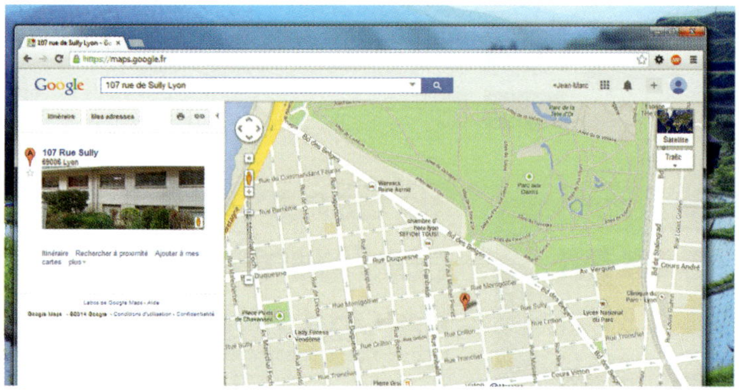

02 Partager une adresse

Vous désirez partager une adresse avec un proche ? La méthode la plus simple consiste à presser le bouton + en haut à droite. Saisissez un bref message dans le champ "Quoi de neuf" puis indiquez l'adresse de la personne concernée ou sélectionnez vos cercles Google+. Vous avez également la possibilité de cliquer sur l'icône chaîne, sur le volet gauche de Google Maps, pour copier-coller une URL précise dans un e-mail.

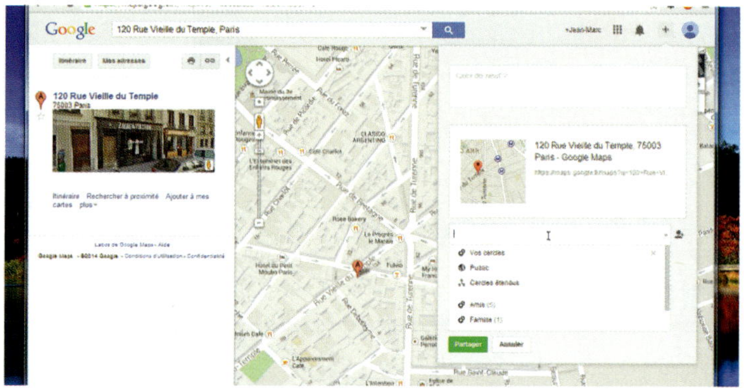

03 Commerces et services

Google Maps est un gigantesque annuaire. Dans le champ de recherche, saisissez un type de service puis une adresse. Ainsi "serrurier à proximité de..." vous renverra une liste d'artisans : consultez les résultats en repérant les marqueurs sur la carte. Pour gagner encore du temps, zoomez sur la carte jusqu'à délimiter la zone de votre choix. Saisissez directement votre recherche (comme "restaurant") pour trouver des résultats de proximité.

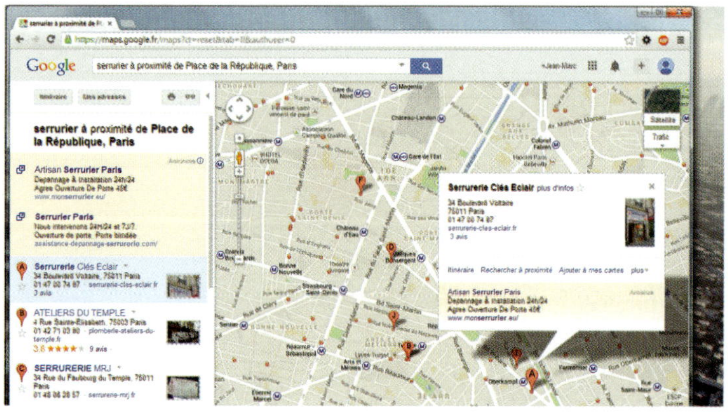

04 Consulter des renseignements

La recherche locale est au centre de tous les enjeux. Après avoir repéré un résultat, cliquez sur son marqueur puis sur le lien "Plus d'infos". Toutes les adresses locales disposent désormais de leur propre page Google+, avec de nombreux détails : coordonnées complètes, avis, photos, Street View, calcul d'itinéraires et création d'événements Google+. Pratique pour réserver une table dans la foulée !

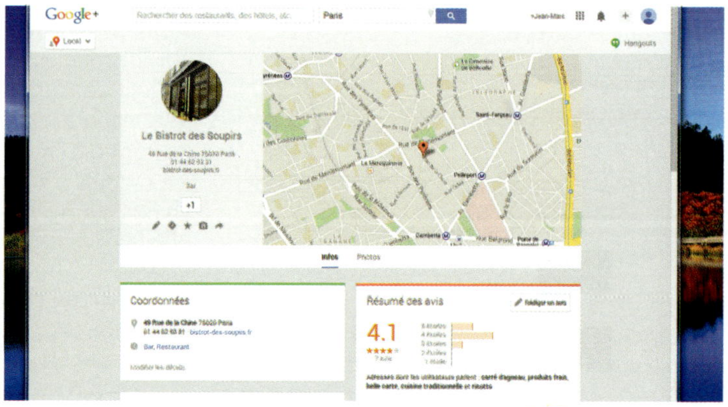

05 Des cartes détaillées

Les cartes de Google Maps regorgent désormais de détails. Survolez la vignette Satellite, en haut à droite, pour révéler toutes les possibilités de les découvrir. Sur les chemins escarpés, vous profitez d'une vue en relief qui dévoile la topographie des terrains. En ville, vous affichez les transports en commun et la circulation en temps réel ou le trafic moyen à l'heure de votre choix. Des prévisions météorologiques complètent cet arsenal.

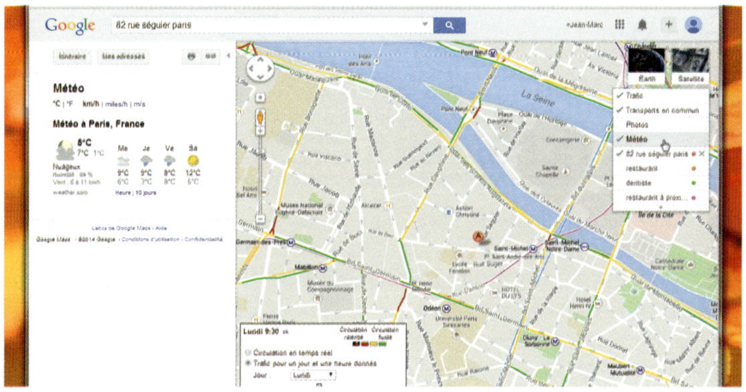

06 Découvrir l'application web

Accessible en cliquant sur l'icône mosaïque, en haut à droite de votre navigateur, puis sur Maps, la nouvelle version du service occupe tout le cadre du navigateur et laisse préfigurer les services de demain. Vous retrouvez la simplicité de l'outil classique : saisissez une adresse dans le champ de recherche pour l'afficher sur la carte. Cette version se veut intuitive : ajoutez le mot "trafic" pour consulter l'état de la circulation.

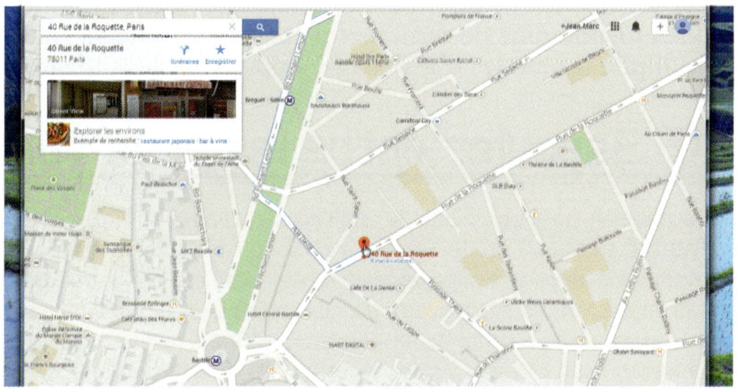

« Privilégiez la version classique de Google Maps pour les recherches les plus rapides, en profitant de ses outils de proximité. »

07 Rechercher à proximité

Dans le même ordre d'idées, la section "Explorer les environs" vous propose une série de recherches courantes associées au lieu que vous avez indiqué. Là encore, exprimez-vous en toute liberté : saisissez "restaurant japonais" ou "location de voiture" à côté d'une adresse, par exemple, pour trouver des résultats. Cliquez sur l'un d'entre eux pour afficher des détails complets ainsi qu'une photo Street View.

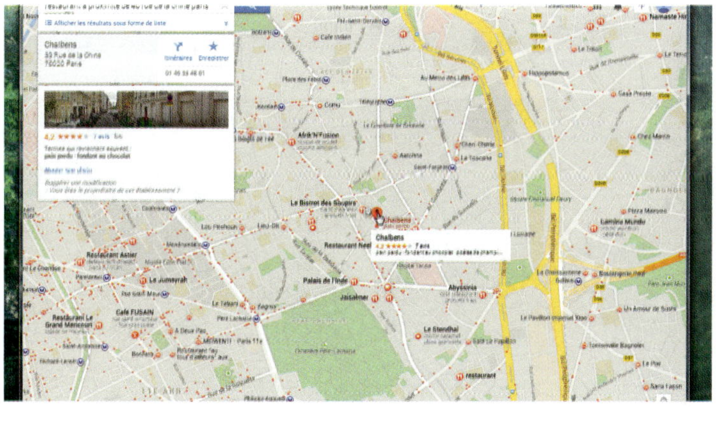

08 Le monde en perspective

Cette nouvelle version de Google Maps fait la part belle aux effets et aux modèles 3D issus de Google Earth. Cliquez sur les trois pictogrammes en bas à droite pour dérouler le menu inférieur. La vignette Earth vous laisse parcourir la vue en 3D en vous déplaçant entre les bâtiments. Panoramas à 360°, visites guidées en images et diaporamas : une série de vues complètent votre voyage, identifiées par les autres vignettes en bas de l'écran.

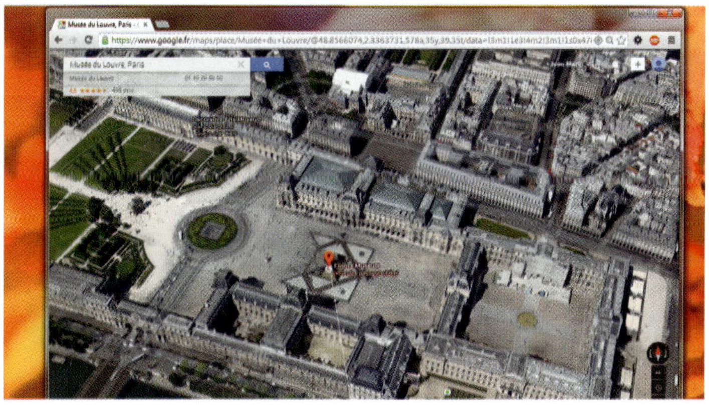

Maîtriser les modes d'affichage

Entre les vues satellite ou plan, l'affichage de la circulation en temps réel, des transports en commun, des photos et vidéos des internautes mais aussi de la topographie du terrain et même des bâtiments en 3D, Google Maps multiplie les modes d'affichage. Apprenez à les utiliser à bon escient.

01 Basculer entre les deux vues

Pour passer du mode plan à la vue satellite, cliquez sur la vignette Satellite en haut à droite. L'ancienne vue mixte a cédé la place à ce mode plus élégant, qui superpose le nom des lieux sur les images satellites. Dans ce mode, vous visualisez mieux les bâtiments mais il vous sera plus difficile de repérer les rues. Vous revenez à la vue précédente en cliquant sur la vignette Plan, en haut à droite.

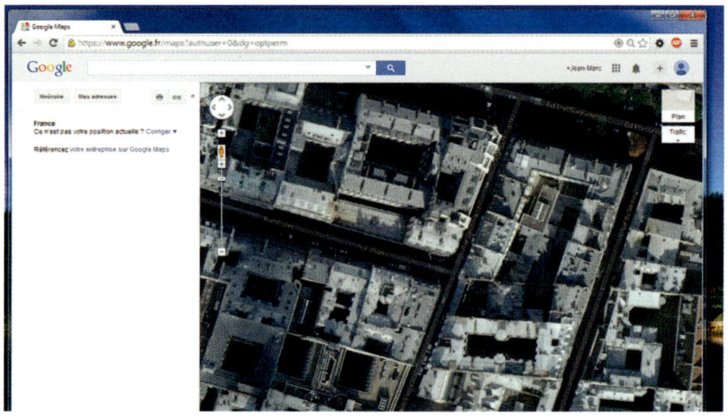

02 Afficher des photos

En survolant la vignette Satellite ou Plan, vous révélez une série d'options supplémentaires dont la liste s'adapte à chaque lieu. Cliquez sur Photos pour afficher des images publiées par d'autres internautes, prises aux alentours de l'adresse recherchée. Bien souvent, vous pourrez également afficher des webcams, qui vous rendront compte en temps réel de l'état d'un lieu.

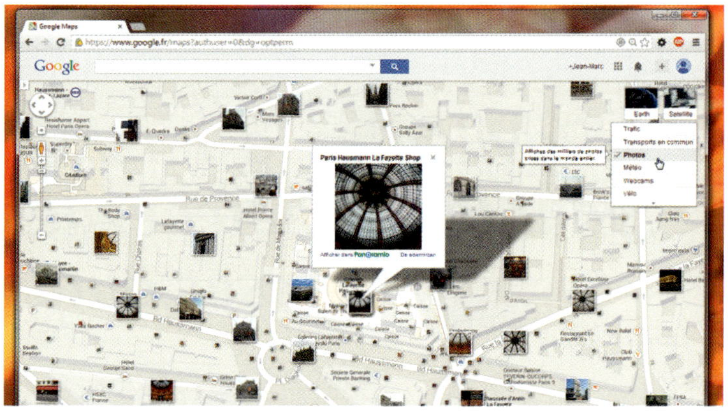

03 Trafic et transports

Très pratiques, les options Trafic et Transports en commun complètent la carte avec des informations supplémentaires. La première vous renseigne sur l'état de la circulation en temps réel. En cochant la case "Trafic pour un jour et une heure donnés", vous profitez d'une estimation moyenne de la circulation. Avec Transports en commun, vous retrouvez notamment les lignes du métro parisien, par exemple.

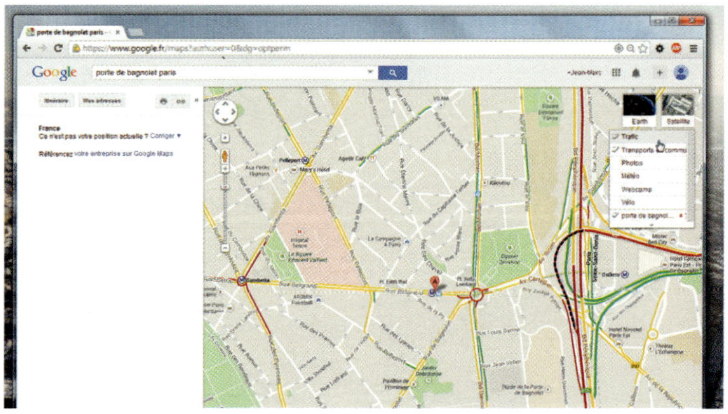

04 Google Earth

En cliquant sur le bouton Earth qui apparaît au survol de la vignette Satellite ou Plan, vous profitez d'une magnifique vue en 3D. Avec la version classique de Google Maps, vous devez encore installer un plug-in. La nouvelle version du service (voir page précédente) combine les deux vues de manière plus élégante, avec un affichage très réaliste des bâtiments en 3D. Rabattez le volet gauche de la fenêtre pour une exploration totale.

Promenade virtuelle grâce à Street View

Avec Street View, vous arpentez les rues du monde comme si vous y étiez : équipées d'appareils photo sophistiqués, les voitures de Google sillonnent la planète et en capturent toutes les merveilles. Des confins de la banquise aux fonds marins, jusqu'à la rue en bas de chez vous, promenez-vous en toute liberté !

01 Entrer dans Street View

Lorsque vous consultez une carte en mode Plan ou Satellite, cliquez sur l'icône en forme de bonhomme orange. Il s'agit de «PegMan», la mascotte de Google Maps qui vous ouvre les portes du service Street View. Déplacez-la vers la zone de votre choix sur la carte pour commencer votre promenade à cet endroit. Les voies en bleu correspondent aux axes photographiés par les voitures de Google.

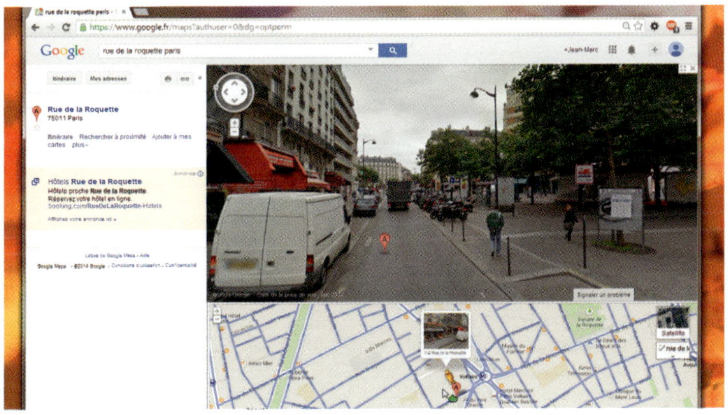

02 Navigation

Les vues photographiques sont de véritables panoramas à 360 degrés : maintenez le bouton gauche de la souris enfoncé et déplacez-la pour voir la scène tout autour de vous. Cliquez sur les repères au sol ou effectuez un double-clic sur la voie face à vous pour suivre une route. Lorsque vous survolez la façade d'un bâtiment, le curseur devient rectangulaire : cliquez pour afficher directement une vue de face. La molette de la souris vous permet de zoomer.

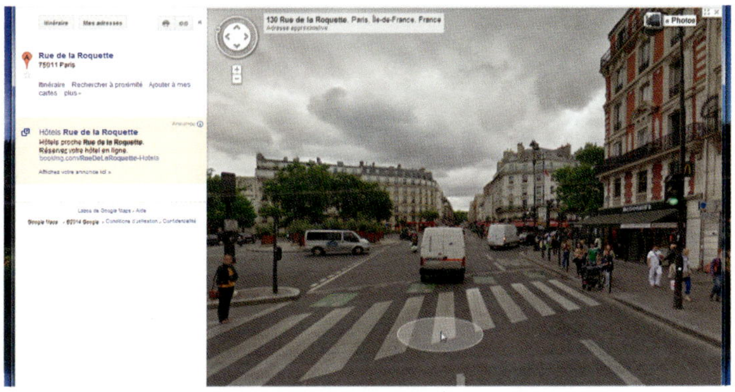

03 Modifier l'affichage

En bas à droite de la fenêtre, une mini-carte vous permet de situer la vue Street View que vous êtes en train de parcourir. Cliquez sur la flèche dans le coin supérieur gauche pour l'étendre à la moitié de la fenêtre. Vous avez également la possibilité de rabattre le volet gauche, en cliquant sur la flèche à côté du bouton en forme de chaîne. Vous profitez ainsi d'une plongée totale dans le parcours Street View.

04 Les merveilles du monde

Les voitures de Google continuent de sillonner le globe et peu de zones échappent encore à leur juridiction. Pour découvrir l'ensemble des zones couvertes, reportez-vous à l'adresse http://tinyurl.com/kfy6atn. Vous pouvez également dézoomer au maximum sur la carte et déplacer l'icône de PegMan. Certaines parties de l'Antarctique ou des fonds sous-marins ont même été couvertes !

Planifier votre itinéraire

Principal intérêt de Google Maps, le calcul d'itinéraires atteint aujourd'hui des sommets. Que vous vous déplaciez en voiture, à pied, en transports en commun ou même à vélo, vous découvrez le meilleur trajet possible et vous profitez d'une feuille de route précise, avec une vue de votre parcours à travers Street View.

01 Calculer l'itinéraire

Cliquez tout d'abord sur le bouton Itinéraire, en haut à gauche de la fenêtre, puis saisissez l'adresse de départ et d'arrivée. Cliquez ensuite sur l'un des pictogrammes pour indiquer si vous voyagez en voiture, en transports en commun, à pied ou à vélo. Le volet gauche vous présente plusieurs itinéraires possibles, avec leur durée et leur distance. Cliquez dessus pour les afficher sur la carte centrale. Plus bas, vous retrouvez la feuille de route.

02 Ajouter des étapes

Vous avez la possibilité de saisir à la souris la ligne bleue de l'itinéraire sur la carte pour le modifier selon vos convenances. Sur le volet gauche, cliquez sur «Ajouter une destination» pour préciser une ou plusieurs étapes intermédiaires. Cliquez sur «Afficher les options» pour indiquer que vous souhaitez éviter les autoroutes ou les sections à péage. La feuille de route s'adapte en conséquence.

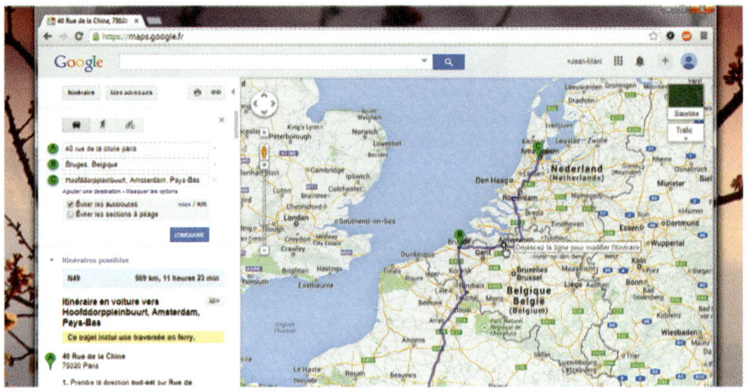

03 Une autre méthode

Autre méthode pour calculer rapidement un itinéraire : effectuez un clic droit sur un point précis de la carte et choisissez l'option «Itinéraire à partir de ce lieu» ou «Itinéraire vers ce lieu». Vous basculez à nouveau dans le mode de calcul d'itinéraire, avec l'un des deux champs pré-rempli. Complétez le second champ en saisissant une nouvelle adresse puis validez en pressant la touche Entrée ou en cliquant sur le bouton Itinéraire.

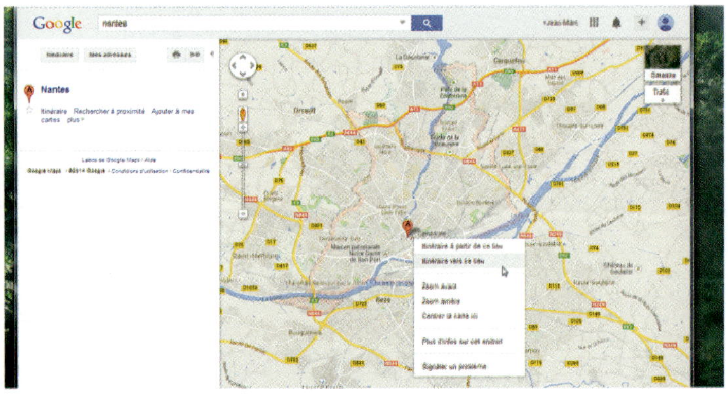

04 Estimer le carburant

Si vous voyagez en voiture, vous profitez d'une estimation très fiable du coût en carburant. Cliquez sur «Carburant estimé», en bas du volet gauche, puis indiquez votre type de voiture et de carburant, en modifiant éventuellement son tarif moyen. Vous pouvez ainsi comparer le prix d'un voyage en fonction des itinéraires proposés par Google Maps : reportez-vous à la section «Itinéraires possibles» et cliquez sur chacun des trajets.

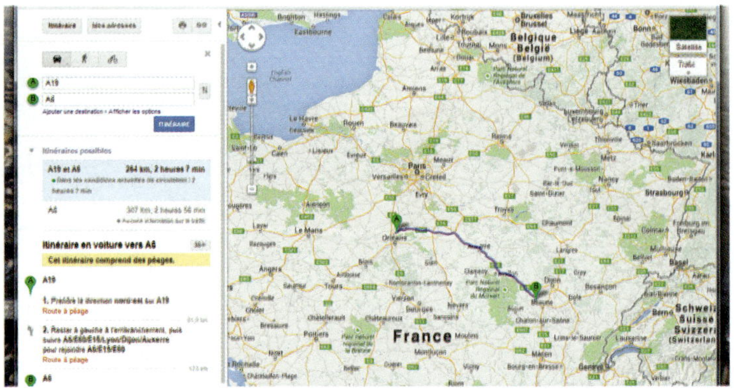

05 Les transports en commun

Lorsqu'il est possible de se déplacer en transports en commun, une icône en forme de bus figure au-dessus du calcul de l'itinéraire. Cliquez dessus puis indiquez l'adresse de départ et d'arrivée. Google Maps vous suggère plusieurs trajets, triés par durée. Là encore, vous découvrez la feuille de route détaillée avec les changements de lignes de métro et les déplacements à pied à prévoir.

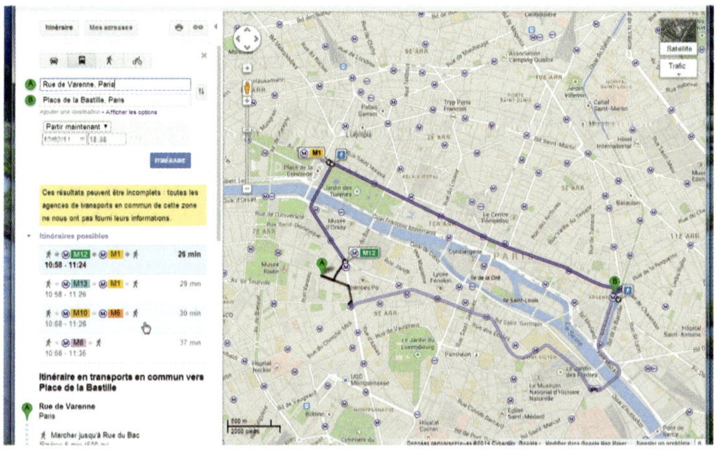

06 Vive la petite reine !

Depuis peu, Google Maps affiche les pistes cyclables : calculez un itinéraire en vélo en cliquant sur le pictogramme correspondant, au-dessus des adresses de départ et d'arrivée. Le service met l'accent sur la sécurité ; lorsque certaines voies sont dangereuses, la feuille de route n'hésite pas à vous conseiller de descendre de vélo. Vous ajoutez des étapes intermédiaires en cliquant sur «Ajouter une destination».

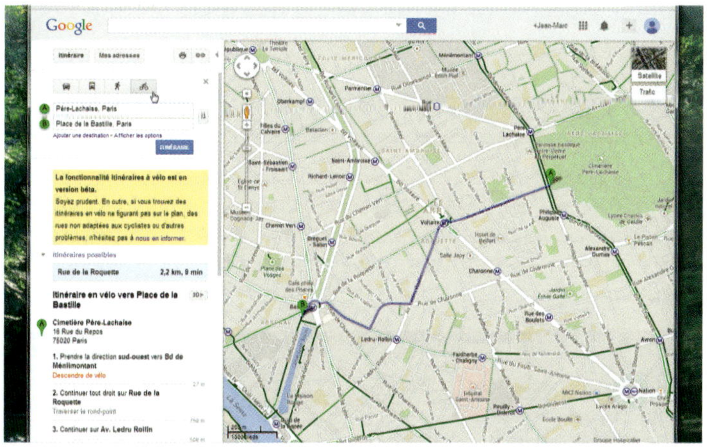

« En voiture, à pied, en vélo ou en transports en commun, calculez le meilleur itinéraire possible et repérez chaque étape à travers des vues détaillées. »

07 Parcourir le trajet

Quel que soit le mode de transport choisi, cliquez sur le bouton 3D à droite de la feuille de route afin de visualiser votre trajet à travers une petite animation. Vous pouvez d'ailleurs cliquer sur l'une des étapes du trajet, sur le volet gauche de la fenêtre, pour centrer la carte sur une zone spécifique. Un simple clic sur l'icône de PegMan, en face d'une étape, révèle la vue Street View : vous vous repérez ainsi à travers des photos des voies à emprunter.

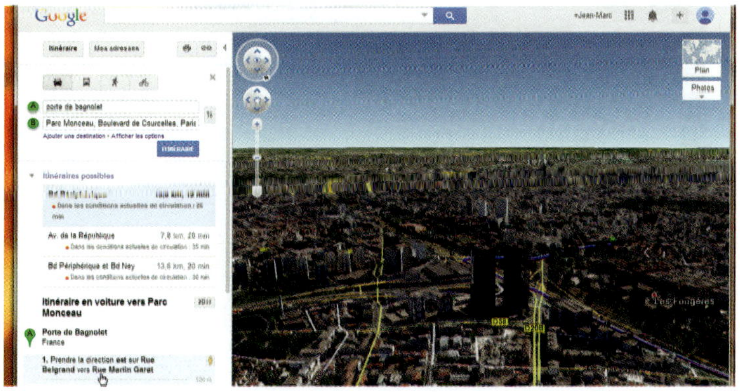

08 Imprimer la feuille de route

Votre itinéraire est prêt ? Cliquez sur le bouton en forme d'imprimante, en haut de la fenêtre. Dans un nouvel onglet, vous retrouvez la feuille de route détaillée, prête à être imprimée. Cochez éventuellement la case «Inclure le plan global» pour garder un œil sur la carte. En haut à gauche, des options supplémentaires vous permettent d'afficher de mini-cartes ou des photos Street View de chaque étape. Pratique pour ne pas se tromper !

Visiter les musées avec Google Art Projet

Google Art Projet est un des nombreux services que propose Google afin de visiter une ville ou une boutique. Sauf que cette fois, Google nous emmène découvrir les 151 plus beaux musées du monde afin d'y découvrir les 30 000 œuvres d'art les plus courues. Suivez le guide…

01 Découvrir Google Art Projet

Accessible depuis l'adresse www.googleartproject.com, le service permet d'accéder directement à un musée. Vous pourrez également effectuer un tri par artistes ou par œuvres d'art. Ces filtres sont accessibles depuis la partie située en haut à gauche. Le bandeau du bas permet d'accéder aux différents ajouts récents.

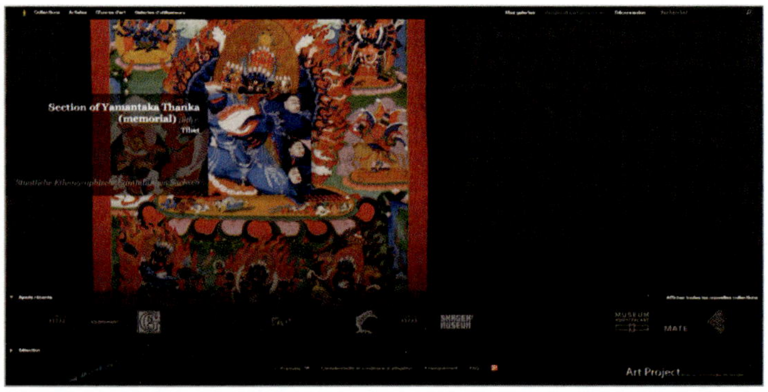

02 Visiter le musée

Pour accéder à la liste des musées, il suffit d'appuyer sur le petit bonhomme jaune en haut à gauche. Ceux-ci sont classés par ordre alphabétique. En cliquant sur l'un des musées puis sur le lien " Vue de musée ", vous pourrez visiter le musée comme vous le feriez en vous y rendant. Il suffit alors de vous balader dans les différents couloirs comme sur Google Street View.

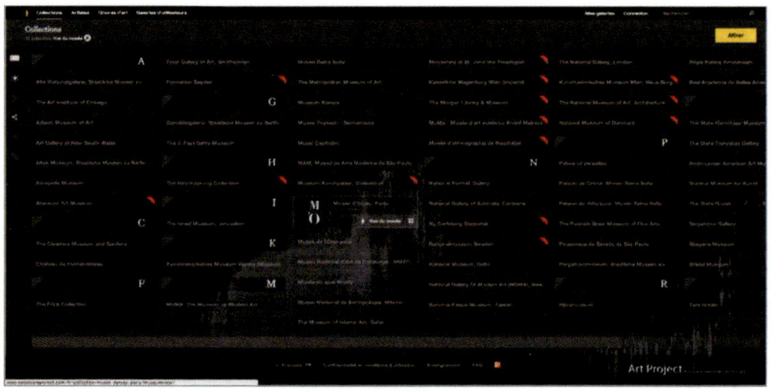

03 Consulter les œuvres d'art

De la même manière, lors de la sélection du musée, l'icône " Vue des œuvres d'art " apparaît. En cliquant dessus, vous visualiserez directement les œuvres présentes dans le musée. Vous pourrez utiliser l'outil " Utiliser le diaporama " disponible sur la gauche de l'interface pour faire défiler différents clichés.

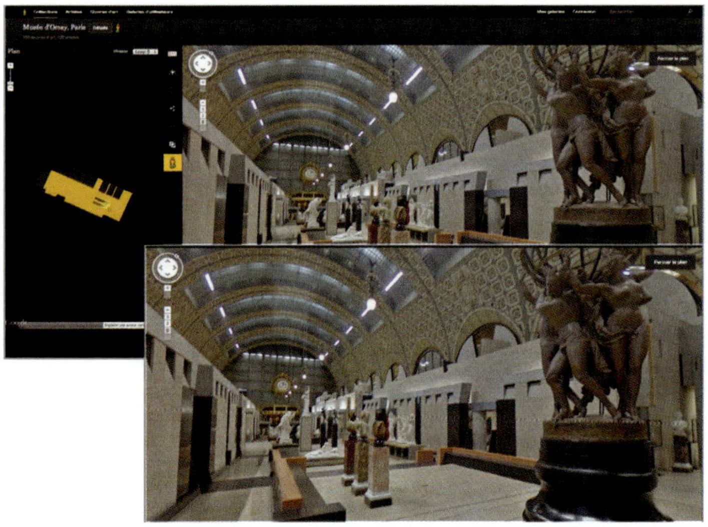

04 Créer votre musée

Pour contempler plus facilement vos œuvres favorites, il suffit de vous créer votre propre galerie. Connectez-vous avec votre compte Gmail puis cliquez sur l'icône " Ajouter à ma galerie " pour y mettre les œuvres que vous souhaitez. Une fois dans votre Galerie, vous pourrez classer les œuvres comme bon vous semble.

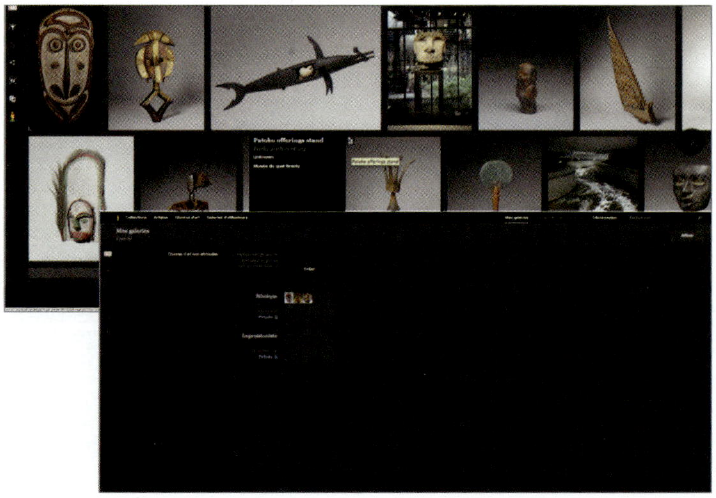

Découvrir le monde avec Panoramio

Cet outil, créé en 2005 puis racheté en 2007 par Google, permet d'ajouter un complément d'information au planisphère Google Earth. Tout un chacun pourra ajouter des photos et les associer au lieu correspondant. De fait, visiter le monde devient un jeu d'enfant. Ludique et pratique pour savoir à quoi ressembleront les paysages de vos vacances par exemple.

01 Commencer la visite

Accessible depuis le site www.panoramio.com, ce service reprend peu ou prou l'ergonomie de Google Earth. Pour commencer la visite, cliquez sur "Explorer" puis sur "World Map". Là, un planisphère s'affiche. Il s'accompagne de dizaine de milliers de photos des plus beaux paysages.

02 Voyager

À partir de ce planisphère, vous pourrez visiter le monde et découvrir des paysages. Pour cela, il vous suffit d'utiliser le zoom et la croix directionnelle présents dans le coin supérieur droit de l'interface. Vous pourrez également vous déplacer avec l'outil main (pointeur de la souris avec le clic gauche enfoncé).

03 Découvrir

Une fois sur la zone souhaitée, vous pourrez cliquer sur les photos. En cliquant une fois sur l'une d'elles, elle s'affichera sous la forme d'une vignette. En appuyant une seconde fois, vous accéderez aux différentes informations laissées par son auteur. Autres photos dans le même thème, position exacte et commentaires sont alors accessibles.

04 Rechercher une ville

La recherche d'une ville peut se faire bien plus facilement qu'en se baladant dans le planisphère. Pour cela, vous disposez d'un outil de recherche en haut à droite de l'interface. Il suffit de saisir le nom de la ville pour la trouver en un éclair. Notez que vous pourrez également accéder à d'autres filtres en utilisant les fonctions "Populaires, Récents, Lieux ou Intérieurs" pour découvrir des endroits étonnants.

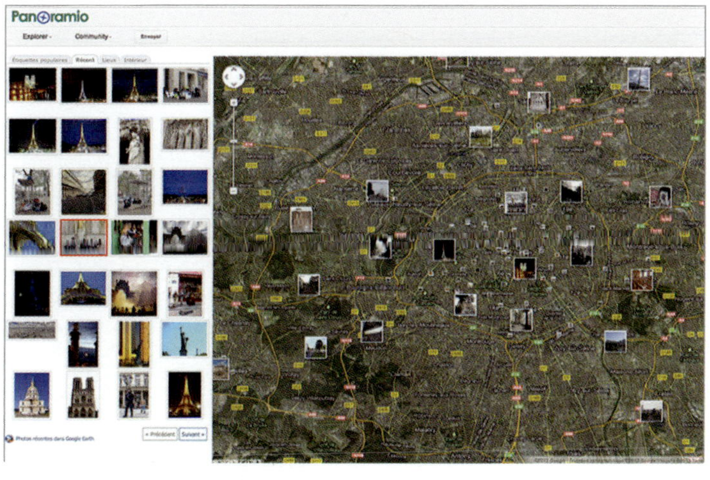

Découvrir les fonds marins

Google propose parfois des pépites qui permettent, comme celle-ci, de disposer de services très innovants. Le géant de la recherche sur Internet permet ainsi de découvrir les fonds marins. Sans masque ni tuba !

01 Utiliser Google Earth

Pour vous donner une idée de ce qu'apporte ce module, allez sur le site de Google Earth. Cliquez ensuite sur "Explorer". Dans le menu "Lieux à découvrir", faites défiler les vignettes jusqu'à l'apparition du menu "Les océans". Si vous êtes convaincu, téléchargez Google Earth via l'icône en haut à droite.

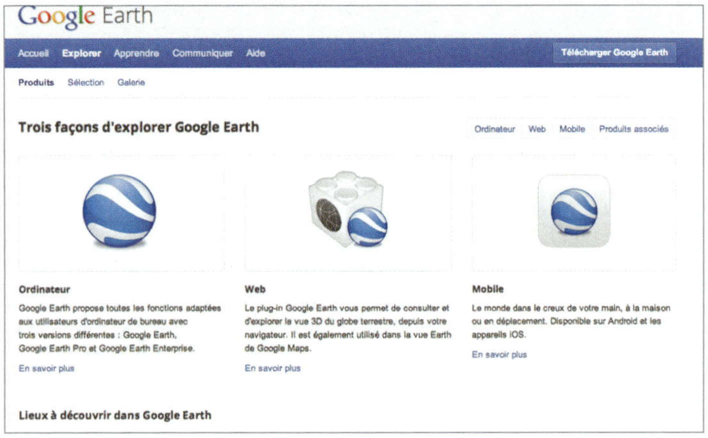

02 Naviguer sur les océans

Après installation, vous pourrez alors commencer à naviguer sur les plus beaux océans. Pour cela, il suffit d'utiliser les outils de zoom et de déplacement disponibles sur la droite. Les endroits intéressants à découvrir sont symbolisés par des points gris. Il suffit de cliquer dessus pour que des informations s'affichent (vidéos, texte, photos, etc.).

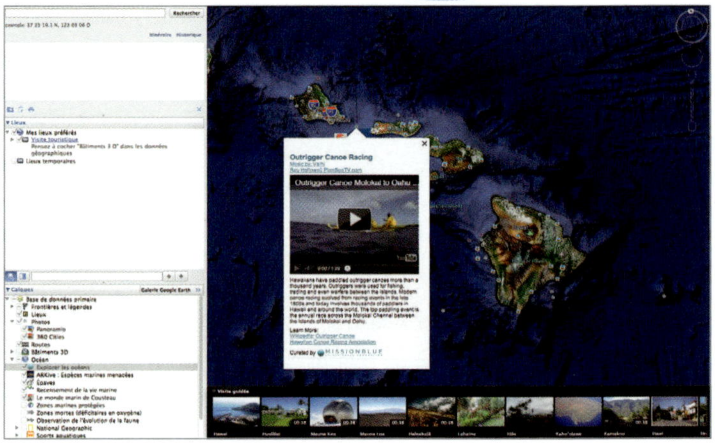

03 Visite en mode plongée

Vus du ciel, les fonds marins présentent des reliefs impressionnants. Mais pour vous en rendre davantage compte, zoomez jusqu'à faire apparaître le mode "Street View" symbolisé par le petit bonhomme jaune. Faites-le glisser sur un des points de visite de la carte. Visitez les fonds marins. Parfois, des surprises vous attendent (requin, tortue, etc.) Mais les océans sont vastes…

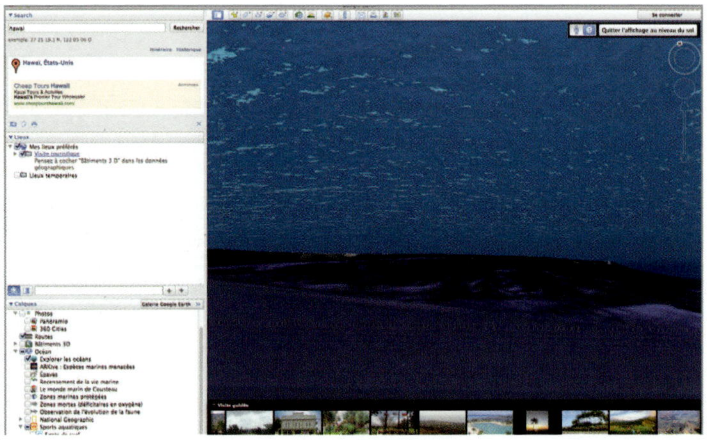

04 Rechercher un spot

Outre la découverte des fonds marins et de leurs reliefs, vous pourrez également utiliser cet outil pour découvrir des spots de surf, de plongée ou même vous instruire. En cochant les cases correspondantes dans la partie de gauche, vous pourrez visualiser les épaves, afficher les espèces marines menacées, etc.

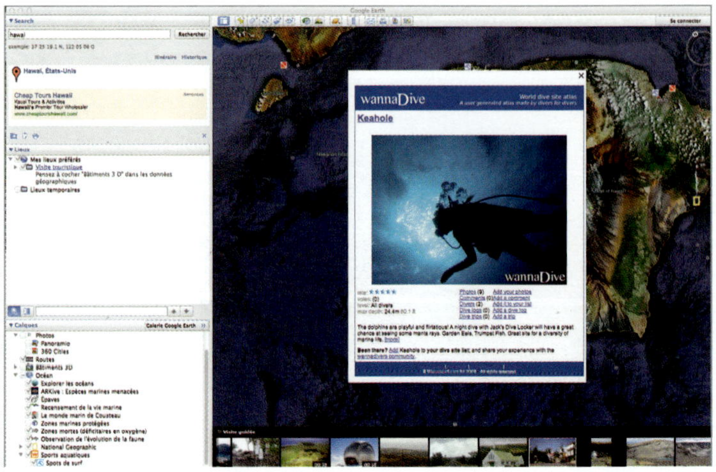

Les plus beaux monuments du monde avec Wonders Project

Google Wonders Project s'appuie sur le même moteur que Google Street View. Sauf qu'ici, vous allez partir à la découverte des plus beaux monuments du monde ! Ouvrages d'art, monuments historiques ou sites naturels, il y a en a pour tous les goûts. Et pour être sûr de proposer le meilleur, Google travaille en collaboration avec des partenaires tels que l'UNESCO et le World Monuments Fund et Cyark.

01 Vous connecter au service

Afin de découvrir le patrimoine mondial, il suffit de vous connecter au site suivant : http://www.google.com/intl/fr/culturalinstitute/worldwonders/. Une fois connecté, différents sites à découvrir défileront à l'écran. Pour commencer la visite de l'un d'eux, cliquez sur "Découvrir ce site".

02 Visiter un site

L'interface est assez simple à prendre en main. Ici, la navigation se déroule de la même manière que sur Google Street View. En maintenant le clic gauche de la souris, vous pourrez changer l'angle de vue et regarder dans toutes les directions. Pour vous déplacer, utilisez le cercle et cliquez. Notez que vous pouvez également changer de vue en cliquant sur "Autres vues" en bas à gauche de l'écran.

03 Rechercher un lieu

Pour rechercher un site ou un monument, plusieurs solutions sont présentes. Vous pourrez en premier lieu utiliser la fonction "Rechercher par lieu". Sélectionnez le continent, le pays puis le monument. Vous pourrez également utiliser la recherche par thème. On y trouve des catégories telles que les palais et châteaux, les régions et paysages ou encore les lieux de culte. Enfin, vous pourrez utiliser la mappemonde présente sur la page d'accueil.

04 Découvrir l'histoire

Au-delà de la visite virtuelle, Google Wonders Project propose de nombreux documents afin d'en apprendre plus sur les différents sites présents. Une fois le site sélectionné, vous disposez sur la colonne de droite de diverses informations. Lieux et description accompagnent les informations détaillées sur l'historique. Vous pourrez également consulter des photos et des vidéos.

Travailler

Bon nombre de professionnels utilisent Google comme outil de travail. Traitement de texte, archivage, agenda, donnez-vous à 100% en exploitant tous ces services qui vont accroître votre productivité.

GOOGLE

Gmail pour un usage pro

La messagerie de Google intègre de nombreuses fonctions pouvant convenir à un usage professionnel, allant de l'intégration à d'autres messageries à l'ajout d'une signature en passant par une nouvelle fonction de téléphonie particulièrement intéressante à l'international.

01 Utiliser le nom de domaine de votre société

Connectez-vous au service Google Apps, qui intègre toutes les solutions pros de Google, en utilisant l'adresse suivante : http://www.google.com/apps. Enregistrez-vous à l'offre gratuite ou à sa déclinaison payante (l'offre payante n'est pas nécessaire pour le nom de domaine). Saisissez ensuite votre nom de domaine et remplissez le formulaire d'inscription. Une fois inscrit, connectez-vous à Google Apps en utilisant votre nom de domaine comme identifiant. Allez dans le tableau de bord et cliquez sur "Activer Google Apps".

02 Confirmer l'utilisation du nom de domaine de votre société

Après avoir cliqué sur "Activer Google Apps", vous devez prouver que vous êtes le propriétaire du nom de domaine indiqué. La méthode recommandée consiste à télécharger un petit fichier HTML et à le transférer vers le serveur hébergeant votre nom de domaine. Vous pouvez aussi ajouter une métabalise à la page d'accueil de votre site. Activez alors Google Apps. Vous disposez désormais d'un Gmail avec votre nom de domaine. Pour y accéder, connectez-vous à Google Apps et laissez l'option "Et accéder à messagerie" dans la fenêtre de connexion.

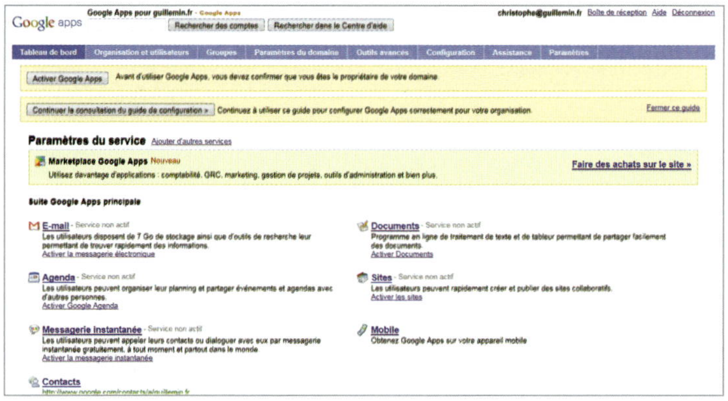

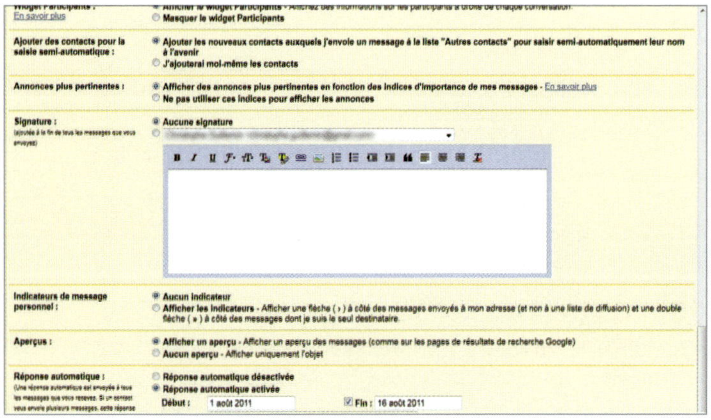

03 Configurer un message d'absence

En cas d'absence de votre bureau, il peut être opportun de programmer un message d'absence. Pour cela, allez dans les paramètres de messagerie et cliquez sur l'onglet "Général". Dans la section "Répondeur automatique", cochez la case "Répondeur automatique activé". Sélectionnez la période de réponse automatique et rédigez votre texte. Si vous ne souhaitez pas que tous les correspondants soient informés de votre absence, cochez la case "Envoyer une réponse uniquement aux personnes figurant dans mes contacts".

04 Augmenter votre espace de stockage

La version classique de Gmail intègre 7,5 Go pour stocker vos données de messagerie. C'est déjà confortable, mais si vous archivez beaucoup de messages, il peut être utile de l'augmenter. Première solution : opter pour la version payante du service Google Apps (4 euros par mois) qui porte votre espace à 25 Go. Deuxième solution : louer de l'espace supplémentaire à Google. Connectez-vous à l'adresse suivante : https://www.google.com/accounts/b/0/PurchaseStorage et ajoutez de 20 Go (5 dollars/an) à 16 To (4096 dollars/an).

05 Téléphoner avec Gmail

Gmail permet aussi de téléphoner en intégrant Google Voice, service fonctionnant selon le même principe que le célèbre Skype. Il suffit de connecter un casque et un micro à votre ordinateur puis de composer le numéro directement dans Gmail. Cliquez sur "Appel téléphonique" dans le bas du volet de gauche. Composez le numéro dans la fenêtre de téléphonie et cliquez sur "Appeler". Les tarifs sont par exemple de 0,08 euro HT pour appeler un téléphone mobile en France. Mais ils sont surtout intéressants à l'international (0,01 euro/min vers les USA).

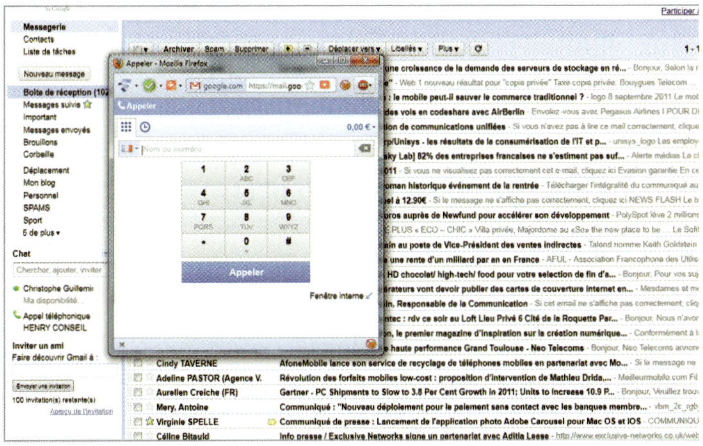

06 Récupérer les e-mails d'autres messageries

Si vous avez plusieurs adresses mail, la messagerie de Google peut faire office de poste de commande centralisé. Dans les paramètres de messagerie, cliquez sur l'onglet "Comptes et importation" puis sur "Ajouter un compte de messagerie POP3". Saisissez l'adresse e-mail du compte à rapatrier puis entrez vos identifiant et mot de passe. La plupart des paramètres serveur sont reconnus automatiquement. Sinon, consultez l'aide de vos messageries. Vous pouvez ainsi centraliser cinq comptes dans Gmail.

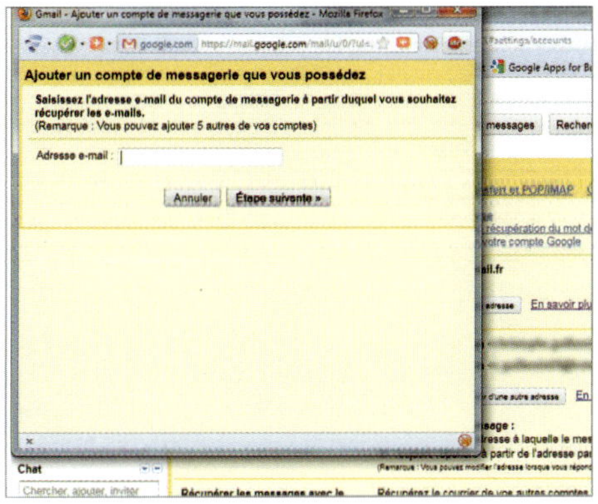

07 Ajouter une adresse d'expédition

Cette fonction permet d'envoyer des e-mails depuis Gmail comme vous le feriez d'une autre de vos messageries. Dans les paramètres de messagerie, cliquez sur l'onglet "Comptes et importation" puis sur "Envoyer un message à partir d'une autre adresse". Saisissez l'adresse en question puis choisissez d'envoyer les messages via Gmail ou via le serveur SMTP de l'autre messagerie. Un e-mail de validation est alors expédié à l'autre adresse pour vérifier que vous en êtes bien le propriétaire. Cliquez sur le lien intégré dans ce message.

08 Intégrer une signature pro aux messages

Dans les paramètres de messagerie, cliquez sur l'onglet "Général". Dans la section "Signature", sélectionnez le compte à associer à votre signature. Saisissez ensuite le texte. Le petit éditeur de signature intègre les fonctions de base d'un traitement de texte. Vous pouvez ainsi mettre en forme le texte (gras, italique, polices, etc.). Cliquez sur l'icône figurant un maillon de chaîne pour intégrer un lien HTML, par exemple sur votre adresse e-mail. Enfin, vous pouvez intégrer le logo de votre entreprise via le bouton "Insérer une image".

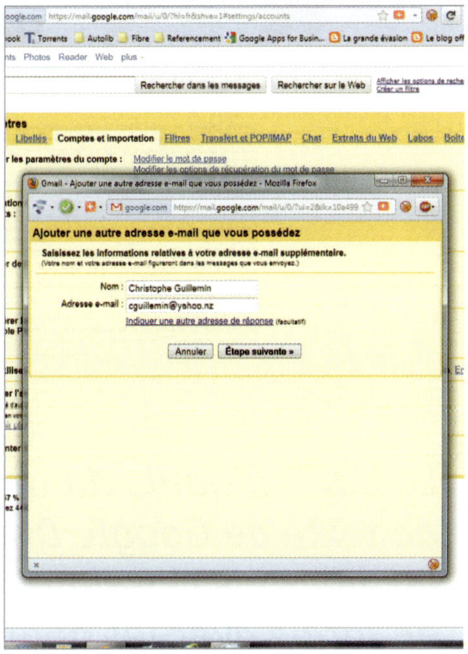

GOOGLE

Rédiger un texte avec Google Drive

Le traitement de texte de Google Drive reprend les principales fonctions de ce type d'outil. L'interface est également très proche de celle de Microsoft Word ou d'OpenOffice. Bref, vous serez en terrain familier.

01 Gérer votre document texte

Depuis la page d'accueil de Google Drive (drive.google.com), cliquez sur le bouton "Créer" puis sur "Document texte". Si vous voulez travailler sur un fichier déjà importé, cliquez sur son nom. Rappelons que vous devez le convertir au format Google Documents pour pouvoir le modifier (voir notre article "pratique" : Les bases de Google Documents). Une fois vos modifications effectuées, cliquez sur "Fichier" puis "Télécharger au format" et sélectionnez le format dans lequel vous souhaitez le rapatrier sur votre disque dur.

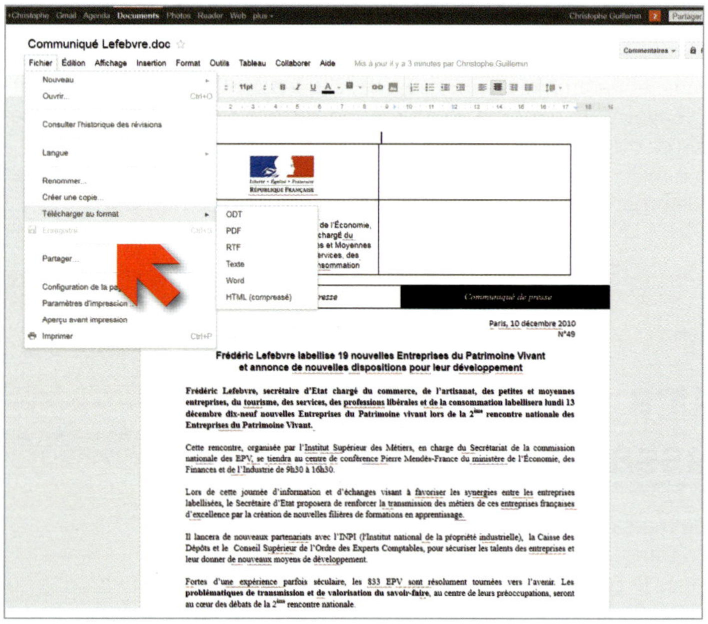

02 Travailler votre texte

La barre d'outils du traitement de texte de Google Drive reprend les boutons classiques de mise en forme avec les alignements, le texte en gras ou italique, la taille et le type de polices, etc. Notez cependant que le presse-papiers est désormais en ligne. Vous pouvez toujours utiliser les raccourcis clavier Ctrl+C pour copier et Ctrl+V pour coller (Cmd+C et Cmd+V sur un Mac). Mais vous pouvez également cliquer sur le menu "Presse-papiers Web" dans la barre d'outils puis y copier une sélection, et ensuite la coller dans un autre document.

03 Enregistrement automatique du document

Autre différence par rapport à un document texte stocké sur le disque dur : l'enregistrement des modifications est dépendant de l'état de votre connexion. Si elle est momentanément coupée (photo ci-contre), un message apparaît en haut de l'interface. Pas de panique, le document est normalement enregistré toutes les secondes, sans nécessiter aucune action de votre part. Reconnectez-vous une fois la connexion rétablie et vous récupèrerez votre texte avec les dernières modifications. Le délai depuis la dernière mise à jour est indiqué en gris en haut de l'interface.

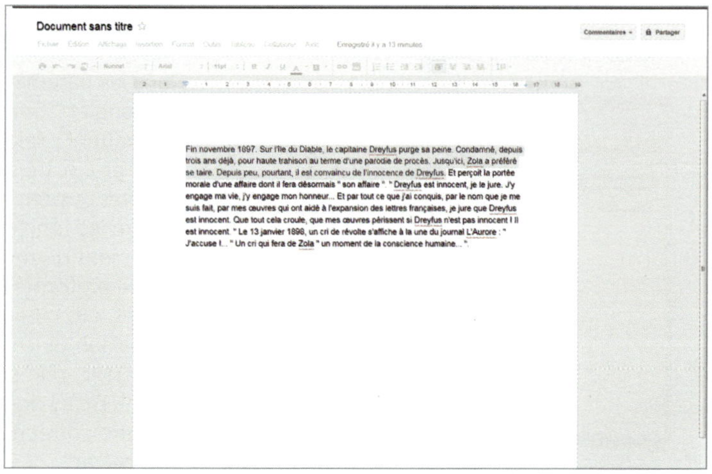

La barre d'outils du traitement de texte de Google Drive reprend les boutons classiques de mise en forme avec les alignements.

04 Ajouter des commentaires

L'avantage d'un texte hébergé en ligne est qu'il peut facilement être partagé et travaillé en mode collaboratif (voir notre article "pratique" : Les bases de Google Documents). Dans cette perspective, l'ajout de commentaires prend une grande importance. Pour en insérer un, pointez sur la partie du texte à annoter puis cliquez sur "Insertion" et "Commentaire" (Ctrl+Alt+M). Saisissez ensuite votre commentaire dans le champ correspondant. Il sera automatiquement associé à votre nom de profil Google.

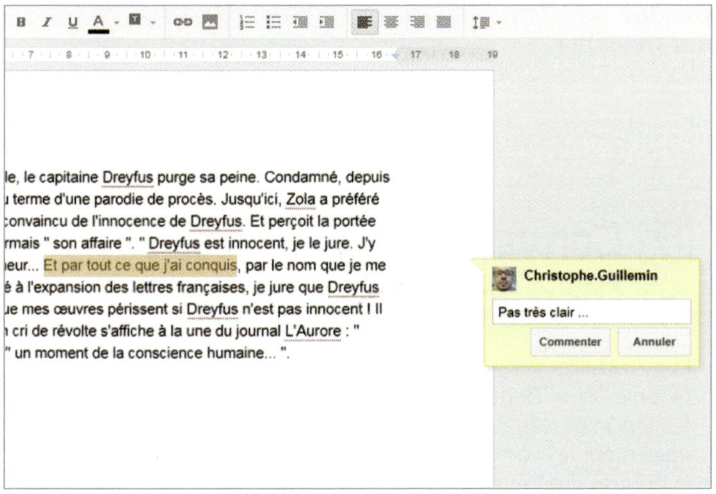

05 Nouveau document

Depuis la page d'accueil de Google Documents (drive.google.com), cliquez sur le bouton "Créer" puis sur "Document texte". Si vous voulez travailler sur un fichier déjà importé, cliquez dessus. Rappelons que vous devez le convertir au format Google Documents pour pouvoir le modifier (voir article "pratique" : Les bases de Google Documents). Une fois vos modifications effectuées, cliquez sur "Fichier" puis sur "Télécharger au format" et sélectionnez le format dans lequel vous souhaitez le rapatrier sur votre disque dur.

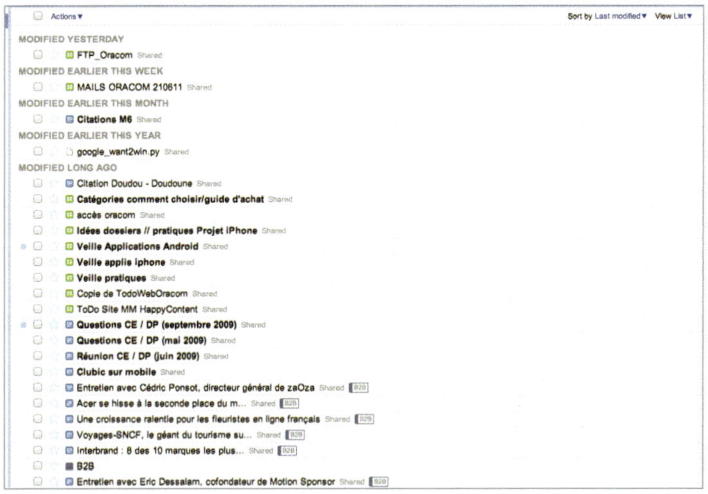

06 Ouvrir un fichier

Une fois cette étape faite, il suffit d'aller dans le menu "Fichier" et de cliquer sur "Ouvrir". Vous pourrez alors sélectionner un document en .doc ou .docx que vous aurez préalablement transféré sur Google Documents. Notez que pour aller encore plus vite, vous pouvez ouvrir votre document Word, sélectionner la totalité du texte (Ctrl/Pomme+A), le copier (Ctrl/Pomme+C) et le coller (Ctrl/Pomme+V) directement dans Google Drive. Et le tour est joué.

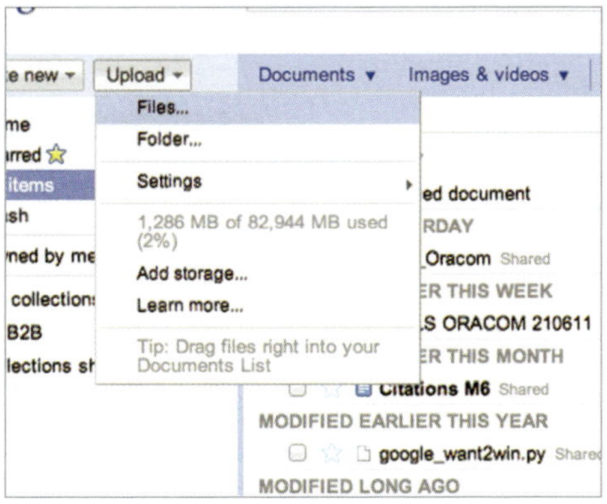

L'avantage d'un texte hébergé en ligne est qu'il peut facilement être partagé et travaillé en mode collaboratif.

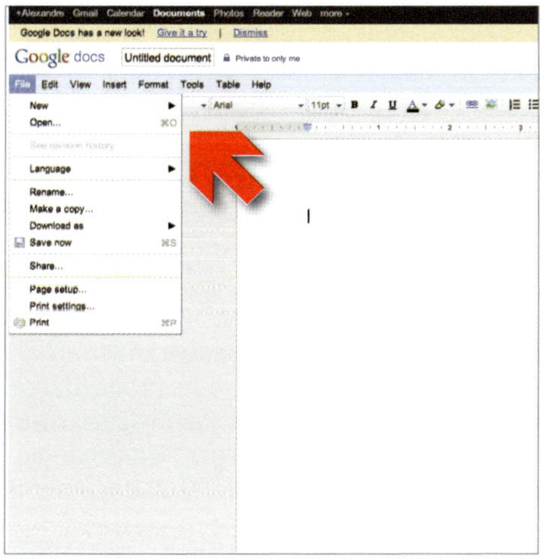

07 Transférer un fichier

Une autre solution consiste à retourner sur la page d'accueil du service Google Drive et à cliquer sur le menu "Importer" (ou "Upload" si vous utilisez la version anglaise du service). Choisissez ensuite l'emplacement où le document Word est situé sur votre ordinateur. Patientez quelques secondes, dans le cas où le document est volumineux, et le tour est joué. Notez qu'il est possible que certaines mises en forme de texte ne soient pas prises en compte pendant l'importation.

08 Reconnaissance de caractères

Si vous disposez de certaines images qui contiennent du texte, par exemple intégrées dans des fichiers PDF, il est possible de les importer dans Google Drive. En réalisant la même opération qu'à l'étape précédente, Google affichera un menu pour demander quel type d'importation vous souhaitez : l'importation de l'image seule ou la reconnaissance des caractères associés. Dans ce dernier cas, l'image sera scannée, les caractères seront reconnus automatiquement et transformés en texte dans un document.

Les bases de Google Drive

Google Drive est une suite bureautique en ligne associée à un espace de stockage. Vous pouvez ainsi créer et modifier des fichiers texte, des classeurs ou des présentations, avec le gros avantage de pouvoir travailler en mode collaboratif.

01 Importer des fichiers et dossiers

Accédez au service avec un compte Google en utilisant l'URL drive.google.com. Cliquez sur l'icône "Importer" puis sélectionnez votre fichier. Un simple glisser-déplacer depuis votre ordinateur peut également fonctionner si vous utilisez Google Chrome ou Firefox. Pour transférer un dossier entier plutôt que des fichiers séparés, vous devez utiliser Google Chrome ou activer Java depuis un autre navigateur. Cliquez ensuite sur le bouton "Importer" et activez l'importation de dossiers.

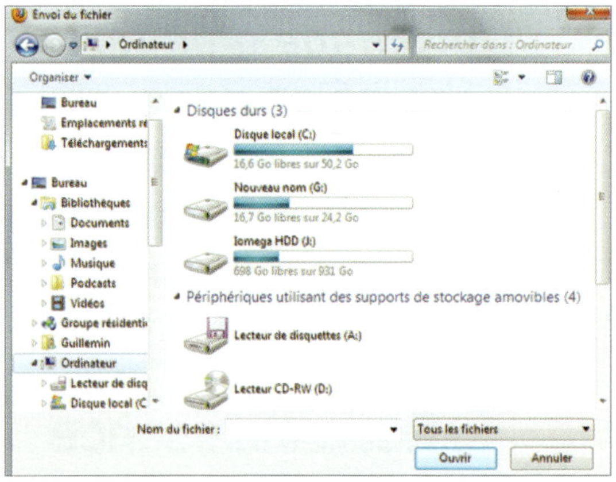

02 Convertir des fichiers au format Google Drive

Pour travailler sur un document, vous devez le convertir au format Google Drive. Durant l'importation, cliquez sur "Convertir les fichiers importés au format Google Documents". Vous pouvez également les convertir après coup en cliquant dessus avec le bouton droit et en sélectionnant "Faire une copie Google Documents". Le service de Google accepte les principaux formats (DOC, XLS, ODT, ODS, RTF, CSV, PPT, etc.). Une fois votre travail effectué, vous pourrez le reconvertir dans son format initial et le récupérer sur votre disque dur.

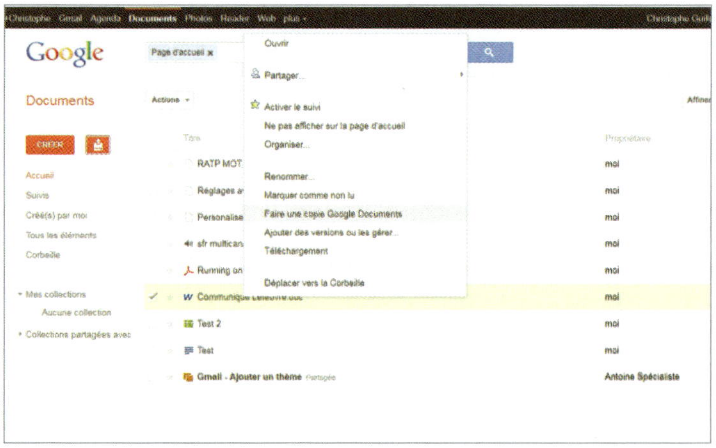

03 Créer ou modifier un document

Nous détaillons dans les tutoriels ci-après la création et la modification des principaux documents : textes, présentations et feuilles de calcul. Google Drive permet également de réaliser des formulaires ou des dessins. Cliquez sur le bouton "Créer" pour afficher la liste des types de documents et cliquez dessus pour lancer l'éditeur correspondant. Pour un document existant, cliquez dessus avec le bouton droit et sélectionnez "Ouvrir". Rappelons qu'il doit être au format Google Documents pour pouvoir être modifié. En l'état, vous pouvez cependant en avoir un aperçu.

04 Partager un document

Un des intérêts d'avoir un document en ligne est de pouvoir facilement le partager avec d'autres collaborateurs. Cliquez avec le bouton droit sur un document et sélectionnez "Partager". Vous pouvez alors inviter par e-mail des contacts à accéder au document. Dans la nouvelle fenêtre, choisissez leurs droits d'accès (modification autorisée ou simple consultation). Par la suite, vous pourrez modifier ces droits via le bouton "Partager" dans l'angle supérieur droit du document. Notez que les nouveaux documents sont par défaut tous privés.

Manier les feuilles de calcul

Le tableur de Google Drive est relativement simple d'utilisation mais ses fonctions sont assez limitées. Il servira surtout à la modification de feuilles de calcul existantes. Bon point : un grand nombre de modèles sont proposés en ligne.

01 Gérer votre feuille de calcul

Pour créer une nouvelle feuille de calcul, cliquez sur le bouton "Créer" puis sur "Feuille de calcul" depuis la page d'accueil de Google Drive (drive.google.com). Pour ouvrir un fichier déjà importé, cliquez sur son nom. Si vous souhaitez le modifier, convertissez-le d'abord au format Google Documents (voir notre article "pratique" : Les bases de Google Documents). Pour le rapatrier ensuite sur votre disque dur, cliquez sur "Fichier" puis sur "Télécharger au format". Sélectionnez ensuite le format dans lequel vous souhaitez le copier sur votre disque dur.

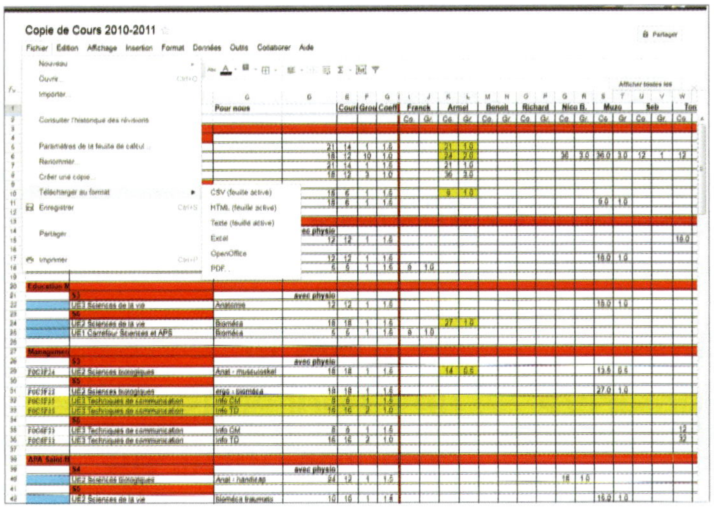

03 Gérer les fonctions du tableur

Les formules sont baptisées "fonctions" dans le tableur de Google. Pour en insérer une dans une cellule, commencez par la sélectionner en double-cliquant dessus. Elle s'entoure alors d'un cadre bleu. Cliquez ensuite sur l'onglet "Insertion" puis sur le lien "Fonction". Sélectionnez une formule dans la liste (SUM = somme, AVERAGE = moyenne, COUNT = dénombrement des valeurs, MAX = valeur maximale, MIN = valeur minimale). Pour des formules plus complexes, cliquez sur le lien "Autres formules".

02 Travailler votre feuille de calcul

L'interface du tableur de Google Documents se veut très simple. Les fonctions sont loin d'égaler celles de concurrents tels que Microsoft Excel ou le tableur d'OpenOffice. De plus, vous êtes limité à 400 000 cellules, avec un maximum de 256 colonnes par feuille. Pour votre première feuille de calcul, le mieux est peut-être de partir d'un modèle existant. Cliquez sur "Fichier", "Nouveau" et "A partir du modèle...". Faites défiler les aperçus de modèle, filtrez peut-être les résultats en français, puis cliquez sur "Utiliser ce modèle".

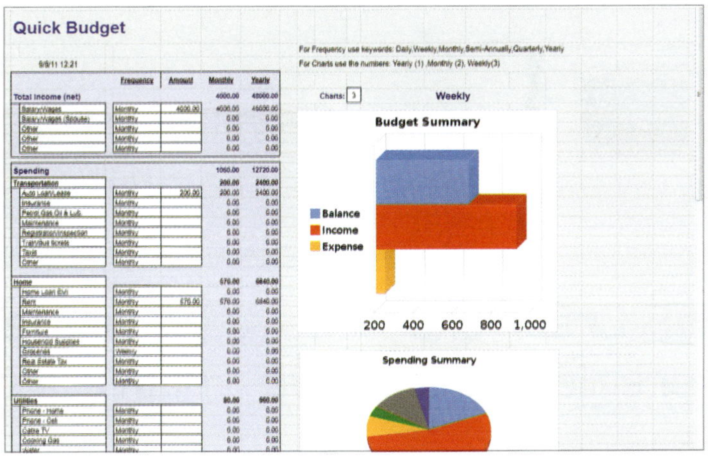

04 Générer un graphique

Comme tout tableur qui se respecte, celui de Google permet d'illustrer vos feuilles de calcul avec des graphiques tels que les camemberts et autres nuages de points. Cliquez sur l'onglet "Insertion" puis sur le lien "Graphique". Sélectionnez la plage de valeurs à prendre en compte. En fonction de la nature des données, l'éditeur de graphique vous propose une première sélection de modèles. Cliquez sur l'onglet "Graphiques" pour en sélectionner d'autres parmi neuf catégories. Pour apporter quelques modifications au graphique proposé, cliquez sur l'onglet "Personnaliser".

Une présentation avec Google Drive

Google Drive est une suite bureautique en ligne associée à un espace de stockage. Vous pouvez ainsi créer et modifier des fichiers texte, des classeurs ou des présentations, avec le gros avantage de pouvoir travailler en mode collaboratif.

01 Gérer la présentation

Afin de créer une nouvelle présentation, cliquez sur le bouton "Créer" puis sur "Présentation" depuis la page d'accueil de Google Documents (drive.google.com). Pour ouvrir une présentation déjà importée, cliquez sur son nom. Pour la modifier, vous devez la convertir au format Google Documents (voir notre article "pratique" : Les bases de Google Documents). Pour l'enregistrer sur votre disque dur, cliquez sur "Fichier" puis sur "Télécharger au format" et sélectionnez le format PDF, PowerPoint ou texte. Bien entendu, seul le format PowerPoint offre un résultat optimal.

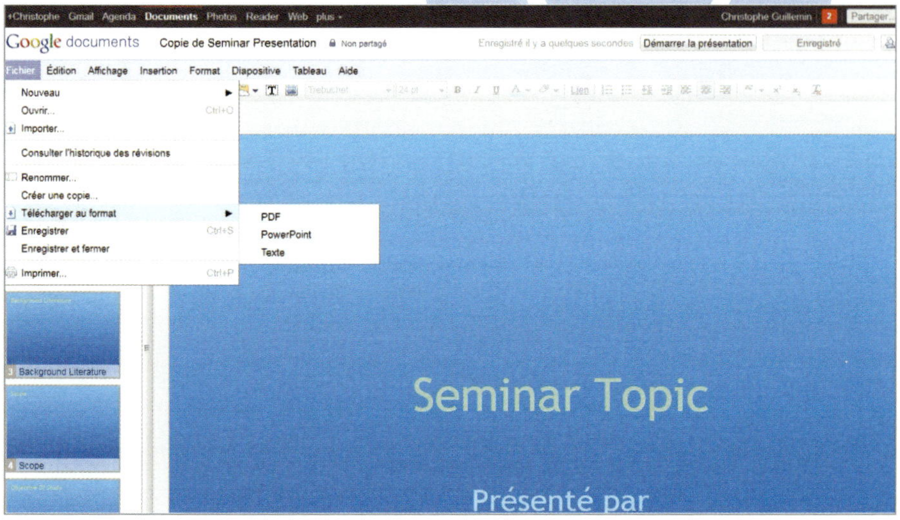

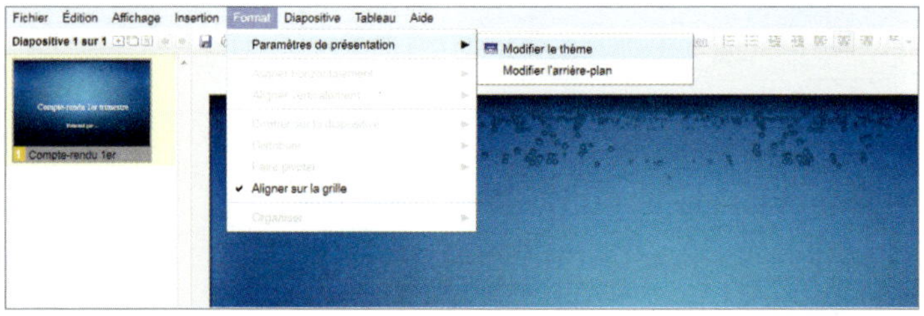

Vos diapositives peuvent intégrer des dessins, des tableaux et des formes diverses via de petits éditeurs intégrés.

02 Créer une première diapositive

Au lancement de l'outil de présentation, une première diapositive vierge s'affiche à l'écran. Cliquez dessus pour saisir le titre et le sous-titre. Définissez un arrière-plan en cliquant sur "Format", "Paramètres de présentation" et "Modifier l'arrière-plan". Choisissez un fond uni coloré ou insérez une image. Indiquez si cet arrière-plan s'applique à cette diapositive ou à l'ensemble de la présentation. Une solution rapide consiste à utiliser un thème existant. Pour cela, cliquez sur "Format", "Paramètres de présentation" et "Modifier le thème".

03 Insérer une nouvelle diapositive

Pour passer à la deuxième diapositive, cliquez sur "Diapositive" et sur "Nouvelle diapositive". Notez que vous pouvez sélectionner "Dupliquer la diapositive" afin de réaliser la nouvelle sur la base de la précédente. Lorsque vous choisissez d'ajouter une toute nouvelle diapo, l'outil de Google vous propose de choisir une "disposition", c'est-à-dire une organisation préconfigurée des blocs de texte. Sélectionnez celle qui vous convient puis remplissez les blocs de texte. Vous pouvez modifier leur taille ou les déplacer en cliquant sur leur cadre.

04 Insérer des contenus complémentaires

L'outil de Google permet d'insérer très facilement des images hébergées en ligne ou stockées sur votre ordinateur. Il permet également d'ajouter des vidéos, mais vous devrez d'abord les exporter vers YouTube. Enfin, vos diapositives peuvent intégrer des dessins, des tableaux et des formes diverses via de petits éditeurs intégrés. Pour ajouter ces éléments additionnels, cliquez sur "Insertion" et sélectionnez le type de contenu à intégrer. Vous pouvez ensuite les recadrer et les déplacer en cliquant sur leur cadre.

Partager un agenda

Vous souhaitez connaître les disponibilités de vos collaborateurs ou même organiser un emploi du temps commun ? Google Agenda offre toutes ces possibilités avec un paramétrage précis des droits d'accès de chacun.

01 Sélectionner ou créer un agenda

Depuis Gmail, cliquez sur l'onglet "Agenda". Dans la nouvelle interface qui s'affiche, sélectionnez quel agenda vous souhaitez partager avec vos collaborateurs dans la section "Mes agendas". Si vous préférez en utiliser un nouveau, cliquez sur la petite flèche vers le bas à côté de "Mes agendas" et sélectionnez "Créer un agenda". Saisissez ensuite son nom, son éventuelle description, un lieu (il servira de base aux futures recherches d'événements) et modifiez si besoin le fuseau horaire.

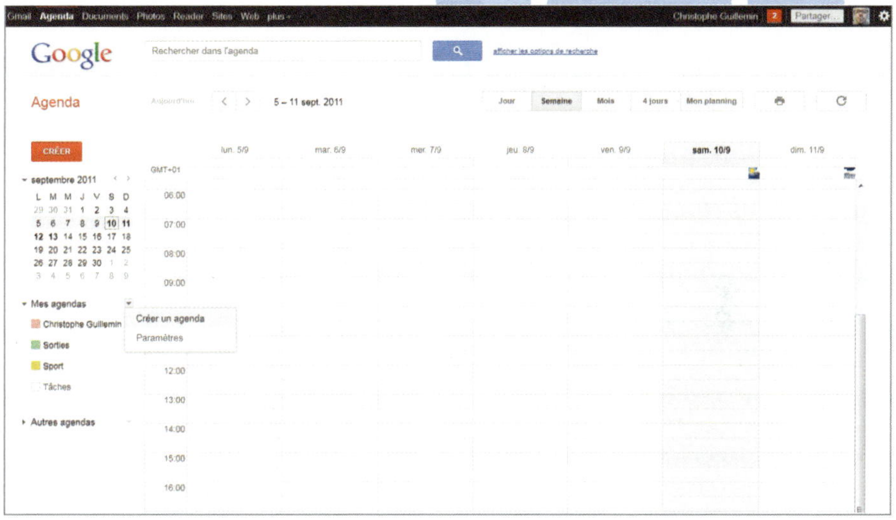

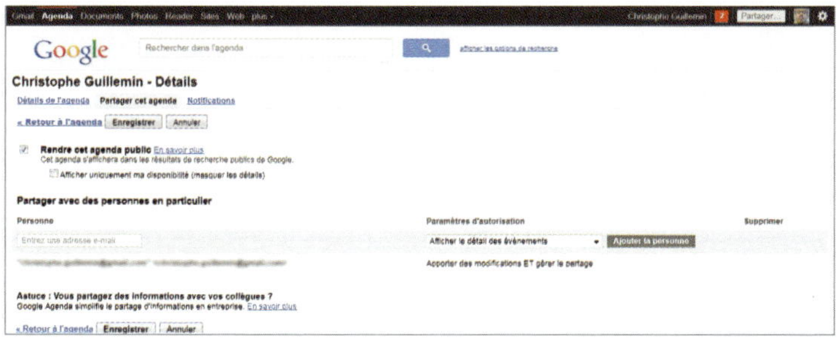

Si vous souhaitez que l'agenda soit visible par tous les internautes, pour l'intégrer au site Internet de votre entreprise, vous devez le rendre public.

02 Rendre l'agenda public

Si vous souhaitez que l'agenda soit visible par tous les internautes, par exemple pour l'intégrer au site Internet de votre entreprise, vous devez le rendre public. S'il s'agit d'un nouvel agenda, cochez "Rendre cet agenda public" sur la page de création. S'il s'agit d'un agenda existant, cliquez sur "Paramètres d'agenda", "Partager cet agenda" et enfin cochez : "Rendre cet agenda public". En cochant la case "Afficher uniquement ma disponibilité", le détail de vos événements n'apparaîtra pas. Seule votre disponibilité sera affichée.

03 Publier l'agenda sur votre site

Pour passer à la deuxième diapositive, cliquez sur "Diapositive" et sur "Nouvelle diapositive". Notez que vous pouvez sélectionner "Dupliquer la diapositive" afin de réaliser la nouvelle sur la base de la précédente. Lorsque vous choisissez d'ajouter une toute nouvelle diapo, l'outil de Google vous propose de choisir une "disposition", c'est-à-dire une organisation préconfigurée des blocs de texte. Sélectionnez celle qui vous convient puis remplissez les blocs de texte. Vous pouvez modifier leur taille ou les déplacer en cliquant sur leur cadre.

04 Partager l'agenda avec certains collaborateurs

Ne cochez pas la case "Rendre cet agenda public". Dans le champ "Personne", saisissez les adresses e-mail des collaborateurs avec lesquels vous souhaitez le partager. Dans le champ "Paramètres d'autorisation", sélectionnez le type d'action que le collaborateur pourra effectuer sur cet agenda. Les droits d'accès vont du simple aperçu de la disponibilité des collaborateurs à la modification des événements couplée avec la gestion du partage de l'agenda (droits identiques aux vôtres).

GOOGLE

Héberger vos données sur Google Drive

Lancé en avril 2012, "Drive" est le service de stockage dématérialisé de Google, qui concurrence désormais Dropbox et autre SkyDrive de Microsoft ou iCloud d'Apple. Au programme : 5 Go disponibles pour la version gratuite, des fonctions évoluées de travail collaboratif et un client de synchronisation très pratique à installer sur PC/Mac ou terminal Android et iOS.

01 Installer le client Google Drive

Connectez-vous au service Google Drive grâce à l'URL suivante : https://drive.google.com avec votre compte Google activé. Cliquez sur le bouton "Télécharger Google Drive" et ouvrez ensuite le fichier "googledrivesync.exe" (PC) ou "installgoogledrive.dmg" (Mac). Saisissez le nom d'utilisateur et le mot de passe de votre compte Google dans la fenêtre qui s'ouvre. Un répertoire est créé sur votre disque dur pour stocker les fichiers synchronisés entre l'ordinateur et l'espace en ligne.

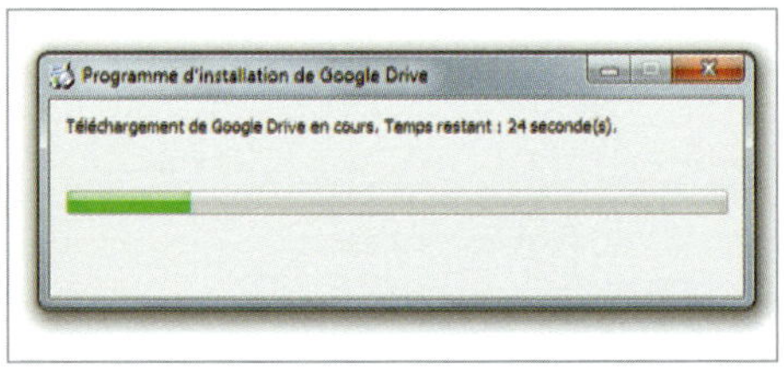

02 Synchroniser vos données

Ouvrez le client Google Drive, en cliquant sur l'icône ajoutée à la barre des tâches/outils sur PC ou Mac. Sélectionnez ensuite : "Ouvrir mon dossier Google Drive". Notez qu'un raccourci vers ce répertoire est également ajouté au bureau. Faites simplement un glisser-déposer des fichiers à synchroniser dans le dossier "Google Drive". La synchronisation se lance alors automatiquement. Les fichiers en cours de synchronisation sont marqués avec deux flèches bleues, ceux synchronisés avec une coche verte.

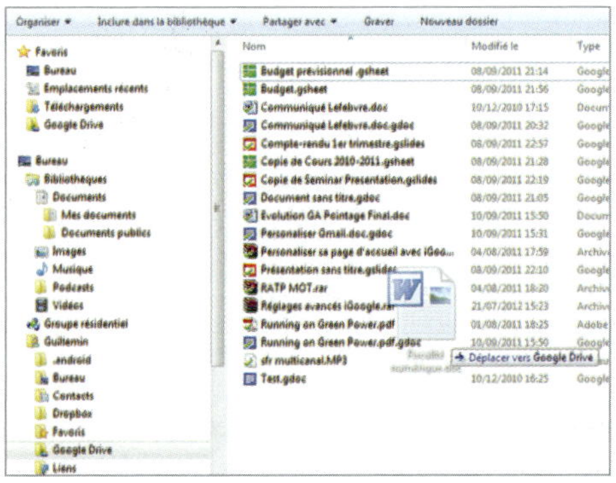

03 Importer un fichier depuis le service web

Même si le client Google Drive est assez pratique, peut-être souhaitez-vous importer des fichiers dans votre espace en ligne sans le télécharger. Ceci peut s'avérer pertinent si vous utilisez un ordinateur qui n'est pas le vôtre lors d'un déplacement. Depuis votre espace en ligne, cliquez sur l'icône "Importer", juste à droite du gros bouton "Créer". Choisissez ensuite si vous souhaitez importer un fichier ou un dossier complet. Sélectionnez les données depuis votre gestionnaire de fichiers. Il est ensuite envoyé vers l'espace en ligne, dit "Mon Drive".

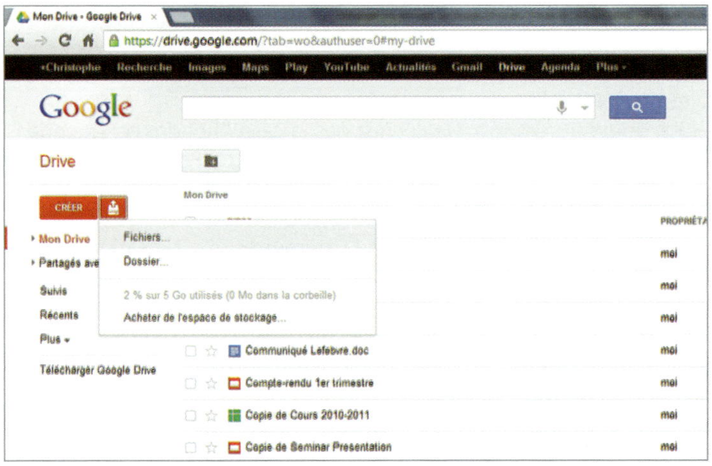

04 Consulter et modifier un fichier en ligne

Le premier avantage d'avoir stocké un fichier en ligne est de pouvoir le consulter depuis n'importe quel ordinateur connecté au web. Accédez à Google Drive avec votre compte Google et cliquez sur le fichier souhaité. Le service va alors basculer vers Google Documents, qui intègre des éditeurs permettant de consulter et de modifier la plupart des types de fichiers.

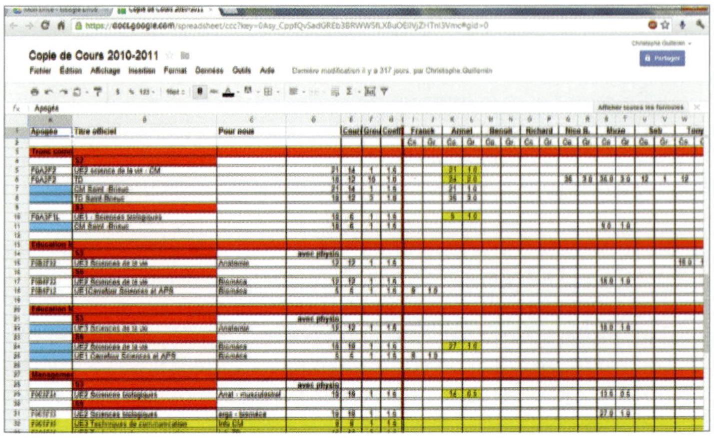

05 Partager un fichier entre utilisateurs

Le second avantage d'un fichier stocké en ligne est de pouvoir être consulté et modifié par plusieurs utilisateurs, selon le principe du travail collaboratif. Faites un clic droit sur le fichier depuis votre espace en ligne et cliquez sur "Partager". Depuis la fenêtre qui s'affiche, saisissez les coordonnées des autres utilisateurs (noms, adresses e-mail, groupes Google+). Dans l'onglet "Modification autorisée", vous pouvez choisir s'ils pourront juste consulter le document ou également le modifier.

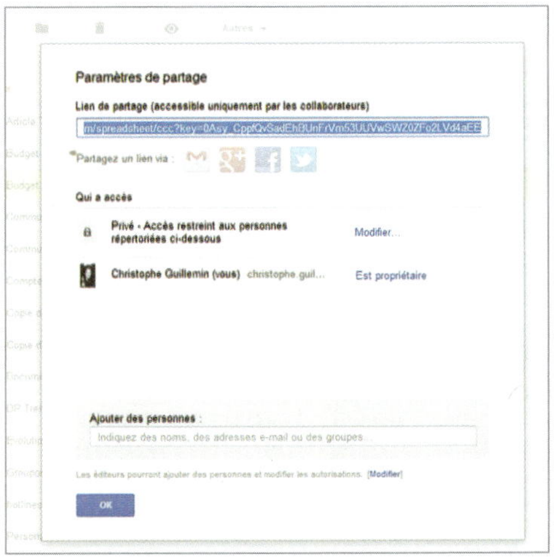

08 Organiser vos fichiers

Lorsque vous aurez accumulé un certain nombre de fichiers, il vous faudra sans doute les organiser dans des dossiers. Pour créer un dossier, cliquez sur le bouton rouge "Créer" puis sélectionnez "Dossier" dans le menu déroulant. Saisissez le nom du dossier dans la zone de texte et cliquez sur OK. Faites ensuite un glisser-déposer des fichiers que vous souhaitez rassembler dans ce dossier. Notez que ce dossier est également créé sur votre disque dur.

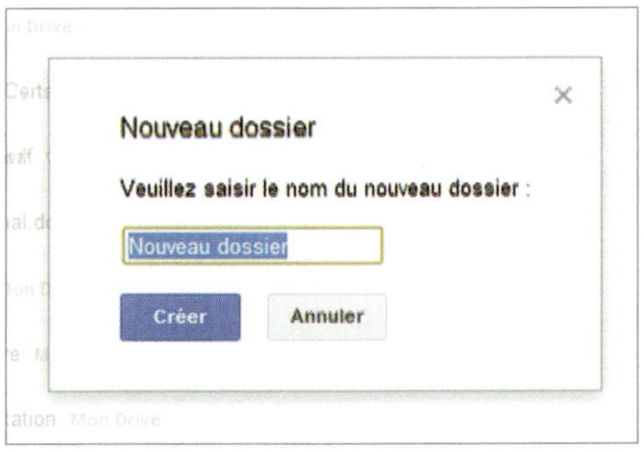

06 Recherche sur les fichiers stockés

Google Drive intègre les fonctions d'indexation avancées de Google. Par exemple : il intègre la reconnaissance de caractères (OCR) pour les PDF images. Par ailleurs, si vous avez stocké des images, elles sont automatiquement taguées par Google qui tente de "deviner" ce qu'il y a dessus. Ainsi, une image représentant la tour Eiffel sera, a priori, taguée en conséquence et vous n'aurez qu'à taper "tour Eiffel" pour la retrouver. Saisissez simplement les mots-clés dans le champ de recherche.

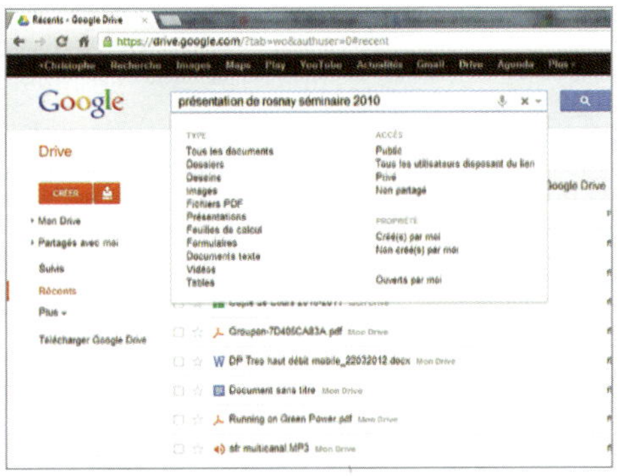

09 Acheter de l'espace de stockage

Google Drive en version gratuite donne accès à 5 Go d'espace de stockage. Moyennant finances, vous pouvez augmenter la taille de cet espace d'hébergement. Cliquez sur "Paramètres" puis sur "Mettez à niveau votre stockage". Depuis la nouvelle page, plusieurs formules vous sont proposées. Elles vont de 25 Go pour 2,49 euros/mois à 16 To, soit 16 384 Go, pour 800 euros/mois. Notez que cet espace supplémentaire est partagé avec celui de Picasa et intègre également 25 Go pour Gmail qui n'en dispose normalement que de 10.

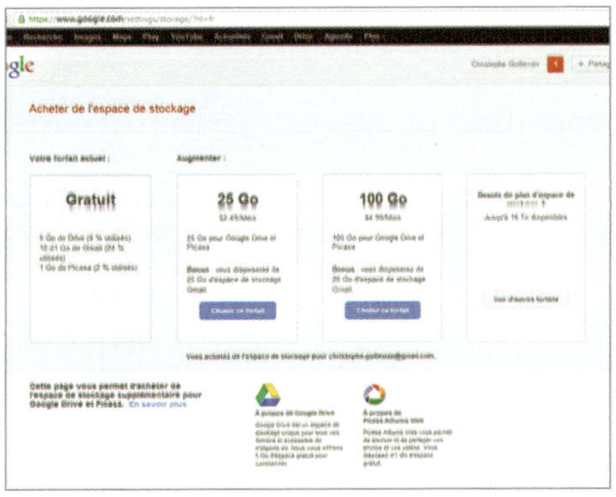

07 Ajout d'applications à Google Drive

Si vous utilisez des formats de documents peu courants (ex. : DWG AutoCAD) ou si vous souhaitez utiliser d'autres éditeurs que ceux de Google Documents, vous pouvez ajouter des applications à Google Drive. Google a en effet mis à disposition des éditeurs tiers des API pour qu'ils exploitent son service de stockage. Cliquez sur l'icône figurant une roue crantée et sélectionnez "Gérer les applications", puis "Télécharger d'autres applications".

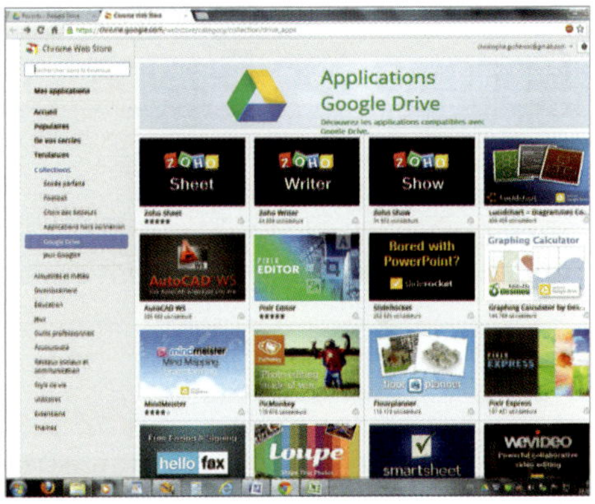

10 Google Drive sur votre mobile

Le client mobile de Google Drive est compatible avec Android 2.2 et versions ultérieures, ainsi qu'avec iOS 5.0 et versions ultérieures. La version pour iPhone et iPad est hélas en anglais pour le moment. BlackBerry ou Windows Phone ne sont pas supportés. Vous retrouvez l'ensemble des fonctionnalités de Google Drive avec un mode offline qui prend ici toute sa dimension. Vous pouvez ainsi consulter et modifier des éléments hors connexion, puis synchroniser les modifications lorsque vous vous reconnectez.

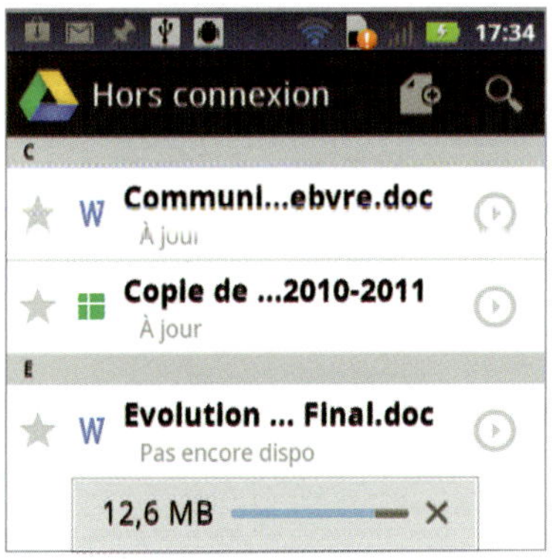

Déployer et exploiter Chrome en entreprise

Google Chrome peut présenter un intérêt à être déployé en entreprise. Il intègre en effet des fonctions orientées vers un usage professionnel, comme le mode hors connexion pour Gmail et Agenda, ou la prise de contrôle à distance. Et pour une installation facilitée du navigateur en entreprise, Google propose “Chrome for Business”, un package MSI pour Windows.

01 Télécharger Chrome for Business

Chrome for Business est proposé sous la forme d'un package MSI (Microsoft System Installer). Il contient un installeur Windows autonome et tous les éléments nécessaires à son installation. Chrome peut donc être installé sans connexion Internet et l'opération peut être facilement administrée à distance. Pour télécharger le package MSI, rendez-vous à l'URL suivante : "www.google.com/chrome/intl/fr/business/download.html".

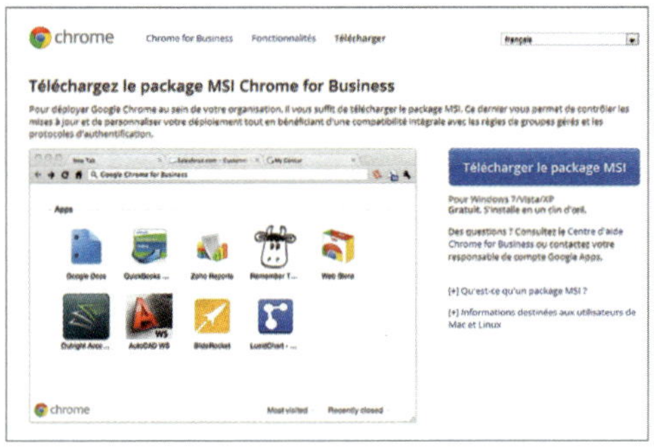

02 Déployer le navigateur

Le package de Chrome for Business se nomme : "GoogleChromeStandaloneEnterprise.msi" et pèse 27,6 Mo pour la version 20. Il peut être installé via le réseau de l'entreprise en utilisant Microsoft Systems Management Server (SMS) ou d'autres outils similaires. Lors de l'installation, aucune intervention de l'utilisateur n'est requise. Notez que le package MSI installe uniquement le navigateur au niveau système. Par conséquent, tous les utilisateurs de l'ordinateur auront accès à la même instance de Google Chrome.

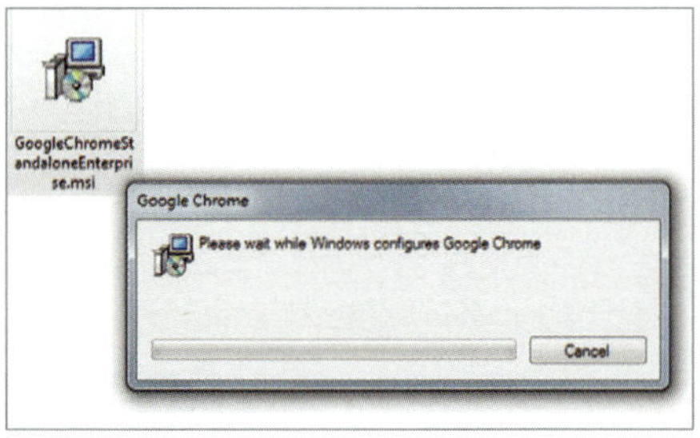

03 Contrôler les paramètres de Chrome

L'administrateur peut facilement contrôler et verrouiller les préférences utilisateur de Chrome au moyen de modèles de stratégie de sécurité préconfigurés (types ADM et ADMX). Ils sont téléchargeables à l'adresse suivante : http://dl.google.com/dl/edgedl/chrome/policy/policy_templates.zip (pour Windows). Parmi les paramètres configurables : la page d'accueil, le serveur proxy, la fréquence des mises à jour automatiques et l'installation de plug-ins.

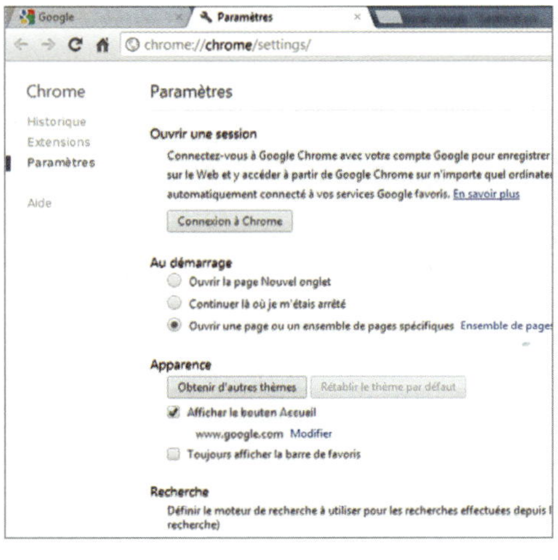

04 Déployer Gmail hors connexion

Un des avantages à utiliser Chrome avec les services de Google est d'accéder au mode Gmail hors connexion. Cela peut présenter un intérêt non négligeable pour les professionnels nomades. Le mode hors connexion fonctionne avec Gmail en version Google Apps. Pour l'activer, il faudra prendre contact avec votre responsable de compte Google Apps ou votre partenaire de déploiement. Avec Gmail classique, il faut ajouter à Chrome l'extension "Gmail hors connexion", disponible sur le Chrome Store.

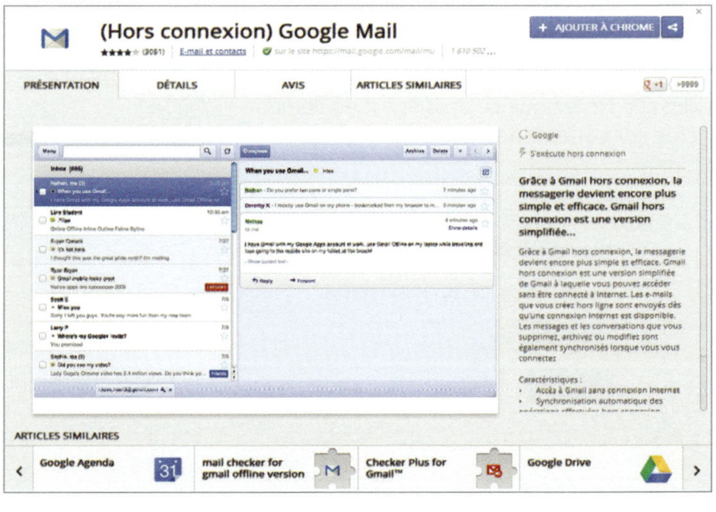

05 Utiliser Gmail hors connexion

Une fois Gmail hors connexion ajouté à Chrome, vous disposez d'une version simplifiée de Gmail accessible donc sans connexion Internet. L'application télécharge les e-mails lorsqu'elle dispose d'une connexion, qui sont ensuite disponibles en local. Vous pouvez les consulter, y répondre, les transférer ou les archiver. Vous pouvez également créer des e-mails qui seront envoyés dès qu'une connexion Internet sera disponible. Les messages et les conversations que vous supprimez, archivez ou modifiez sont également synchronisés lorsque vous vous connectez.

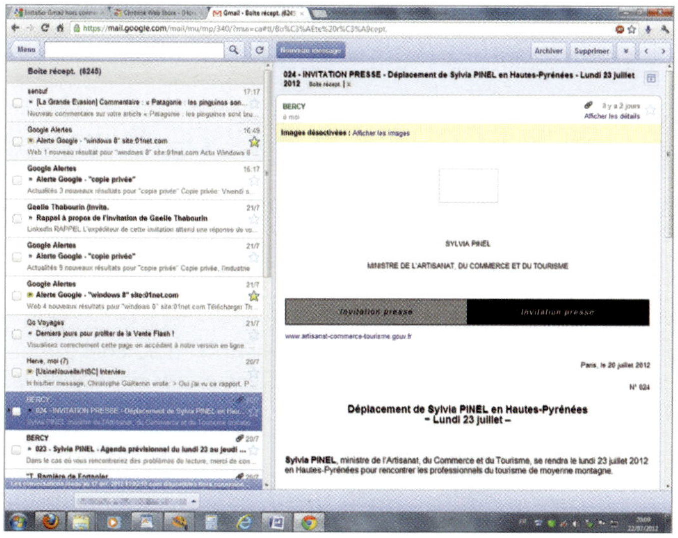

06 Utiliser Google Agenda hors connexion

Selon le même principe que Gmail hors connexion, vous pouvez accéder à votre agenda Google en mode offline grâce à une extension pour Chrome. Depuis le Chrome Web Store, installez l'application "Google Agenda". Une fois l'extension ajoutée au navigateur, activez le mode hors connexion depuis les paramètres de Google Agenda. Vous pouvez alors visualiser vos rendez-vous, les déplacer, en créer de nouveaux, etc. La synchronisation des modifications s'effectuera lors de la prochaine connexion.

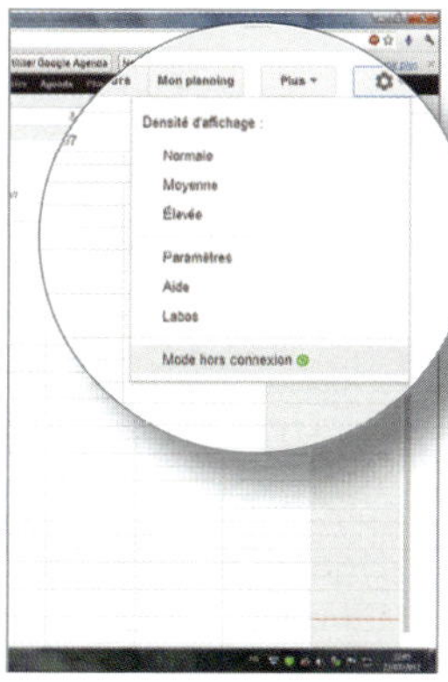

07 Recevoir des notifications sur le bureau

En ouvrant Gmail depuis Chrome, vous pouvez afficher des notifications sur le bureau vous informant que vous avez reçu un e-mail ou un message de chat. Cette alerte prend la forme d'un pop-up qui apparaît à l'arrivée d'un nouveau message. Pour activer les notifications, rendez-vous dans les paramètres de Gmail. Depuis l'onglet "Général", la section "Notifications de bureau" permet d'activer ou de désactiver les notifications de chat et de nouveaux e-mails. Vous pouvez aussi choisir d'être alerté d'un nouvel e-mail reçu ou uniquement d'un courrier marqué comme important.

08 Utiliser plusieurs profils utilisateurs

Si vous partagez régulièrement un ordinateur avec d'autres personnes, il sera peut-être opportun d'utiliser plusieurs profils utilisateurs de Chrome. Chaque profil possèdera ses propres paramètres de navigation, favoris, extensions, applications et thèmes. Pour créer des profils utilisateurs, cliquez sur l'icône représentant une clé à molette, sélectionnez "Paramètres" puis cliquez sur "Ajouter un utilisateur".

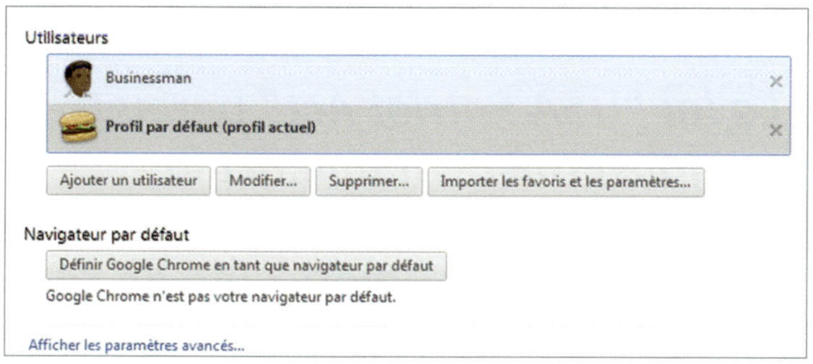

09 Partager votre bureau à distance

L'extension "Bureau à distance Google Chrome (version bêta)" permet d'autoriser un accès distant à votre système. Cela peut servir par exemple à réaliser une opération de maintenance. Les deux correspondants doivent installer l'application depuis le Chrome Web Store et l'activer. L'application hôte génère alors un code à 12 chiffres qui sert au correspondant pour s'y connecter. Notons que cette extension intègre aussi des fonctions pour accéder à distance à vos propres ordinateurs.

Archiver toutes vos données avec Vault

Vault est un service dédié aux entreprises pour l'archivage de leurs données critiques, susceptibles d'être présentées en cas de litige juridique. En gardant une trace des e-mails et des chats de ses collaborateurs, l'entreprise est censée pouvoir réduire les coûts juridiques liés aux enquêtes réglementaires, aux réclamations de clients et autres actions de conformité. D'abord apparu aux États-Unis, Vault est arrivé en France au printemps 2012.

01 Vault : une extension à Google Apps for Business

Vault est une extension à Google Apps for Business, la suite bureautique en ligne de Google dédiée aux entreprises. Elle lui ajoute des fonctions d'"eDiscovery", nouvelle catégorie de solutions basée sur l'archivage et l'indexation de données transitant par le système d'information des entreprises. Google n'est pas le seul à en proposer, mais il est parmi les moins chers du marché. Vault est ainsi disponible en abonnement pour 4 euros par utilisateur et par mois.

02 Faire confiance à Google

Comme les autres services Apps for Business, Vault est 100 % web. Avantage : l'administrateur n'a rien à installer sur le système d'information de l'entreprise. Inconvénient : Vault stocke les informations sur les serveurs de Google, ce qui sera peut-être dissuasif pour certaines sociétés. Rappelons ainsi que la loi "USA Patriot Act" permet au gouvernement américain d'accéder à toute donnée hébergée par une société américaine en cas de risques liés au terrorisme.

03 Créer un litige

Pour lancer un archivage, la première opération à effectuer est de "Créer un litige", c'est-à-dire un dossier d'enregistrement. À ce niveau, l'utilisateur a juste à intituler son dossier et à en fournir une courte description. Cette création de litige donne accès à toutes les fonctions de recherche. Légalement, une entreprise ne peut en effet collecter des infos sur ses collaborateurs qu'en cas de litige. Vault n'est pas censé servir à surveiller les employés.

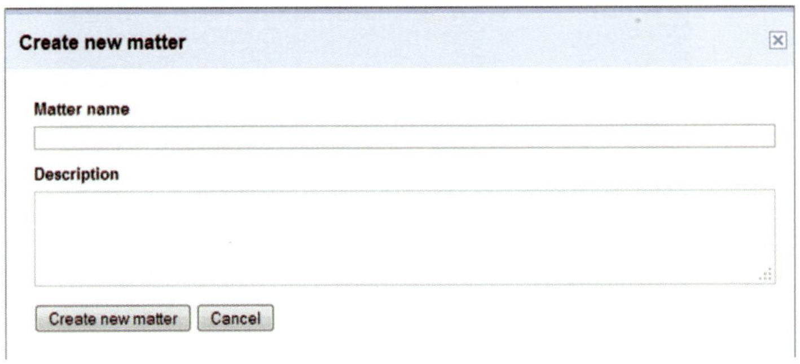

La loi "USA Patriot Act" permet au gouvernement américain d'accéder à toute donnée hébergée par une société américaine en cas de risques liés au terrorisme.

04 Définir qui sera sur écoute

La création du litige donne accès aux écrans de conservation (Preservation en anglais), de recherche (Search) et d'export (Export). Par défaut, l'utilisateur arrive d'abord sur l'écran de conservation. Le premier élément à définir est le nom des collaborateurs faisant l'objet d'une "écoute". Tous leurs e-mails et chats Gmail seront enregistrés. Bien évidemment, si les messages sont supprimés par le collaborateur sur écoute, ils demeurent dans l'archive Vault.

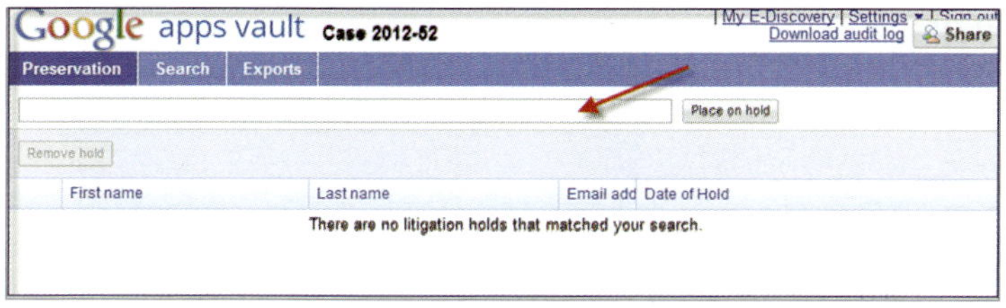

05 Fixer une période de rétention

L'utilisateur peut définir la période de rétention pendant laquelle les données des collaborateurs mis sur écoute seront enregistrées. Cette période est définie en nombre de jours d'archivage à compter de la date de la création du litige. C'est uniquement durant cette période que les données sont stockées sur les serveurs de Google. Au-delà, l'information est détruite automatiquement. Google promet qu'aucune trace n'est censée persister sur ses serveurs.

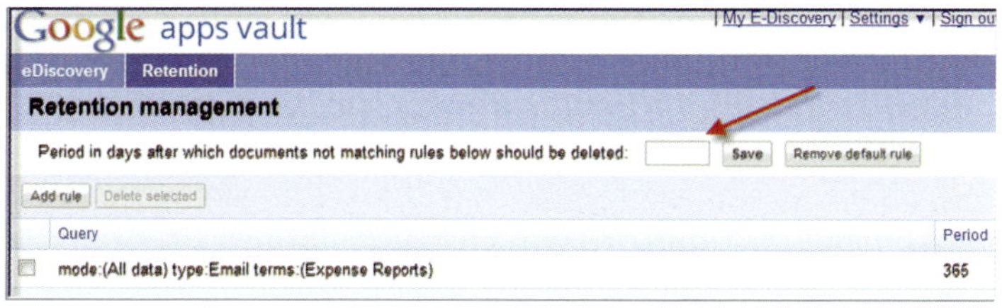

L'algorithme d'indexation de Google tient compte du contenu du message, mais aussi de la date et de l'heure d'envoi ou de réception.

06 Lancer une recherche

Toutes les données collectées sont indexées automatiquement afin de faciliter leur recherche ultérieure. L'algorithme d'indexation de Google tient compte du contenu du message, mais aussi de la date et de l'heure d'envoi ou de réception, de l'expéditeur et du destinataire. Pour lancer une recherche, l'utilisateur doit indiquer quel collaborateur mis sur écoute elle concerne, saisir un ou plusieurs mots-clés et définir un périmètre temporel (dates de début et de fin à prendre en compte).

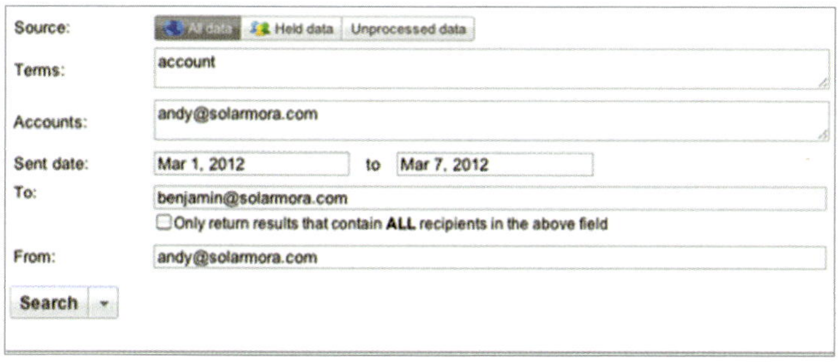

07 Exporter les résultats

Vault permet le partage de résultats entre plusieurs utilisateurs, par exemple des responsables de la direction, des services juridiques et des ressources humaines. La fonction "Exportation" sert à créer un fichier rassemblant toutes les données. Les utilisateurs tiers doivent ensuite le consulter depuis leur compte Google Apps. Ils peuvent également le télécharger sur leur ordinateur dans divers formats dont ".mbox", standard des messageries électroniques.

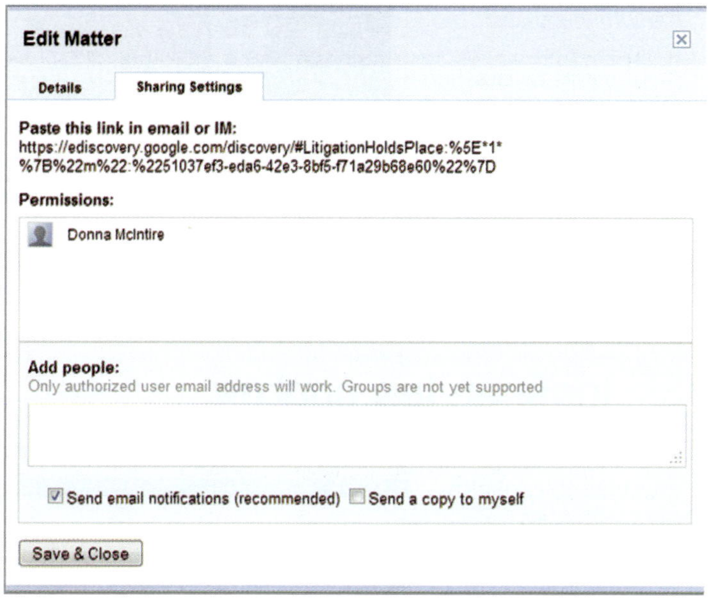

08 Gérer l'accès aux données archivées

Les données Vault ne doivent être accessibles qu'à un nombre limité de personnes. Le service permet donc de définir une liste des responsables qui auront les privilèges nécessaires pour créer un litige, lancer une recherche, définir qui est mis sur écoute, etc. Une fois la liste définie, il sera toujours possible d'y ajouter ou de supprimer des utilisateurs. Bien entendu, un administrateur central doit être défini pour gérer toutes ces règles de privilèges.

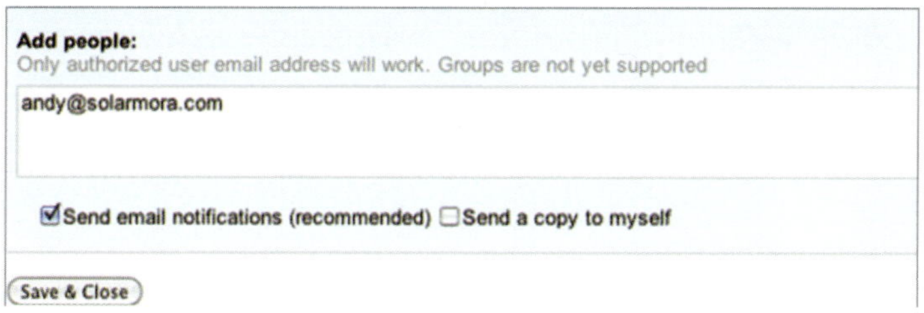

Utiliser la visite virtuelle pour les pros

Avec Google Street View, Google nous proposait déjà une nouvelle façon d'appréhender la navigation. Il était ainsi facile de repérer une boutique dans une rue ou de se rendre compte de l'attrait d'un quartier. Avec ce nouveau module, les entrepreneurs pourront même faire visiter leurs boutiques, chambres d'hôtel, etc. Et donc doper leur chiffre d'affaires !

01 Utiliser le service

Afin de vous rendre compte du potentiel du service «Visite virtuelle pour les pros, rendez-vous à l'adresse suivante_: www.google.fr/intl/fr/help/maps/businessphotos/. Une séquence de visualisation est disponible. Comme dans Google Street View, vous pourrez vous balader dans les rues, mais surtout entrer dans des boutiques et donc voir leur intérieur.

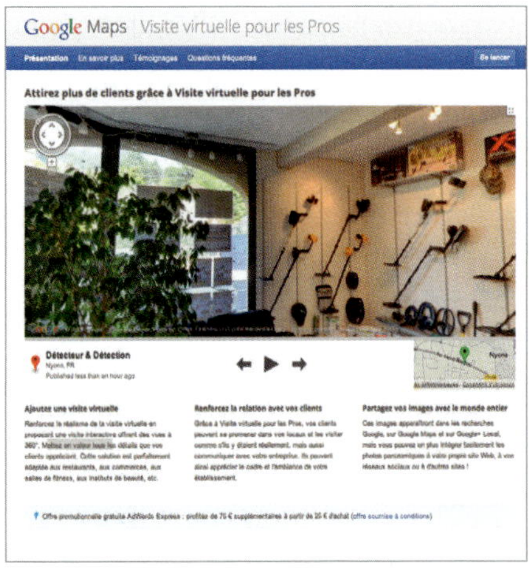

02 Programmer la séance

Bien sûr, pour faire découvrir votre boutique à 360°, vous ne pourrez pas réaliser cela avec un simple appareil photo. Il faudra faire appel à une agence ou à un photographe agréé. Il vous en coûtera entre 250 et 450 euros selon les prestataires.

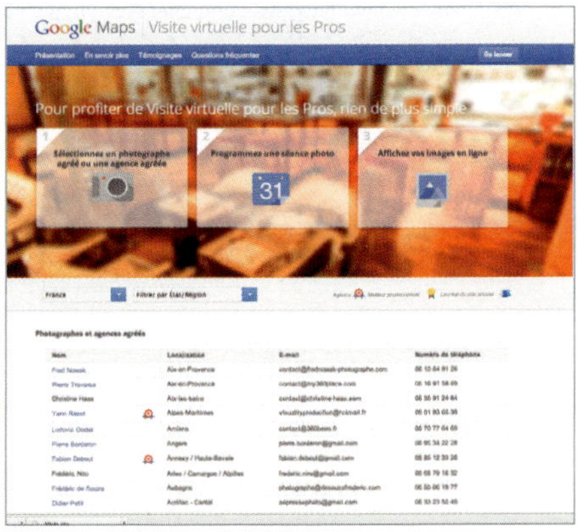

03 Insérer les photos

Une fois la séance effectuée et les photos retravaillées, les prestataires intégreront la visite virtuelle de votre entreprise directement à Google Street View. L'opération ne prend généralement pas plus de 48 heures.

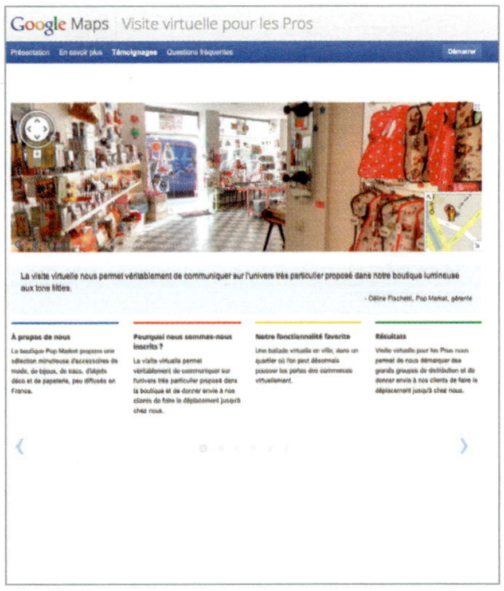

04 Faire visiter votre boutique

Une fois en ligne, votre boutique est directement accessible depuis Google Street View. Il suffit d'indiquer son nom et la ville où elle se trouve pour qu'elle apparaisse dans les résultats de recherche. Lorsqu'une visite virtuelle est disponible, une grande vignette apparaît dans les résultats. Cliquez dessus pour visiter les lieux…

Créer une page Google+ pour votre entreprise

Depuis quelque temps, Google+ offre à ses utilisateurs la possibilité de créer une page pour leur entreprise. Vous pourrez ainsi mettre en avant votre société, tout comme vous le faites déjà avec des pages Facebook.

01 Vous connecter

Avant de créer la page de votre entreprise, il faut impérativement que vous vous connectiez avec votre compte Google+. Si vous ne disposez pas encore de compte, créez-en-un. Ensuite, cliquez sur "Accueil" puis sur "Pages". Dans ce menu, cliquez sur "Créer une page".

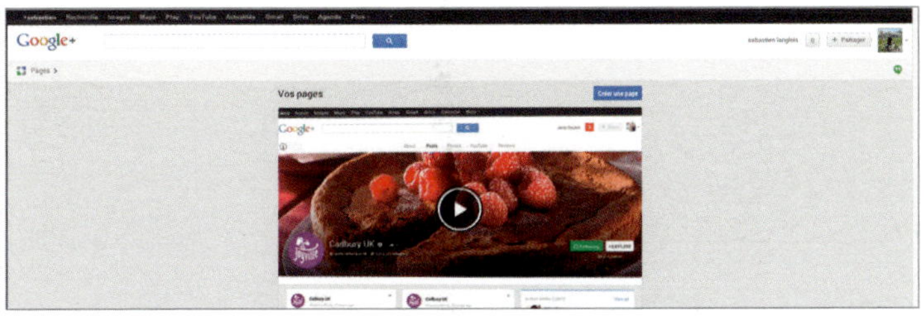

02 Créer la page

À l'étape suivante, vous aurez le choix entre plusieurs types de pages. Celles-ci correspondent aux différentes catégories d'entreprises (petite entreprise locale, marque, institution, organisation, arts et spectacles, etc.). Choisissez la catégorie qui correspond le mieux à votre entreprise.

03 Sélectionner votre page

Après avoir sélectionné la catégorie qui correspond à votre entreprise, vous devrez affiner votre choix en sélectionnant son secteur d'activité. Ici, différents filtres sont présents (alimentation, voyage, électroménager, etc.). Ensuite, indiquez le nom de votre entreprise et saisissez l'adresse de son site Internet si elle en possède un. Sélectionnez le type de filtre utilisateurs (tous, plus de 18 ans, plus de 21 ans, etc.) et cochez la case "J'accepte…".

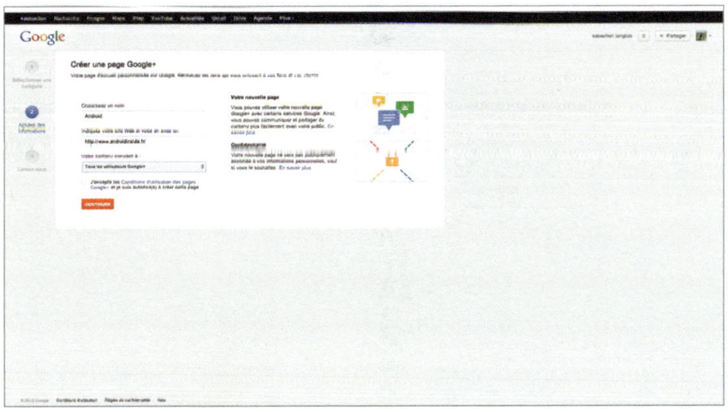

04 Créer l'histoire

Votre page pour votre entreprise est créée. Il ne vous reste plus qu'à l'animer. Commencez par expliquer le positionnement de votre entreprise dans le champ "Histoire", puis changez la photo de couverture par le logo de votre entreprise ou par une capture de son site Internet. Il faudra ensuite ajouter des contenus afin d'attirer les lecteurs sur votre page Google+.

Prendre des notes avec Google Keep

Avec Keep, Google propose un nouveau service de prise de notes. Celui-ci vient en remplacement de Google Bloc Notes qui s'est arrêté définitivement. Ce service est disponible sous la forme d'une application Android, d'une extension pour Chrome ou via un service web. Voyons comment utiliser ce dernier.

01 Utiliser le service

Google Keep s'intègre à votre compte Google Drive. Il est donc impératif de vous créer un compte Gmail si vous n'en avez pas déjà un. Ensuite, rendez-vous à l'adresse suivante : https://drive.google.com/keep/ pour commencer à rédiger vos notes.

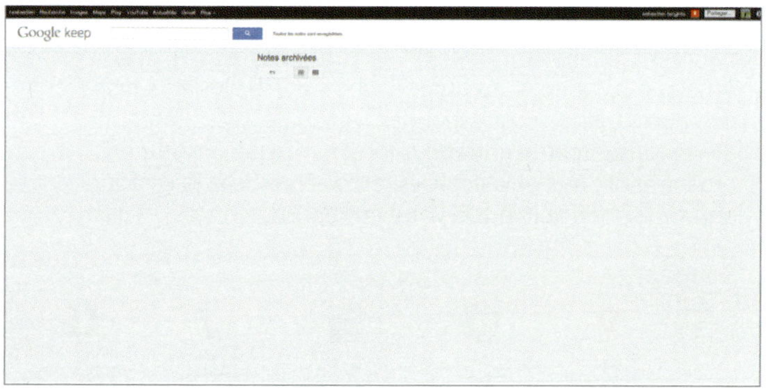

02 Rédiger une note

La rédaction de notes est très simple : vous indiquez le titre de la note dans le champ dédié, puis vous la saisissez. Vous pourrez également la personnaliser afin de la retrouver plus facilement et créer une sorte de classement. Pour cela, utilisez l'outil " Pot de peinture " à droite du champ de saisie. Vous pourrez également ajouter une photo.

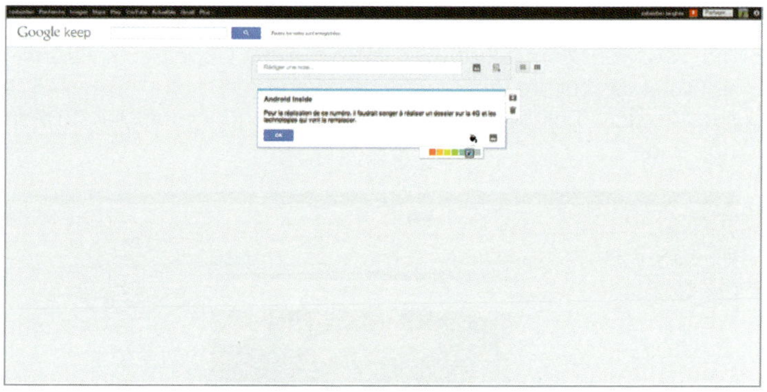

03 Sauvegarder ou supprimer une note

Une fois que votre note est terminée, vous devrez l'enregistrer. Cela s'opère via l'icône " Archiver la note " qui s'affiche après avoir pressé la touche " OK ". De la même manière, vous pourrez supprimer la note en appuyant sur " OK " puis sur " Supprimer la note ".

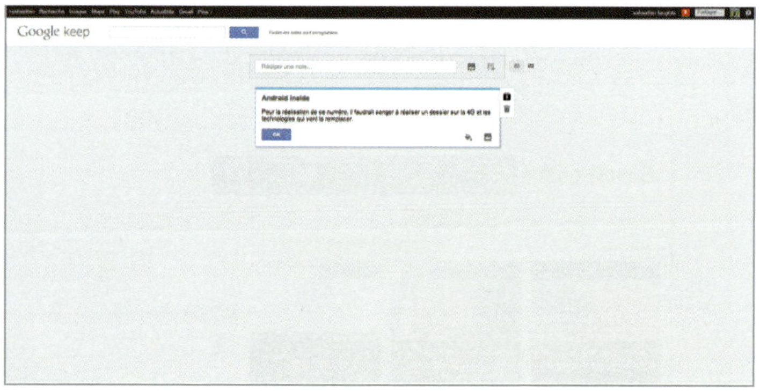

04 Consulter vos notes

Toutes vos notes seront alors accessibles. Vous pourrez les classer en " Liste " ou en " Grille " afin de rendre l'ensemble plus lisible. Si vous disposez d'une grande quantité de notes, vous pourrez effectuer des recherches via le moteur dédié.

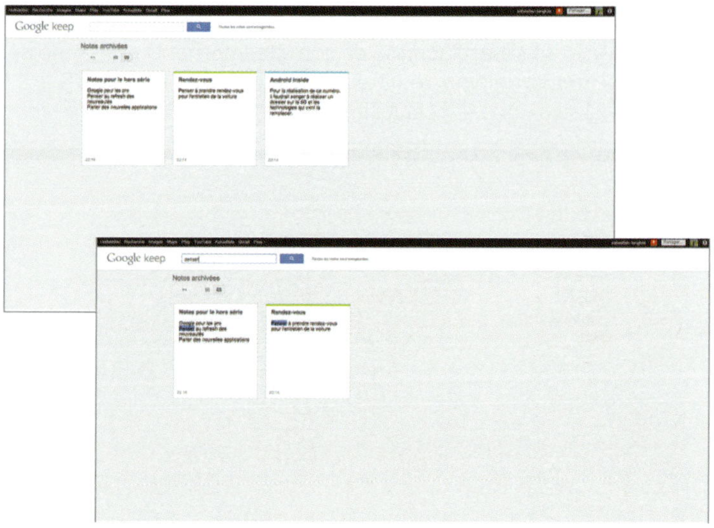

Ajouter des fonctions à Gmail

Puissant et intuitif, Gmail est un service de messagerie qui se plie à tous vos besoins. Vous pouvez encore étendre ses fonctions en pénétrant dans le laboratoire secret de Google. À travers une série d'outils cachés, vous personnaliserez son interface ou profiterez de gadgets très utiles au quotidien.

01 Parcourir le laboratoire

Ouvrez le menu de Gmail et cliquez sur Paramètres. Reportez-vous à l'onglet Labos pour découvrir toutes les fonctionnalités expérimentales développées par Google. Accès rapide à Google Agenda, bouton d'annulation d'un envoi, fenêtre de chat sur la droite ou aperçu Google Maps dans les messages : vous parcourez une liste de fonctions originales qui améliorent un aspect spécifique de Gmail.

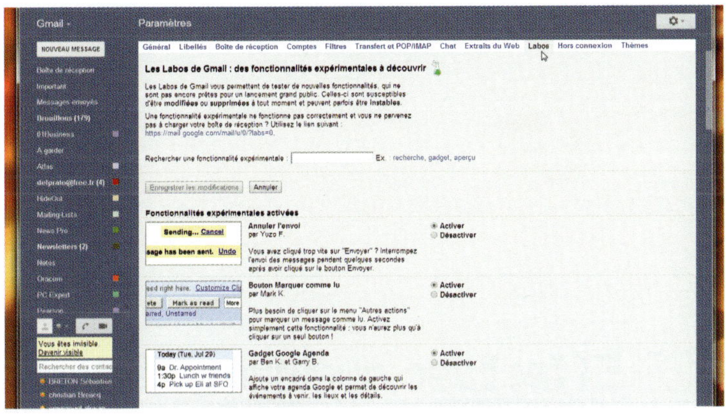

02 Activer une fonction

Parcourez les descriptions afin de découvrir une fonction qui vous intéresse. Nous vous recommandons par exemple "Annuler l'envoi", qui retarde chaque envoi de quelques secondes pendant lesquelles un bouton d'annulation apparaît à l'écran. Pratique si vous vous rendez compte que vous avez oublié une pièce jointe ! Cochez la case Activer face à cette fonction puis cliquez sur le bouton "Enregistrer les modifications".

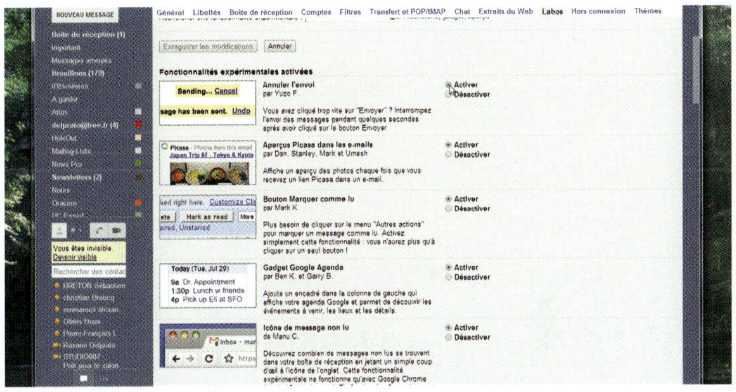

03 Personnaliser l'interface

Parmi les fonctions à activer, nous vous recommandons "Icône de message non lu" (l'icône associée à l'onglet de Gmail affichera le nombre de messages non lus, vous visualiserez au premier coup d'œil l'arrivée d'un e-mail), "Aperçus Picasa et Google Maps dans les e-mails" et "Bouton Marquer comme lu". Dans les trois cas, vous personnaliserez l'interface et vous gagnerez en efficacité face aux tâches les plus courantes.

04 Faciliter la gestion

Comme le précise Google, de nombreuses fonctions restent expérimentales : c'est notamment le cas de "Libellés automatiques", qui crée automatiquement des règles de filtrage, et de "Réponses standardisées", grâce auquel vous préparez des modèles de réponses. Nous vous recommandons en revanche "Raccourcis clavier personnalisés" et surtout "Liens rapides", qui vous permettra d'ajouter une série de liens pratiques depuis le volet de gauche.

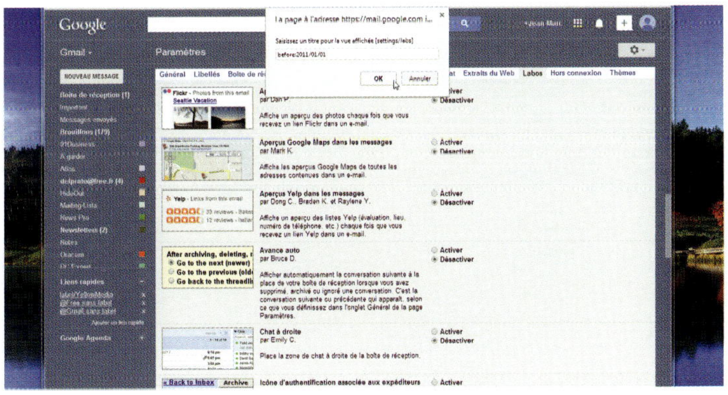

GOOGLE

Créer un site avec Google Sites

Vous voulez créer un site Internet mais les difficultés techniques vous rebutent ? Pourquoi ne pas essayer Google Sites ? Ce service de Google offre non seulement l'hébergement gratuit de votre site, mais vous propose également de le créer en quelques clics grâce à des outils ludiques et simples.

01 Vous connecter

Pour utiliser ce service, il vous faut un compte Google, ce que vous avez forcément si vous utilisez Gmail, Google Play ou encore Google Drive. Depuis votre navigateur, tapez "sites.google.com". Dans cette page, saisissez votre identifiant et votre mot de passe Google.

02 Créer un site

Lors de la première connexion, le site vous affichera l'option "Créer". Cette icône est située en haut à gauche. Si vous avez déjà créé des pages, sélectionnez celle que vous souhaitez modifier ou supprimer.

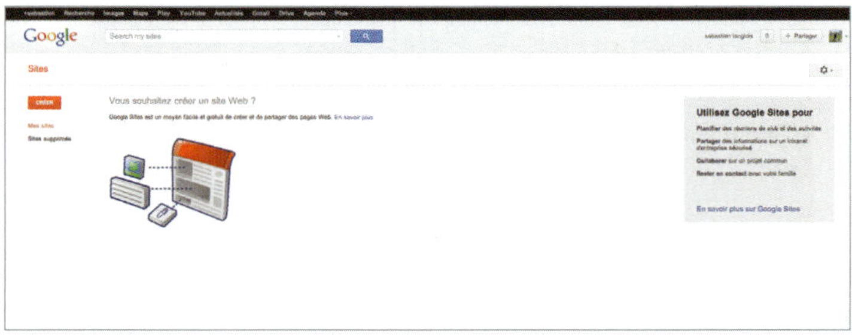

03 Définir l'esthétique du site

Directement après cette étape, vous serez invité à choisir l'esthétique de votre site. Vous pourrez partir d'un modèle vierge ou sélectionner des modèles prédéfinis. Ensuite, dans le champ "nom du site", saisissez le nom que vous souhaitez lui donner. Notez que Google génère automatiquement l'URL. Notez ensuite l'URL générée, celle à la structure suivante : http://sites.google.com/site/NomDuSite. C'est cette URL que vous devrez taper pour accéder au site. Cliquez ensuite sur "Créer un site".

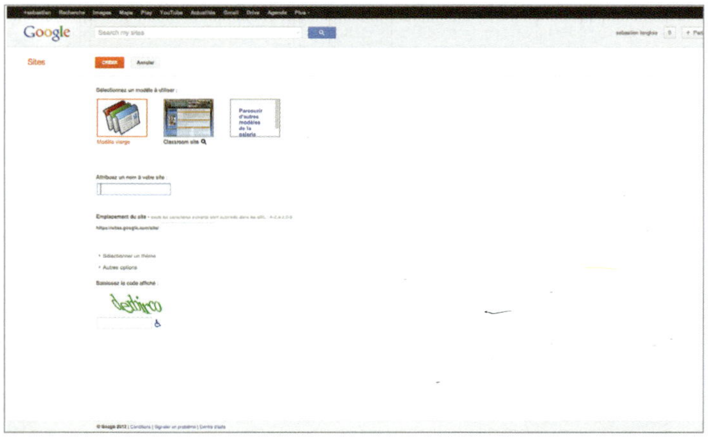

04 Effectuer quelques réglages

Votre site est désormais créé. Pour plus de souplesse dans son développement, nous vous invitons à cliquer sur "Plus". Dans le menu déroulant, sélectionnez "Paramètres de la page". Si vous souhaitez que les personnes visitant votre site déposent des commentaires, cochez la case correspondante. Même chose pour l'ajout de pièces jointes. Ajoutez également un descriptif de la page en cours (la home).

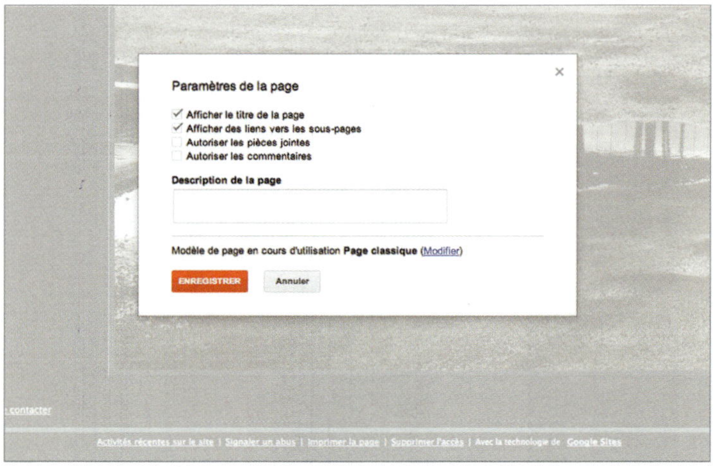

05 Éditer la page

Si vous avez choisi un modèle de site, l'interface est déjà constituée. Vous devrez toutefois changer les photos et le titre des catégories. Pour effectuer ces modifications, cliquez sur "Modifier la page". Commencez par modifier la zone principale et ajoutez du texte afin de présenter votre site et vous. Cliquez sur "Enregistrer" à chaque changement.

06 Utiliser les outils

Tout comme sur un outil professionnel ou dans un traitement de texte, toutes les fonctions de mise en page du texte sont présentes. On peut changer la police, faire varier la taille et effectuer différents alignements. À ce titre, utilisez l'outil "Mise en page" afin d'opter pour une présentation différente (une, deux, trois colonnes, etc.)

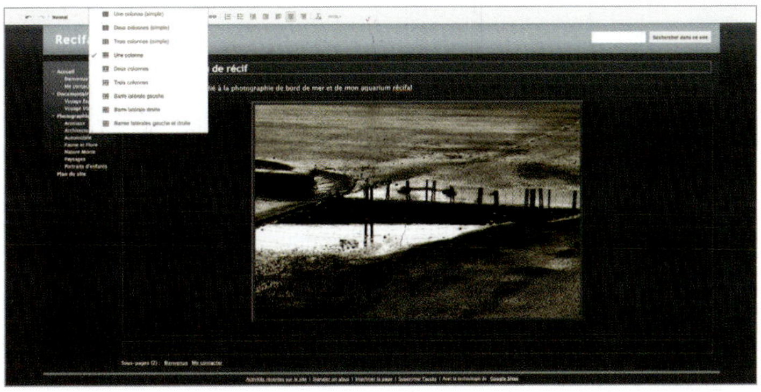

07 Insérer des images

Le changement d'image est tout aussi simple. Dans le bandeau "Outil", sélectionnez la fonction "Insérer" puis choisissez "Image". Dans la fenêtre, sélectionnez l'image à ajouter. Après validation, celle-ci se chargera sur votre page. Notez que c'est aussi via ce menu que vous pourrez ajouter tous types de contenus (liens, vidéos YouTube, etc.).

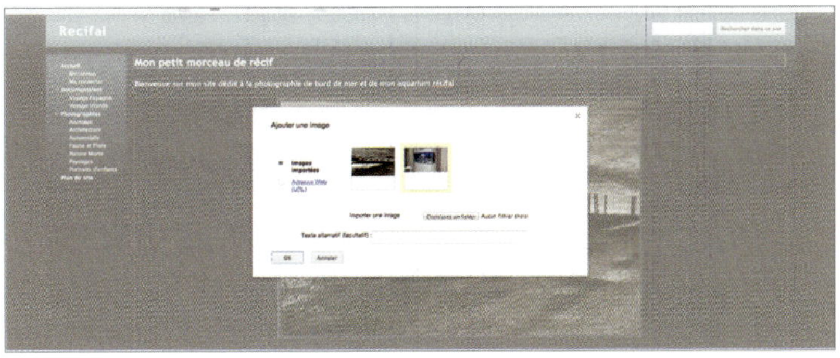

08 Modifier et ajouter une page

Pour modifier une page, c'est tout aussi simple. Cliquez sur la page à modifier puis sur "Modifier". Apportez les modifications nécessaires et enregistrez-les. Concernant l'ajout de page, il suffit de cliquer sur l'icône "Ajout de nouvelle page" située à droite de l'icône "Modifier".

09 Personnaliser la nouvelle page

En cliquant sur "Ajout de nouvelle page", un nouveau menu apparaît. Ici, vous devrez indiquer le nom de la page, sélectionner sa structure (classique, annonce, classeur, etc.) puis définir sa destination (A la racine du site, ou sous la page depuis laquelle vous avez souhaité ajouter une page).

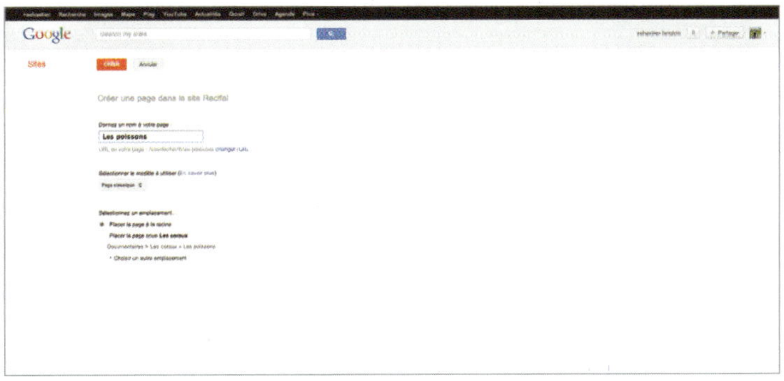

10 Ajouter des menus

Vous l'avez sans doute remarqué, à chaque fois que vous créez une page, celle-ci apparaît dans la colonne de gauche dans une rubrique. Notez que vous pourrez la déplacer dans la rubrique que vous souhaitez. Pour cela, cliquez sur "Modifier la mise en page du site" qui se situe dans "Plus". Dans "Barre latérale", effectuez l'agencement que vous souhaitez. Votre site est prêt !

Personnaliser votre Gmail

Véritable messagerie professionnelle, Gmail se plie à tous les usages et mérite largement d'être personnalisé. De la modification de son interface au choix de nombreuses options en passant par l'utilisation de fonctions avancées, adaptez-le précisément à vos besoins.

01 Modifier les couleurs

Première possibilité : changer l'habillage général de Gmail grâce à un nouveau jeu de couleurs. Pour cela, cliquez sur l'icône figurant un rouage, en haut à droite, puis choisissez Thèmes. La première section révèle une série d'habillages prêts à l'emploi, qui assurent une meilleure lisibilité de vos courriers électroniques. Cliquez sur chaque vignette pour prévisualiser le résultat.

02 Créer votre propre thème

Les thèmes par défaut ne vous suffisent pas ? Vous pouvez créer le vôtre de toutes pièces en cliquant sur l'une des deux vignettes de la section "Thèmes personnalisés". Parcourez l'immense sélection de photos en haute définition ou envoyez votre propre image en cliquant sur "Importer des photos". Laissez-vous guider par l'assistant, puis validez votre choix en cliquant sur le bouton Sélectionner.

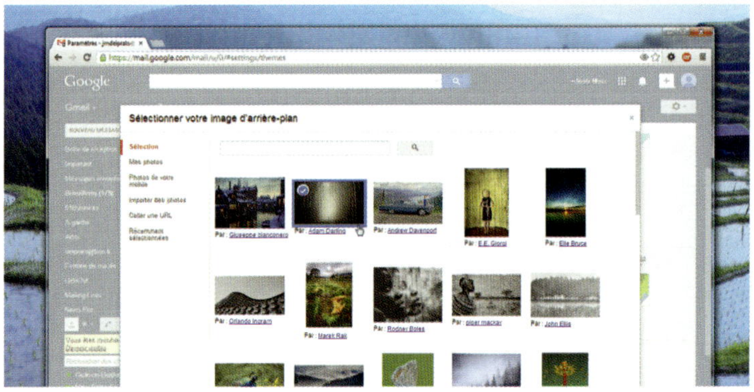

03 Personnaliser les onglets

En haut de l'interface, une série d'onglets trie automatiquement les messages. Les simples rappels de vos réseaux sociaux préférés sont ainsi présentés dans leur propre rubrique et ne viennent pas encombrer votre boîte de réception principale. Pour activer ce service, cliquez sur le bouton + à droite du dernier onglet puis cochez la case des autres rubriques que vous désirez faire apparaître sur l'interface principale.

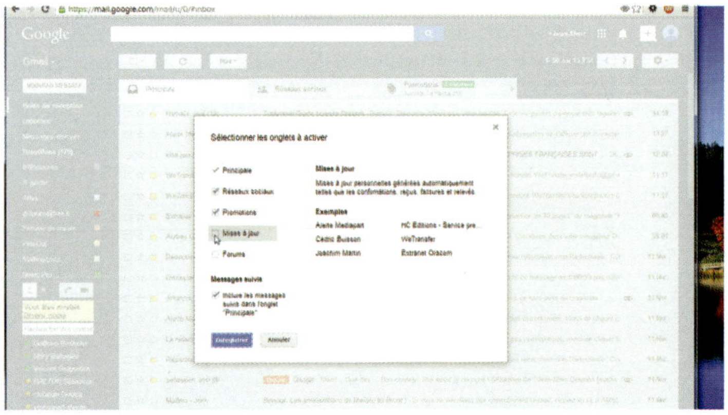

04 Modifier les libellés

Le système des libellés est très pratique pour classer automatiquement vos e-mails en fonction des règles de filtrage que vous créez. Pour renforcer la lisibilité d'un libellé, cliquez dessus sur le volet gauche de la fenêtre puis choisissez "Couleur du libellé". Sélectionnez l'une des teintes : tous les messages correspondants seront précédés de cette couleur dans votre boîte de réception. Idéal pour les visualiser au premier coup d'œil !

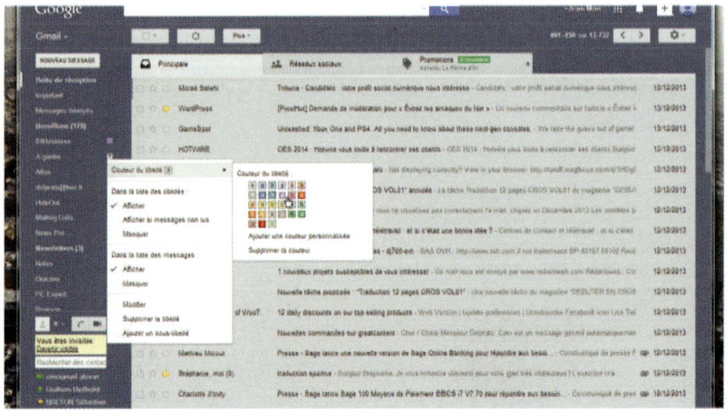

05 Supprimer les extraits du Web

Vous avez sans doute remarqué que des actualités et des liens sponsorisés défilent dans la partie supérieure de Gmail. Sachez que vous pouvez les supprimer, et ainsi accorder une place maximale à vos propres messages, en cliquant sur Paramètres puis en vous reportant à l'onglet "Extraits du Web". Décochez la case "Afficher mes extraits du Web au-dessus de la boîte de réception".

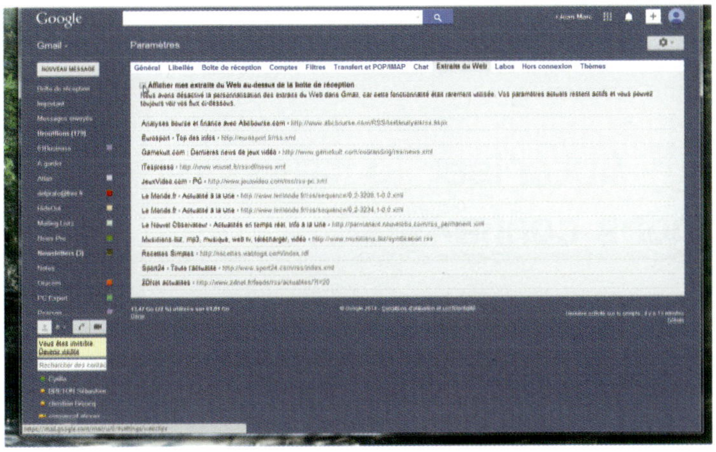

06 Privilégier les messages non lus

Par défaut, Gmail affiche tous vos courriers électroniques par ordre de réception. Si vous vous absentez durant une longue période, il est possible que certains messages non lus figurent en deuxième ou troisième page. Pour les faire toujours apparaître en tête de liste, cliquez sur Paramètres puis reportez-vous à l'onglet "Boîte de réception". Dans le premier champ, choisissez "Non lus d'abord".

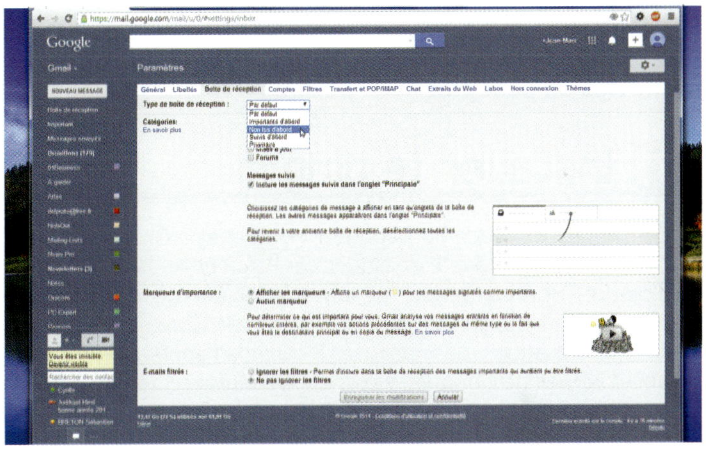

« Adaptez au mieux l'interface et les fonctions de Gmail selon vos préférences et vos besoins. »

07 Désactiver le chat

Si vous n'utilisez jamais les fonctions de dialogue en temps réel de Gmail, vous avez intérêt à les désactiver afin de libérer de l'espace dans le volet gauche de la fenêtre. Pour cela, cliquez sur Paramètres puis reportez-vous à l'onglet Chat. Cochez la case "Désactiver le chat", en haut de l'écran. À l'inverse, si cette fonction vous est utile, vous trouverez ici toutes ses options, notamment la possibilité d'améliorer l'audio.

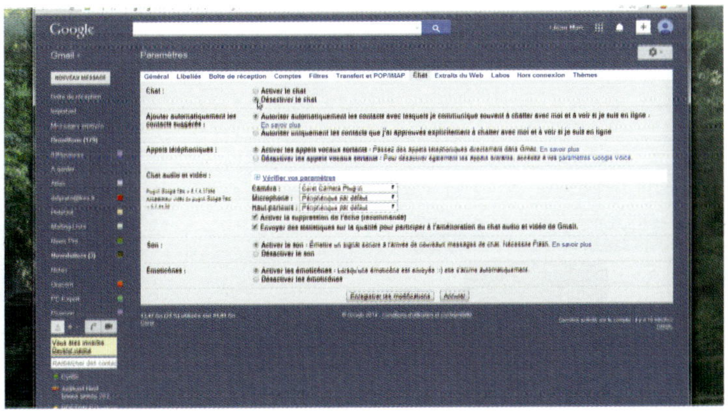

08 Changer votre identité

Par défaut, Gmail fait figurer vos nom et prénom dans le champ d'expéditeur. Si vous administrez le compte d'une association, d'une entreprise ou de toute votre famille, vous avez intérêt à le changer. Pour cela, cliquez sur Paramètres puis reportez-vous à l'onglet Comptes. Cliquez sur le lien "Modifier les informations" et saisissez le nom de votre choix dans la nouvelle fenêtre, comme "Famille Dupont" par exemple.

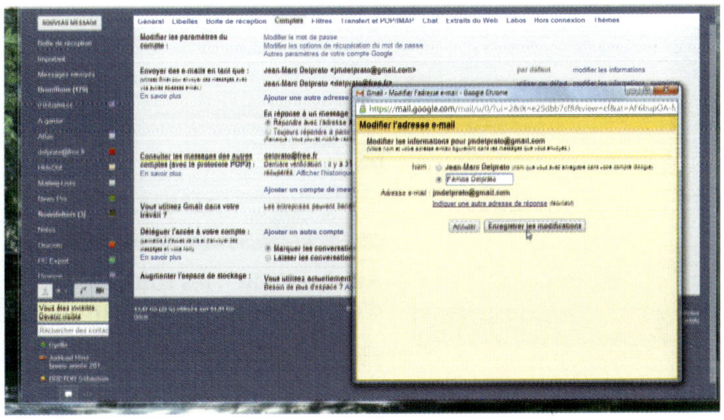

GOOGLE

Utiliser Gmail hors connexion

Par essence, Gmail est un service connecté qui vous oblige à avoir accès à Internet pour rédiger de nouveaux courriers électroniques. Heureusement, il est possible de le rapprocher du fonctionnement d'un logiciel comme Outlook ou Thunderbird à travers un petit plug-in et ainsi de l'utiliser en l'absence de toute connexion.

01 Installer le plug-in

Pour profiter du mode hors connexion, accédez à Gmail puis ouvrez le menu en haut à droite et cliquez sur Paramètres. Reportez-vous à l'onglet "Hors connexion" et suivez le lien afin de télécharger le composant nécessaire depuis le Chrome Web Store. Après avoir validé l'installation, vous retrouvez l'icône de l'application sur la page d'accueil de Chrome, accessible à l'adresse chrome://apps.

02 Autoriser la messagerie hors connexion

À la première connexion au service, Google vous demande d'autoriser la messagerie hors connexion. Une copie des e-mails récents sera ainsi enregistrée sur votre ordinateur, dans une limite tout à fait tolérable. Acceptez en cochant la case correspondante pour profiter de ce mode de navigation. Dans le cas contraire, vous ne pourrez pas consulter vos courriers électroniques hors connexion.

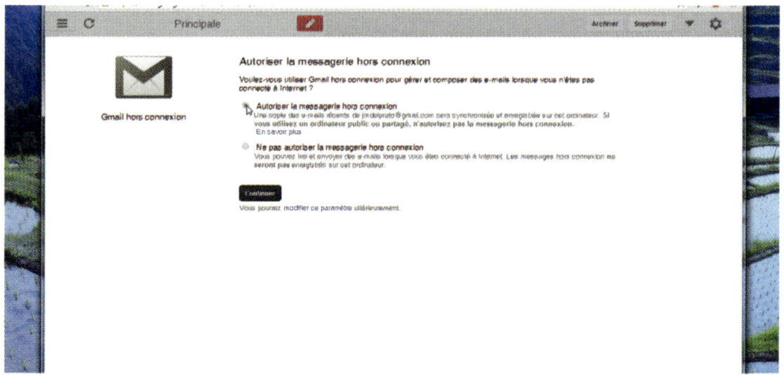

03 Consulter et rédiger des courriers

À travers cette application, vous travaillez en mode hors connexion. Vous pouvez librement consulter les derniers messages que vous avez reçus, dans le volet gauche, ou rédiger des courriers en cliquant sur le bouton en fond rouge. Ceux-ci seront envoyés dès que vous aurez retrouvé un accès Internet. Cliquez sur le bouton en haut à gauche pour consulter vos différentes boîtes et vos libellés.

04 Parcourir vos archives

L'application web prend tout son sens sur un ordinateur portable lorsque vous voyagez fréquemment : vous pouvez préparer des e-mails en toute tranquillité et vous replonger dans de colossales archives de conversations. Cliquez sur le rouage en haut à droite puis élargissez la durée de sauvegarde des messages. Vous pouvez également rédiger une réponse automatique afin de signaler une absence prolongée.

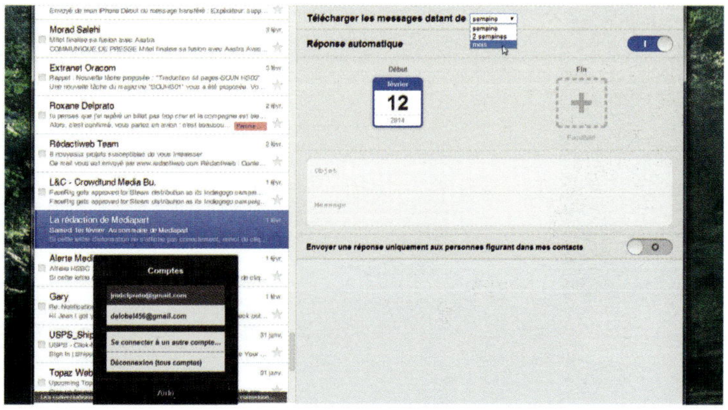

Créer une liste de diffusion avec Google Groupes

Avec Google Groupes, vous allez facilement pouvoir créer des listes de diffusion. Ce service est très pratique pour envoyer simultanément des e-mails ou des invitations à des réunions à plusieurs personnes, via l'adresse e-mail du groupe. Vous pourrez aussi l'utiliser pour partager rapidement vos sites, vidéos, agendas ou documents Google avec plusieurs collaborateurs à l'aide d'une adresse unique.

01 Démarrer le service

Pour créer un groupe, utilisez l'une des méthodes suivantes. Depuis votre navigateur, saisissez "Google Groupes". Si vous utilisez Google, ce service apparaît dans la barre d'outils en haut de l'interface. Démarrez le service, connectez-vous en indiquant votre identifiant ainsi que votre mot de passe. Vous êtes connecté au service.

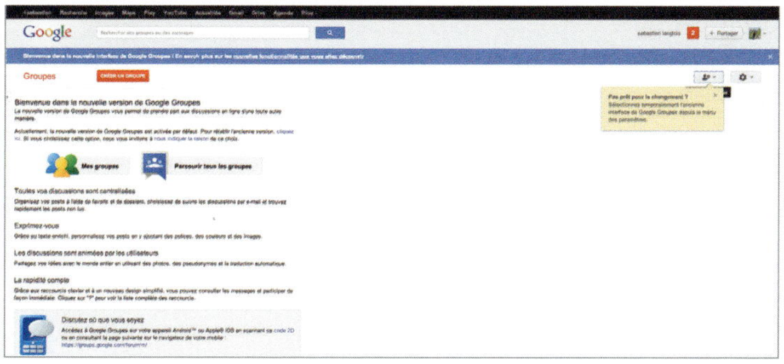

02 Créer un groupe

La création d'un groupe vous permettra, à partir d'une adresse unique, d'envoyer une information à plusieurs personnes. Dans Google Groupes, cliquez sur "Créer". Nommez le groupe. Celui-ci peut représenter une catégorie (Famille, Collègues, etc.) ou un thème (Blagues, Vidéos, Musique, etc.). L'adresse "@googlegroups.com" est alors automatiquement créée.

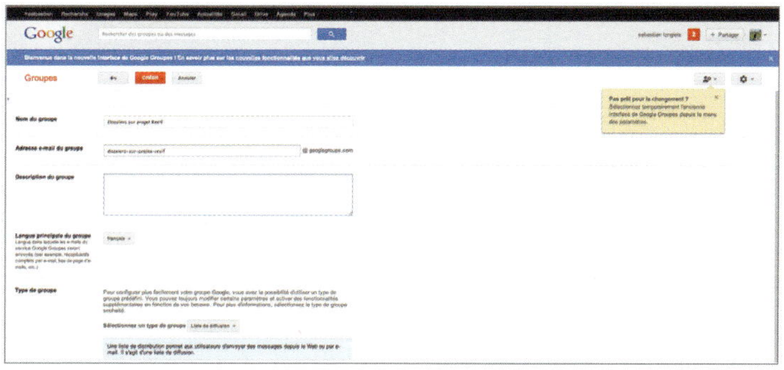

03 Personnaliser le groupe

À cette étape, vous devrez décrire ce que contient le groupe. Cette information indiquera aux personnes qui seront incluses dans le groupe ce que contient votre partage. Ensuite, à la ligne "Type de groupe" sélectionnez le type de format que vous souhaitez utiliser (Liste de diffusion, Forum web ou Questionnaire).

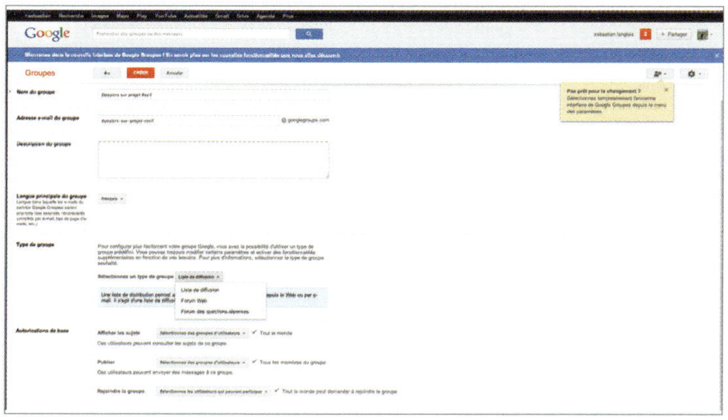

04 Sélectionner les personnes du groupe

Il faut désormais ajouter les personnes que vous souhaitez à votre liste de diffusion. Dans "Autorisations de bas", sélectionnez les catégories d'utilisateurs qui peuvent consulter le groupe (tout le monde, les membres du groupe, etc.). Cliquez ensuite sur "Créer" et saisissez le captcha. Dans la nouvelle page, il suffit d'indiquer les adresses mail des utilisateurs que vous souhaitez voir associés à ce groupe. Envoyez ensuite les invitations. Après acceptation de leur part, ils feront partie de la liste dans le groupe que vous avez créé.

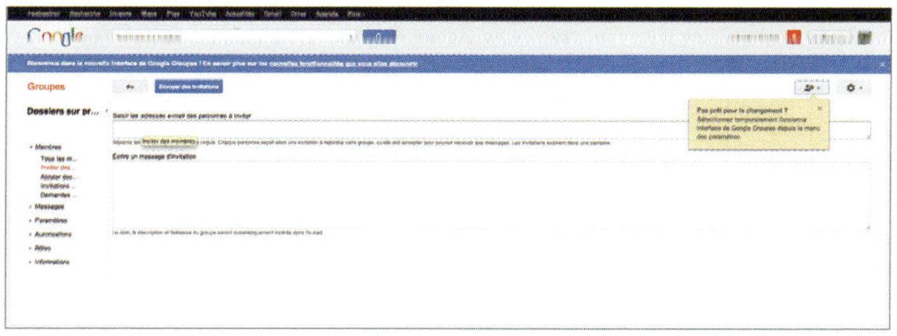

Android et les applications

Avec le Cloud, les terminaux mobiles tels que les tablettes et les smartphone prennent un tout autre sens. Car grâce à ce service en ligne, toutes vos données sont accessibles simplement, où que vous vous trouviez. Découvrez comment en tirer toute la quintessence !

Découvrez le système Android

L'histoire de Google se veut riche et passionnante. Puisque la genèse est importante et pour mieux comprendre un phénomène, nous revenons sur les origines de Google. Dans un second temps, nous vous donneront quelques clés pour exploiter Google en mobilité.

Historique

Productivité

ANDROÏD

Google : du web au mobile avec Android

Il aura fallu près de deux ans à Google pour rendre son premier système d'exploitation mobile suffisamment mature pour concurrencer les actuels géants du secteur que sont iOS (Apple), Windows Phone – ex-Windows Mobile – (Microsoft), BlackBerry OS (RIM) et Symbian (Nokia).

Google et la mobilité : tout a commencé le 5 novembre 2007

C'était il y a déjà presque six ans. Quelques mois seulement après l'annonce de l'entrée d'Apple dans le monde de la téléphonie mobile, Steve Jobs, le patron de la firme à la pomme, ayant officiellement dévoilé son iPhone en janvier 2007, c'était au tour de Google d'en faire autant. Le géant des moteurs de recherche voulait en effet diversifier ses activités. En parallèle de la vente de mots-clés et de l'indexation de pages web, Google voulait renforcer son activité mobile. Car cela faisait déjà de nombreux mois que la société développait pour le compte de tiers ses propres services mobiles pour la nouvelle génération du smartphone du marché. Le logiciel de cartographie "Google Maps" était ainsi intégré de base dans bon nombre de smartphones de différentes marques, dont ceux de Samsung et HTC. Le 5 novembre 2007, Google tenait ainsi une conférence de presse pour préciser sa nouvelle stratégie mobile. En parallèle du développement de logiciels permettant d'accéder à ses services sur tous les mobiles du marché, Google se lançait dans le développement de son propre système d'exploitation mobile : Android. D'où vient ce nom ?

Android : une start-up rachetée par Google

C'est en 2005 que Google a discrètement mis la main sur une société basée à la Silicon Valley et baptisée "Android". Son activité principale ? Le développement de logiciels et de systèmes mobiles. « Nous sommes en train d'amener l'Internet fixe dans le monde des mobiles d'une manière assez cool », précisait alors non sans entrain Andy Rubin, le cofondateur de la société Android devenu aujourd'hui directeur de la plateforme mobile de Google. Et parallèlement à l'annonce du système Android, Google créait un consortium appelé "Open Handset Alliance", avec l'objectif de promouvoir le système Android et de faciliter son intégration dans les différents terminaux pouvant l'accueillir. Car Google ne construit pas lui-même ses téléphones mobiles certifiés Android. Contrairement à Apple, le géant des moteurs de recherche a en effet choisi de s'allier à différentes marques qui ont développé leurs propres terminaux. Motorola, HTC, LG Electronics et Samsung sont les premiers constructeurs à avoir mis sur le marché des smartphones Android. Aujourd'hui, la plupart des grands constructeurs mondiaux de téléphones mobiles ont adopté ce système. Ces derniers temps, Google s'immisce davantage dans la conception des produits. Ainsi, Google a créé un cahier des charges afin de proposer des produits techniquement éprouvés et performants tout en conservant un prix plancher. La gamme Nexus en est le plus bel exemple.

Les origines du logo Android

Près d'un quart des mobinautes français disposent aujourd'hui d'un smartphone sous Android. Mais ils sont sans doute moins nombreux à connaître l'origine du logo du système mobile de Google.

Les origines de Bugdroid

Si la comparaison avec les androïdes, ces robots qui ressemblent à des hommes, est évidente, le logo à proprement parler du système mobile de Google fait néanmoins débat. Selon Google, il s'agit d'un logo conçu en interne qui a toujours été associé à Android. D'Android 1.0 à la dernière version en date du système, ce logo a en effet toujours été mis en avant par Google. Mais selon le blog américain Engadget, ce logo existerait depuis déjà une vingtaine d'années. Il serait même directement inspiré d'un jeu vidéo.

Atari/Google : même combat ?

Les graphistes chez Google ne seraient donc pas allés chercher bien loin pour inventer leur logo Android, celui-ci apparaissant dans une version étrangement similaire dans le jeu Gauntlet : The Third Encounter édité par Atari. Ce jeu n'est en outre pas des plus récents, il est sorti en 1990 sur la console portable Lynx d'Atari. Et la ressemblance entre les deux logos est frappante. On retrouve les mêmes formes, les mêmes dimensions, les contours arrondis de Bugdroid – le nom de la mascotte Android –, les deux yeux tout ronds, les bras le long du corps et la séparation marquée entre la tête et le reste du corps. Dernier détail, et non des moindres, ce robot dans le jeu d'Atari s'appelle... Android.

Des mobiles aux figurines Android

Officiellement donc, il ne s'agit que d'une pure coïncidence. Mais, loin de ce débat, Google profite du succès d'Android pour rendre encore plus populaire sa mascotte. Depuis quelque temps, le géant de la recherche sur Internet a en effet officiellement autorisé certaines sociétés à l'exploiter commercialement. Le designer américain Andrew Bell a été l'un des premiers à en profiter en concevant des figurines Bugdroid toutes aussi populaires les unes que les autres. On y retrouve des figurines vertes "officielles" mais aussi des figurines décalées avec un Bugdroid habillé en costume, transparent, tout noir... Au total, plus d'une vingtaine de ces figurines sont disponibles et sont pour la plupart déjà en rupture de stock. Et ce designer californien ne compte pas s'arrêter en si bon chemin, de nouvelles figurines devant voir le jour à la rentrée, en plus de stickers facturés 464 euros les dix ou des tapis de souris à 100 euros l'unité au moins et représentant également le déjà célèbre Bugdroid.

Android 4.4 KitKat : le plein de nouveautés

Avec la régularité d'une horloge, Google met à jour son écosystème mobile : la dernière version accroît les performances, même sur les appareils d'entrée de gamme, tout en privilégiant la transparence et le confort d'utilisation. Les fonctions vocales et la synchronisation dans le cloud sont également choyées. Revue de détail.

Affichant de francs progrès tout en consolidant sa structure atypique et sa philosophie particulière, Android paraît au sommet de sa forme avec cette version 4.4. Contrairement à ses concurrents immédiats, Android se déploie par essence sur une immense variété de plateformes et d'appareils : Google doit donc mettre l'accent sur la polyvalence et la souplesse de son système mobile afin de l'adapter au mieux aux smartphones et tablettes des constructeurs. En premier lieu, cette version KitKat cherche à réduire l'occupation mémoire et les ressources nécessaires à l'ensemble des applications natives de Google. Android 4.4 est ainsi capable de s'exécuter sur les appareils ne disposant que de 512 Mo de RAM.

Un design qui mise sur la transparence

Cette version KitKat fait toutefois le grand écart entre ces modèles d'entrée de gamme et les fleurons des smartphones, avec des dalles de très haute résolution sur des écrans de 4,7 à 5,5 pouces. Particulièrement adapté aux écrans présentant une définition supérieure à 450 dpi, Android affiche des icônes plus fines et plus nettes que jamais. Les éléments d'interface abandonnent progressivement le bleu de Jelly Bean pour des teintes plus neutres, avec des barres de statut ou de menus transparentes. Un nouveau mode "plein écran" se généralise à la plupart des applications, en particulier les lecteurs de livres électroniques ou de séquences vidéo, avec un affichage des barres d'outils d'un simple geste du doigt.

Des contrôles plus intuitifs

Google met également en avant les fonctions de reconnaissance vocale. Il vous suffit désormais de prononcer *« OK, Google »* face à votre smartphone pour activer la recherche vocale de Google Now. Les conversations instantanées, qu'elles transitent par SMS, MMS ou Google Hangouts, figurent désormais dans un espace unique. On apprécie par ailleurs les informations associées à un appel entrant ; si vous recevez un coup de fil de la part d'un interlocuteur qui ne figure pas dans votre carnet d'adresses, Android recherche sur Google+ et Google Maps les détails correspondants. Enfin, KitKat assure un meilleur support des imprimantes et des scanners à travers son service Google Print. De nouvelles icônes associées aux fonctions de partage dans le cloud font également leur apparition. De nombreuses applications liées à la productivité, comme la suite QuickOffice, en font un usage immédiat et favorisent l'ouverture et l'enregistrement de documents Google Drive. Pratique !

« En premier lieu, cette version KitKat cherche à réduire l'occupation mémoire et les ressources nécessaires à l'ensemble des applications natives de Google. »

Le bureau d'Android

Écran d'accueil

Transparent et aéré, l'écran d'accueil brille par sa clarté et sa large marge de personnalisation. Vous y affichez notamment les cartes Google Now de votre choix, avec des informations adaptées à vos besoins.

Notifications

Déroulez le coin supérieur gauche pour découvrir vos dernières notifications. Vous y trouverez notamment vos rappels ainsi que toutes les interactions dont vous avez fait l'objet sur Google+.

Applications

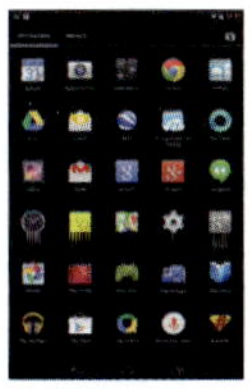

Pressez le bouton central pour accéder à la liste de vos applications et widgets. Le Google Play Store fourmille d'outils originaux, qui doperont votre productivité ou vous permettront de vous adonner à tous types de divertissements.

Paramètres

Android vous offre un contrôle intuitif de votre appareil : il vous suffit de dérouler le coin supérieur droit pour modifier la luminosité, vous connecter à un autre point d'accès Wi-Fi ou modifier tous les paramètres.

Hangouts

Au cœur du service de communication d'Android, les Hangouts introduits avec Google+ partagent le même écran que les SMS/MMS. Vous centralisez ainsi l'ensemble de vos échanges avec vos amis et vos proches.

Photo Sphere

Le mode Sphere, déjà introduit dans la version précédente, est plus efficace que jamais : en quelques prises de vue simples, guidées par des indices visuels à l'écran, vous composez de magnifiques panoramas à 360°.

Synchroniser et gérer vos contacts

Composez facilement votre carnet d'adresses personnel en ajoutant des contacts depuis différentes sources. Apprenez ensuite à synchroniser le répertoire classique de la carte SIM avec votre compte Google et à trier au mieux vos contacts afin d'y accéder à tout moment et depuis n'importe quel appareil.

01 Importer et exporter

Par défaut, en configurant votre compte Google habituel sur votre smartphone ou votre tablette Android, vous retrouvez immédiatement l'ensemble des contacts que vous lui avez associés à travers Gmail. Dans la liste de vos applications, choisissez Contacts pour les parcourir. Déroulez le menu en haut à droite et tapez sur "Importer/Exporter" pour rapatrier les contacts de votre carte SIM ou au contraire les enregistrer sur votre carte mémoire.

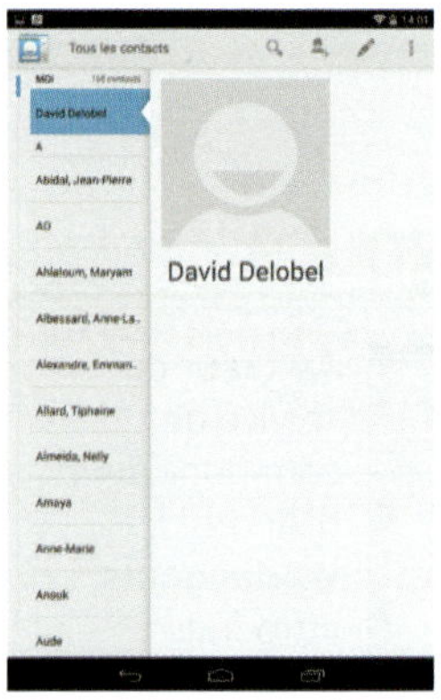

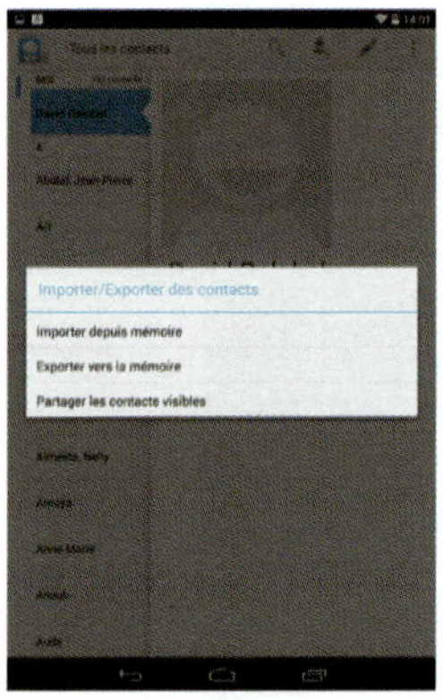

02 Créer un nouveau contact

Pour ajouter un nouveau contact, la première solution consiste à saisir manuellement sa fiche à travers cette application. Pressez le bouton d'ajout de contact, en haut de l'écran, puis remplissez la fiche descriptive. Dans la barre supérieure, vous retrouvez le libellé de votre compte Google : le contact que vous vous apprêtez à saisir sera immédiatement disponible sur Gmail, comme le confirme le message de synchronisation à l'issue du processus.

03 Procéder à la synchronisation

Déroulez de nouveau le menu supérieur, en cliquant sur le pictogramme en haut à droite, puis choisissez Paramètres. Comme vous l'indique le premier écran, la synchronisation s'effectue par défaut de manière automatique. Pressez toutefois le nom de votre compte afin de choisir les autres paramètres à synchroniser régulièrement : dans la liste, vous découvrez notamment qu'Android distingue les "contacts" des "détails des contacts".

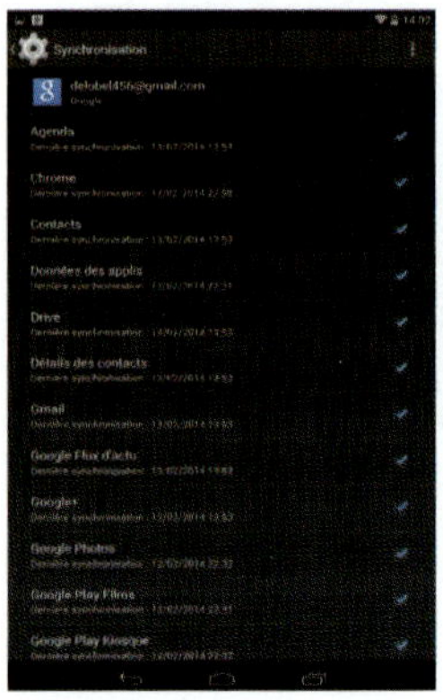

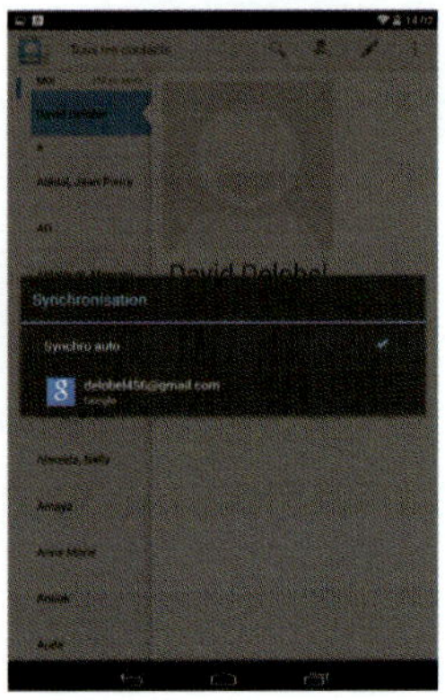

04 Ajouter un contact

Seconde possibilité pour ajouter un contact : passer par une saisie manuelle à travers l'application Téléphone. Composez un numéro sur le clavier virtuel puis pressez le bouton en bas à droite afin de dérouler le menu. Choisissez "Ajouter aux contacts" puis pressez le bouton "Créer un nouveau contact". Vous avez la possibilité de compléter les champs, en associant une adresse e-mail et une adresse postale, par exemple. Tapez sur OK.

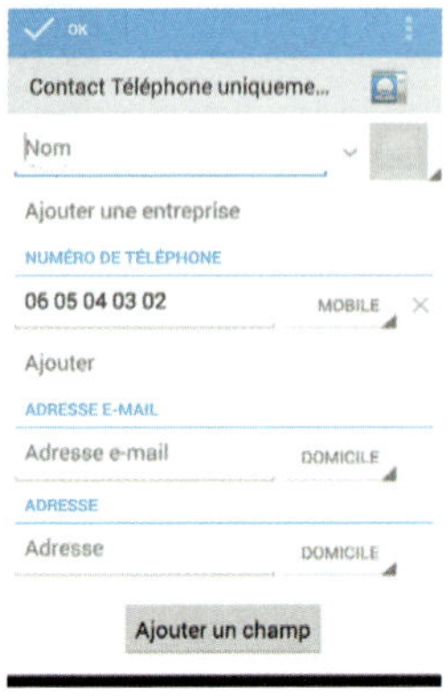

05 Créer des groupes

Votre carnet d'adresses commence à prendre de l'ampleur : pour gagner en efficacité, vous avez intérêt à créer des groupes. Pour cela, pressez la mention "Tous les contacts", en haut à gauche, puis l'icône des groupes. Là encore, vous retrouvez votre compte Google : saisissez le nom de votre nouveau groupe et validez. Il vous suffit ensuite de sélectionner la fiche d'un contact puis de cocher la case d'un ou plusieurs groupes pour qu'il y figure.

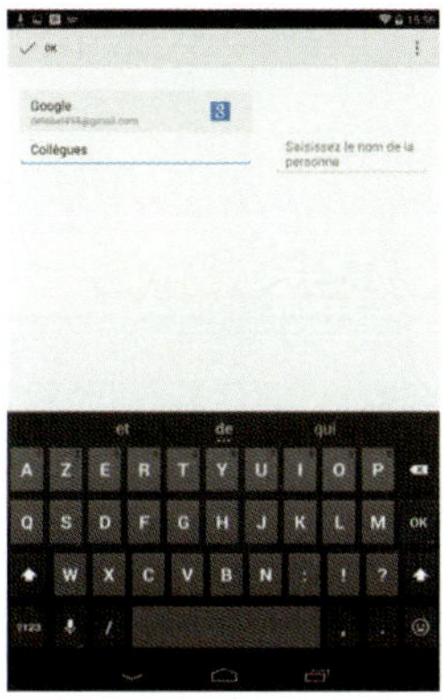

06 Ajouter un contact aux favoris

Vous avez l'habitude de vous entretenir régulièrement avec une série de correspondants ? La solution la plus simple consiste à les épingler parmi vos contacts favoris. Pour cela rien de plus simple : parcourez votre carnet d'adresses, sélectionnez une première fiche puis tapez sur l'icône présentant une étoile. Votre liste de favoris apparaît en haut à gauche, en tapant sur la mention "Tous les contacts". Pratique !

« Votre mobile ou tablette Android et votre compte Google se synchronisent : unifiez votre carnet d'adresses et triez-le au mieux. »

07 Personnaliser un contact

Sur un ordinateur, connectez-vous à votre compte Google puis rendez-vous dans votre carnet d'adresses associé à Gmail : vous retrouvez aussitôt l'ensemble des contacts que vous avez importés ou ajoutés, ainsi que les groupes que vous avez créés. À l'inverse, vous pouvez donc traiter votre carnet d'adresses dans cette interface – elle se répliquera sur votre mobile. Prenez garde aux suppressions de contacts, elles se répercutent en conséquence.

08 Épingler sur l'écran d'accueil

Mieux encore : après avoir sélectionné un contact sur votre smartphone ou votre tablette, ouvrez le menu en haut à droite puis choisissez l'option "Placer sur l'écran d'accueil". Le Bureau Android présente alors une icône à l'effigie de votre correspondant. Tapez dessus afin d'ouvrir la fiche descriptive – en une pression du doigt, vous serez en mesure de lui adresser un courrier ou de l'appeler.

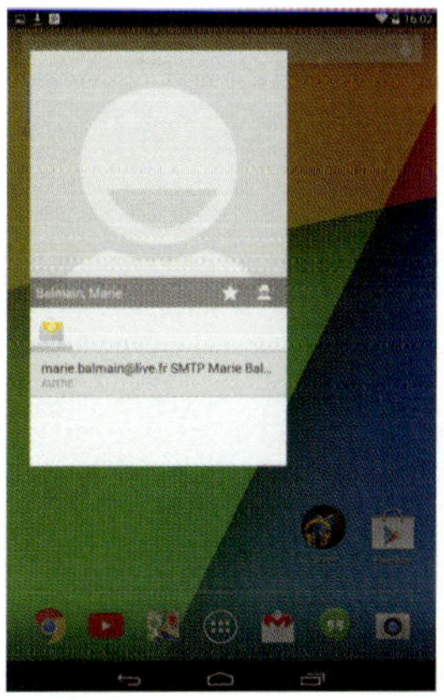

Les fonctions du navigateur

Pièce maîtresse de votre smartphone ou tablette sur Android, Google Chrome est l'un des navigateurs les plus modernes et les plus puissants de sa génération. Retrouvez tous vos réflexes en un instant et apprenez à en débrider tout le potentiel.

01 Maîtriser les gestes tactiles

À première vue, la version mobile de Chrome (ici illustrée sur la tablette Nexus 7 de Google) ressemble à s'y méprendre à la version bureautique. L'interface présente la même sobriété, avec une barre d'adresse unique qui vous sert également à saisir des requêtes de recherche. Vous profitez toutefois de gestes tactiles : écartez ou rapprochez deux doigts pour zoomer sur la page ; balayez le haut de l'écran pour basculer vers un autre onglet.

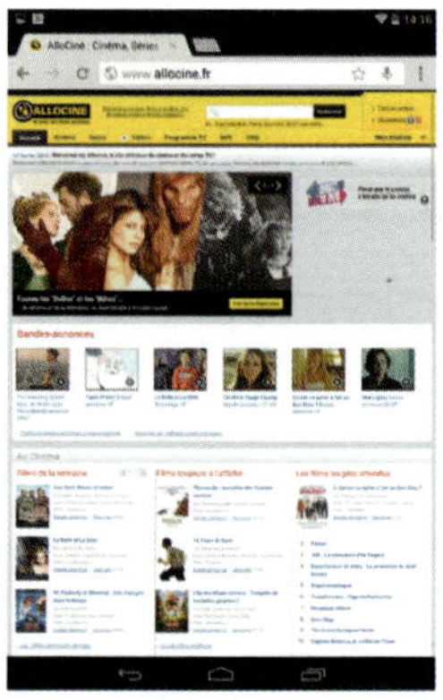

02 Effectuer des recherches

Comme sur la version bureautique de Chrome, la barre d'adresse permet ainsi d'effectuer des recherches. Vous profitez notamment d'une frappe prédictive : au fur et à mesure de votre saisie, Google complète l'adresse en fonction d'une série de suggestions. Pratique sur ce type d'appareil mobile ! Par ailleurs, de nombreux sites web s'affichent dans une édition spécifique, à la dimension taillée pour ce type d'écrans.

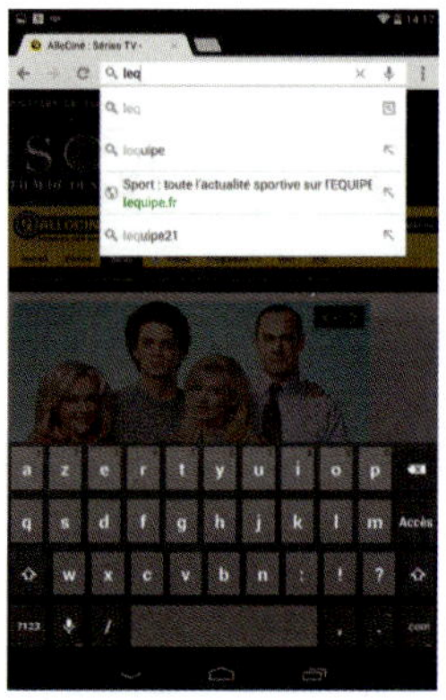

03 Gérer les onglets

Avec l'immense diversité des sites web actuels, vous devez maîtriser l'ouverture et le basculement entre les onglets de Chrome pour accroître votre confort de navigation. C'est simple : pressez l'icône en haut à droite du dernier onglet ouvert pour en créer un nouveau. Par défaut, il s'ouvre sur une recherche Google pleine page. En bas de l'écran, vous découvrez les sites les plus fréquemment visités et vous pouvez rouvrir des onglets récents.

04 Ajouter des favoris

La navigation sur mobile est par essence dynamique et instantanée : vous souhaitez accéder rapidement au site web de votre choix, entre deux stations de métro. Pour cela, consignez vos adresses préférées dans les favoris : pressez directement l'icône figurant une étoile, à droite de la barre d'adresse. Modifiez éventuellement le nom et le dossier d'enregistrement, puis validez. Vous accédez aux favoris en déroulant le menu en haut à droite.

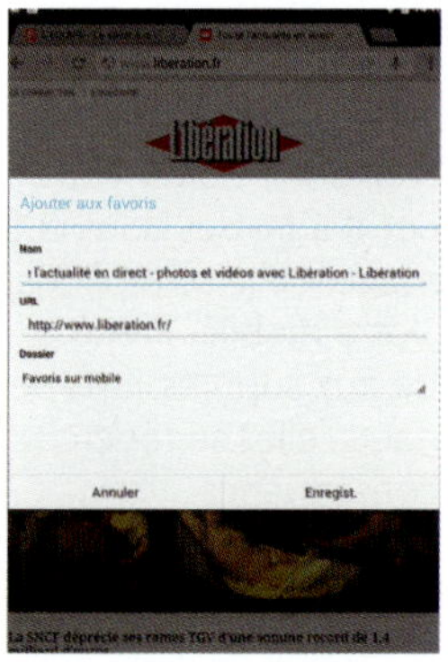

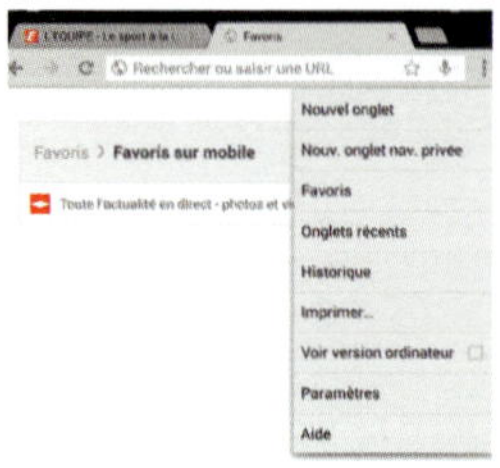

05 Partager des éléments

Vous avez repéré une page que vous souhaitez partager avec vos proches ? Déroulez le menu en haut à droite puis tapez sur Partager. De nombreuses options sont à votre disposition : publication sur Google+ ou Drive, envoi par e-mail, transfert par Bluetooth, copie dans un Google Hangout… Faites votre choix ! Un e-mail est automatiquement préparé, avec le lien adéquat.

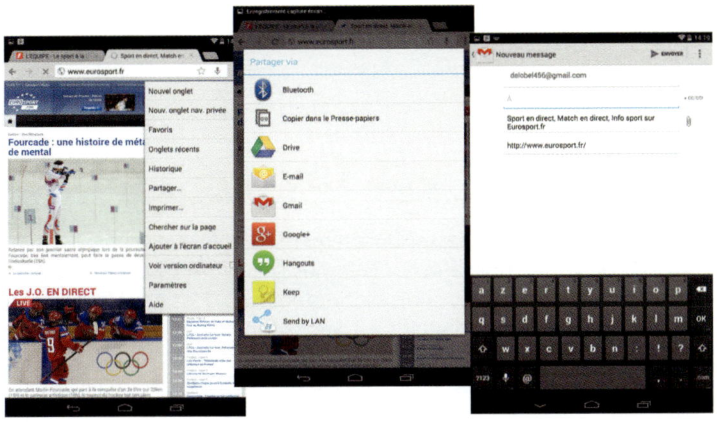

06 Enregistrer des éléments

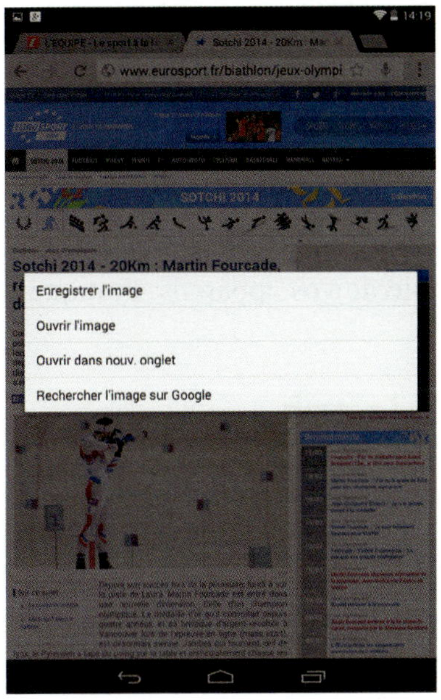

Outre la possibilité de partager une adresse avec vos proches, vous pouvez enregistrer individuellement une image dans la mémoire de votre smartphone ou de votre tablette. Pour cela, maintenez le doigt enfoncé sur l'élément concerné puis choisissez "Enregistrer l'image" dans le menu qui apparaît. Vous pourrez ensuite l'intégrer à un échange ou la récupérer à travers un transfert USB.

« Moderne, rapide et fiable, Chrome pour Android profite des avancées technologiques de son aîné pour ordinateurs de bureau. »

07 Rechercher sur la page

Le menu principal de Google Chrome vous offre de nombreuses possibilités, comme l'ajout d'un lien à l'écran d'accueil. Sur une page web, choisissez l'option "Chercher sur la page". Un nouveau champ apparaît en haut de l'écran : saisissez un mot-clé puis utilisez les flèches pointant vers le haut ou le bas pour passer entre les occurrences. Sur la droite, des lignes jaunes vous indiquent les portions correspondantes sur la page.

08 Maîtriser le copier-coller

Vous avez la possibilité de copier-coller n'importe quelle portion de texte figurant sur une page web. Pour cela, maintenez le doigt enfoncé sur un premier passage puis saisissez les poignées qui encadrent le texte et déplacez-les jusqu'à sélectionner la portion désirée. En haut de l'écran se trouvent des options permettant de copier le texte ou de le partager. Vous pouvez ensuite le coller dans une autre application, en maintenant le doigt sur l'écran.

Synchroniser vos signets avec Chrome

Autour de votre compte Google, vous pouvez synchroniser facilement les signets que vous consignez avec Chrome sur votre ordinateur avec la version mobile du navigateur sur votre smartphone ou tablette Android. À tout instant, vous disposerez de liens à jour sur l'ensemble de vos appareils. Pratique !

01 Ajouter un signet

Avant de procéder à la synchronisation de vos signets, vous devrez vous en constituer une base. Pour enregistrer un site parmi vos favoris, rien de plus facile : il vous suffit de cliquer sur l'icône figurant une étoile, sur la droite de la barre d'adresse. Dans la boîte de dialogue qui apparaît, modifiez éventuellement le nom du favori et choisissez son dossier d'enregistrement.

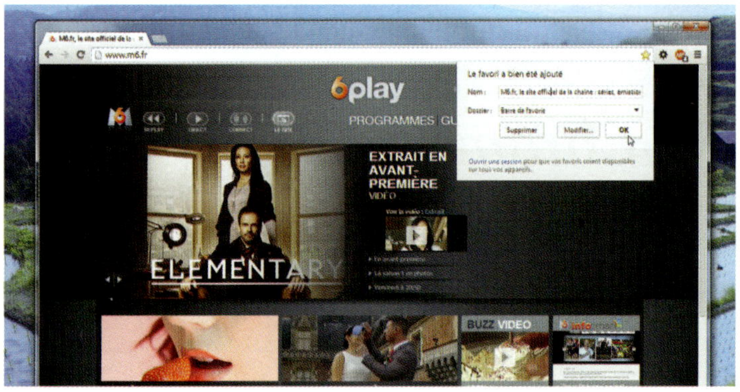

02 Classer vos favoris

Prenez l'habitude de classer directement le nouveau favori dans le dossier de votre choix afin d'y voir plus clair. Pour cela, cliquez sur le bouton Modifier puis choisissez l'un de vos dossiers. Vous en créez un nouveau en cliquant sur le bouton "Nouveau dossier". Vous avez notamment la possibilité d'imbriquer des répertoires pour améliorer votre système de classement.

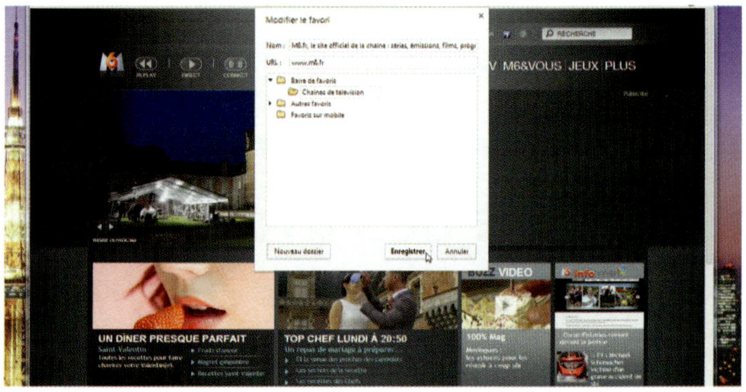

03 Synchroniser vos signets

Pour que tous vos appareils disposent des mêmes signets, vous devez configurer la synchronisation. Cliquez sur l'icône du menu, en haut à droite, puis sur Paramètres. Commencez par cliquer sur le bouton "Connexion à Chrome" puis renseignez votre compte Google. Par la suite, vous accélérerez l'opération en déroulant de nouveau le menu général de Chrome puis en cliquant sur "Se connecter à Chrome".

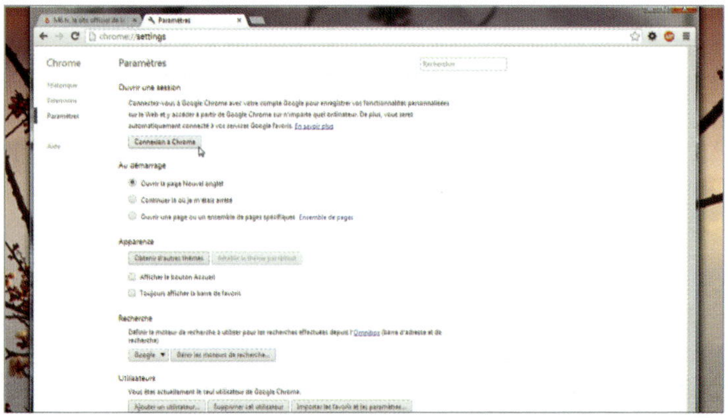

04 Régler la synchronisation

Par défaut, la synchronisation partage toutes vos données. Libre à vous de restreindre cette sélection et de supprimer la synchronisation de l'histoire ou de vos thèmes. Cochez les éléments de votre choix à la section "Choisir les éléments à synchroniser". Vous remarquez au passage qu'il est possible de retrouver immédiatement les mêmes onglets ouverts sur l'ensemble de vos appareils.

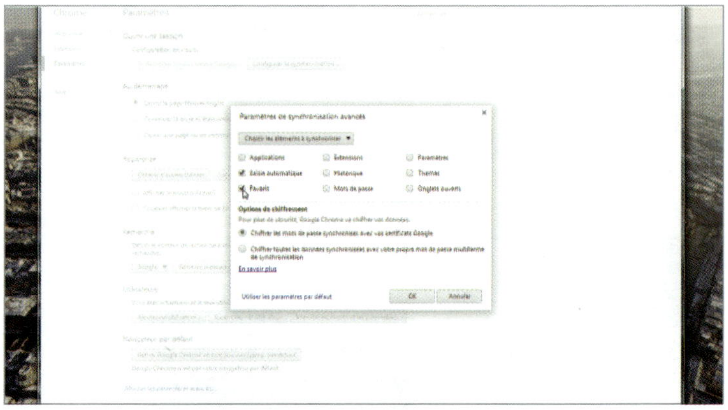

05 Chiffrer les données

Pour plus de sécurité, les mots de passe synchronisés sont automatiquement chiffrés. Si vous souhaitez renforcer la sécurité de vos données, vous pouvez décider de chiffrer l'ensemble des données synchronisées. Dans le module de gestion des paramètres de synchronisation avancés, cliquez sur "Chiffrer toutes les données synchronisées avec votre propre mot de passe multiterme de synchronisation" puis remplissez les champs suivants.

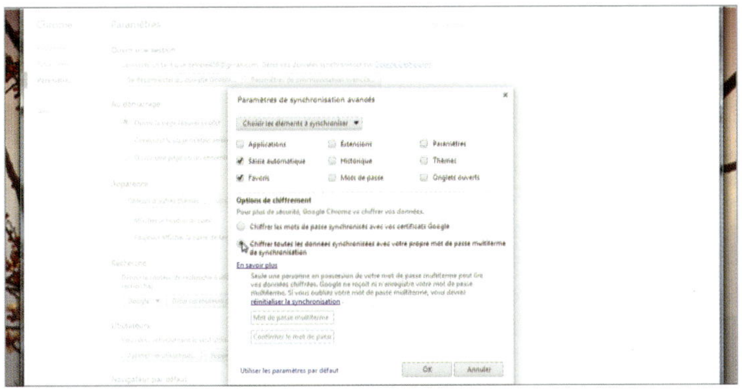

06 Visualiser les données synchronisées

À tout moment, vous pourrez connaître la quantité et le type de données synchronisées. Dans le menu Paramètres de Chrome, clique sur le lien "Google Dashboard". Vous découvrez en particulier le nombre de favoris disponibles sur l'ensemble de vos appareils, ainsi que la date et l'heure de la dernière synchronisation effectuée.

« En synchronisant vos favoris entre la version bureautique et mobile de Google Chrome, vous les retrouvez sur chacun de vos appareils. »

07 Effacer les données synchronisées

Vous souhaitez réinitialiser la synchronisation des signets ? C'est simple : dans le Google Dashboard que vous venez de parcourir, pressez le bouton "Arrêter et effacer" en bas à gauche. Sachez toutefois qu'en réactivant la synchronisation, vous retrouverez les mêmes éléments : prenez donc le temps de nettoyer votre liste de favoris, pour repartir d'un bon pied !

08 Gérer tous vos favoris

À ce titre, découvrez le Gestionnaire de favoris pour gagner en efficacité et trier au mieux vos signets. Pour cela, déroulez le menu en haut à droite puis cliquez sur Favoris> Gestionnaire de favoris. Vous pouvez ici déplacer les favoris vers le dossier de votre choix, sur le volet gauche de la fenêtre, effectuer des recherches ou créer de nouveaux dossiers. Pour cette dernière opération, cliquez sur Organiser> Ajouter un dossier.

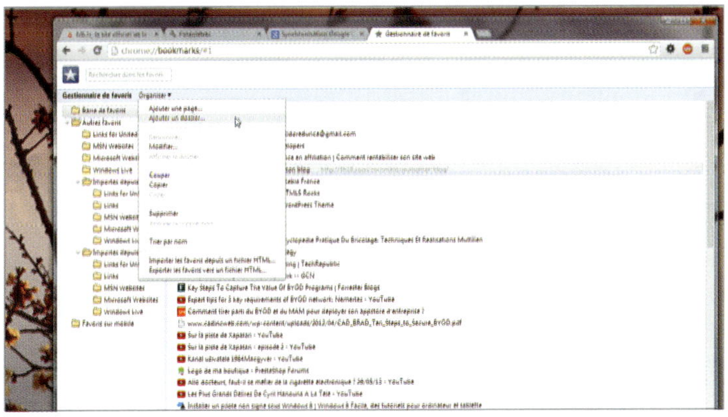

Utiliser Google Now

Très moderne, le service Google Now s'inscrit pleinement dans vos habitudes : il anticipe vos besoins après les avoir scrutés en toute discrétion et vous indique la circulation qui vous attend en rentrant du bureau, les résultats de vos équipes préférées ou les meilleurs restaurants du quartier. Apprenez à l'adapter à vos souhaits !

01 Activer Google Now

Le service Google Now trône sur l'écran d'accueil de votre smartphone ou tablette Android, à travers la barre de recherche Google en haut de l'écran. Si vous n'avez encore jamais utilisé le service, pressez une première fois cette zone puis le bouton Suivant. Comme l'indique l'assistant de configuration, Google Now vous propose une série de "cartes" en fonction de votre propre usage. Vous devez donc autoriser le relevé de telles informations.

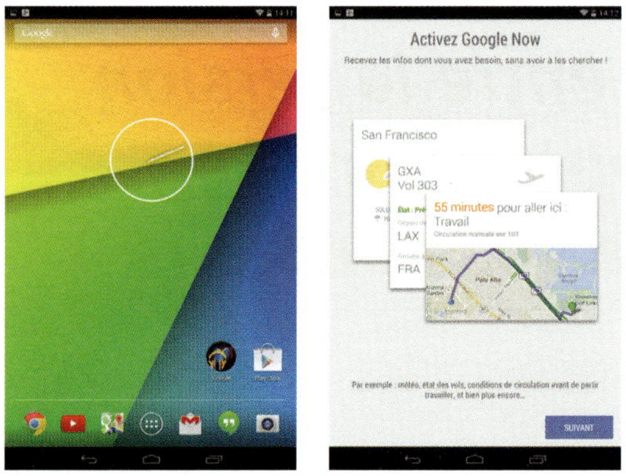

02 Découvrir vos cartes

Après avoir initialisé le service, Google Now apparaît à l'écran. Il se parcourt de haut en bas, sous forme de cartes dédiées à la météo, aux adresses intéressantes à proximité de votre position ou aux résultats de vos équipes sportives préférées. Pressez le bouton Personnaliser puis indiquez ces premiers éléments. En particulier, vous avez intérêt à définir l'adresse de votre domicile et celle de votre lieu de travail.

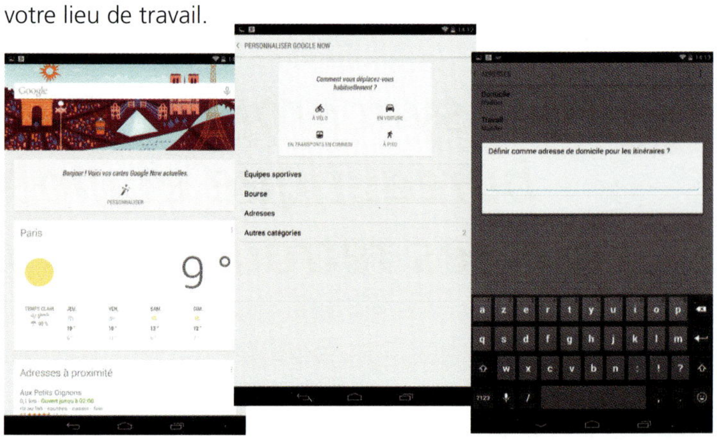

03 Modifier vos cartes

Les cartes proposées par défaut ne correspondent peut-être pas à vos besoins. Pour en éliminer certaines, déplacez-les vers la droite de l'écran du bout des doigts. Par ailleurs, pressez le pictogramme présentant des points dans le coin supérieur droit de chacune d'entre elles pour modifier leurs paramètres. Pour préserver le suspense, par exemple, vous pouvez masquer les scores de vos équipes de football préférées.

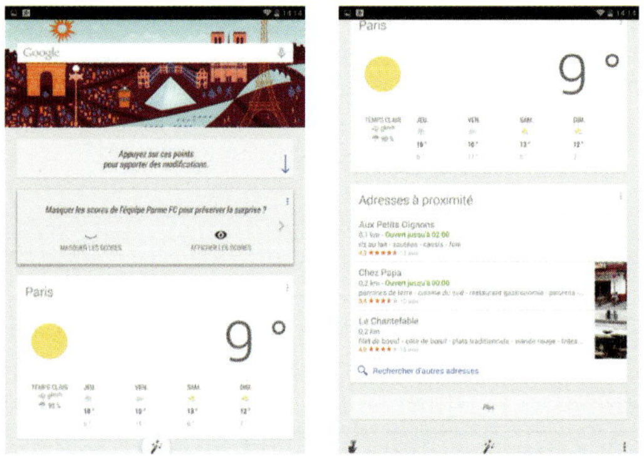

04 Des recherches de proximité

Comme le suggère le mode d'accès à Google Now, le service favorise avant tout les recherches : dans la sélection des adresses à proximité, pressez le lien "Rechercher d'autres adresses" pour ouvrir automatiquement votre navigateur web et profiter d'une plus large sélection de résultats locaux. Google Now sert également à vous avertir de tout changement important : vous définissez par exemple des rappels en pressant le bouton en bas à gauche.

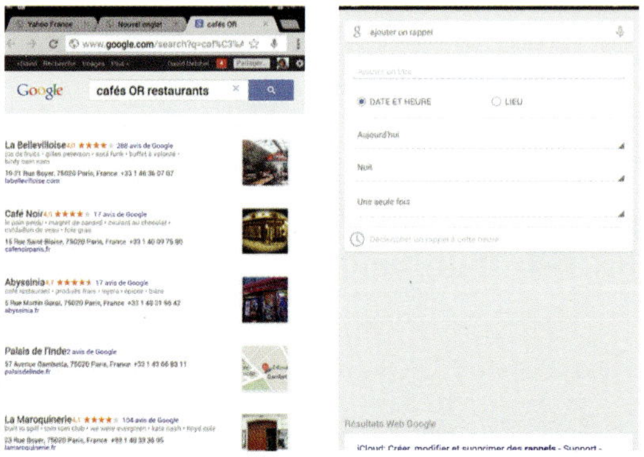

05 Modifier les paramètres

Lorsque vous effectuez une recherche sur Google Now, vous pouvez préciser le type de contenu à parcourir. Pour cela, pressez l'icône en bas à droite de l'interface puis choisissez Paramètres. Dans l'écran qui apparaît, sélectionnez "Recherche sur la tablette" puis indiquez les contenus à prendre en compte. Il est notamment possible d'interroger votre historique web ou de retrouver rapidement le contact de votre choix.

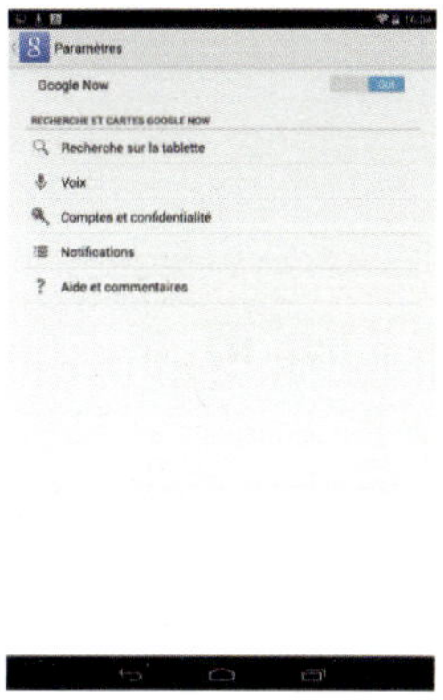

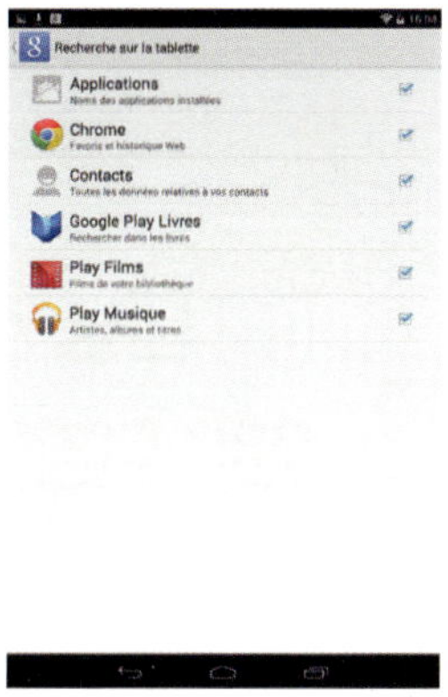

06 Personnaliser les mises à jour

Vous remarquez au passage que Google Now se connecte à un compte Google spécifique, que vous définissez à la section "Compte et confidentialité". Autorisez en particulier le partage d'infos relative à votre trajet domicile-travail : votre position est repérée et Google Now vous indique notamment l'état de la circulation. Consultez également la section Notifications et validez l'affichage des mises à jour à travers Google Now.

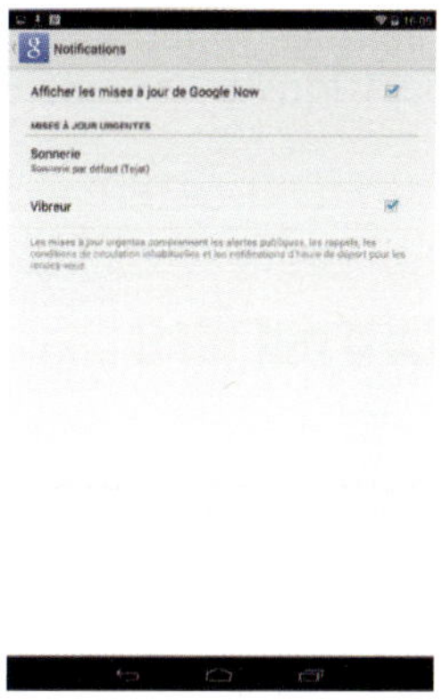

« Avec Google Now, vous profitez à tout moment d'infos personnalisées en fonction de votre position ou de vos activités. »

07 Des recherches vocales

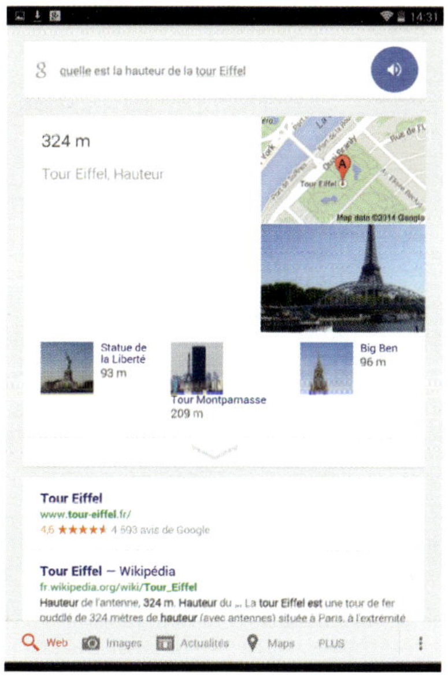

Google Now est en quelque sorte votre assistant personnel. Pressez l'icône microphone, à droite de la grande barre de recherche qui surplombe le service, puis énoncez distinctement votre question. Vous pouvez la formuler dans un langage naturel, comme : « Quelle est la hauteur de la tour Eiffel ? » Google Now vous donne la réponse à travers une synthèse vocale en vous présentant une série de résultats correspondants.

08 Ajouter le widget

Google Now se complète d'un widget que vous pouvez déposer sur l'écran d'accueil de votre smartphone. Pour cela, pressez le bouton central afin de parcourir vos applications et vos widgets puis maintenez le doigt enfoncé sur le widget de Google Now. Vous retrouvez ainsi sur l'écran d'accueil les dernières cartes qui vous concernent, avec la météo du moment ou les derniers résultats sportifs qui vous intéressent.

Changer les sonneries de votre smartphone

Android offre un haut niveau de personnalisation des sonneries. En maîtrisant quelques fonctions de base, vous allez pouvoir attribuer une sonnerie spécifique à certains contacts ou groupes de contacts.

01 Les sonneries android

L'opération la plus simple est de changer les sonneries du smartphone à partir de celles fournies par Android. Rendez-vous dans Paramètres> Son. Selon les modèles de smartphones, vous disposerez de plusieurs options mais il y aura toujours "Sonnerie appel vocal" ou "Sonnerie du téléphone". En ouvrant cet onglet, vous accèderez à la liste des sonneries disponibles.

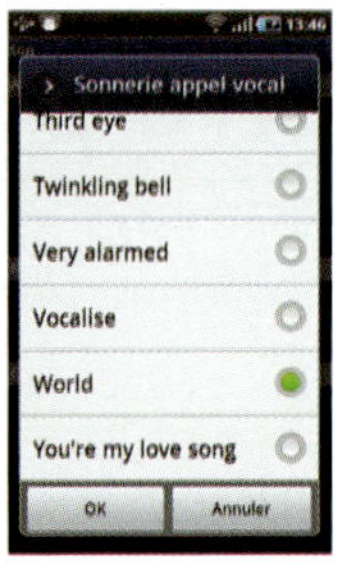

02 Le menu <<son>>

Notez que ce même menu Son vous propose de choisir une sonnerie spécifique pour les notifications, ces alertes que vous envoie Android par exemple lorsque vous recevez un SMS ou un e-mail. Vous pouvez également les changer, mais Android vous proposera une liste différente de celle disponible pour les appels entrants.

03 Une sonnerie par contact

Pour définir une sonnerie spécifique à certains contacts, vous devez vous rendre dans le répertoire. Choisissez celui auquel vous souhaitez attribuer une sonnerie particulière et une fois sur sa fiche, appuyez sur Menu> Modifier puis Sonnerie. Si vous ne trouvez pas cette option, vous devrez copier le contact de la carte SIM vers la mémoire de l'ordinateur. Pour cela, ouvrez le répertoire sans choisir de contact et appuyez sur la touche Menu. Allez dans Import-Export> Importer depuis la carte SIM ou dans Paramètres> Copier les contacts de la carte SIM. Choisissez le contact à copier ou éventuellement l'ensemble du répertoire. Les mêmes principes sont valables pour assigner une sonnerie à un groupe.

04 Vos propres sonneries

Les sonneries de votre téléphone ne vous conviennent pas ? Ajoutez-en de nouvelles. Il existe de nombreux services de téléchargement de sonneries, souvent payants. Sur l'Android Market, vous trouverez également des outils gratuits permettant de réaliser soi-même ses sonneries à partir de fichiers MP3 dont Ringdroid ou encore Ringtone Maker MP3. Ils proposent de recouper un morceau et de le mettre directement en sonnerie du téléphone. Voici également une méthode plus générique et manuelle pour transformer un fichier son en sonnerie.

05 Les sonneries sur carte SD

Connectez votre téléphone à l'ordinateur en choisissant bien l'option "Monter" la carte SD afin de pouvoir y copier des fichiers manuellement. Depuis l'ordinateur ouvrez le disque amovible correspondant à votre carte SD, créez un nouveau dossier et nommez-le "Ringtones". Copiez-y les fichiers MP3 que vous désirez avoir comme sonneries. Déconnectez ensuite le mobile. Android vous indique qu'il "prépare la carte SD". Une fois l'opération effectuée, vous retrouvez votre fichier dans la liste des sonneries d'Android. Si ce n'est pas le cas, ouvrez le gestionnaire de fichiers d'Android et allez dans l'onglet correspondant à la carte SD. Lancez la lecture du fichier et appuyez sur Menu> Définir comme sonnerie. D'une manière générale, n'importe quel fichier MP3 peut être défini comme sonnerie depuis le lecteur audio.

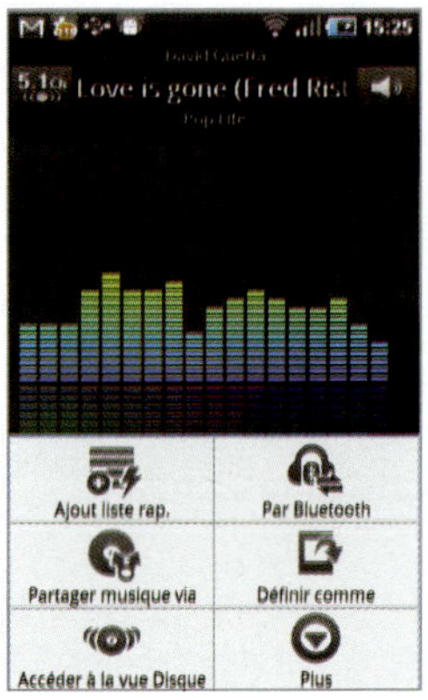

Modifier le thème et le fond d'écran

L'environnement graphique d'Android est tout à fait personnalisable. Chaque fabricant propose des séries de thèmes et de fonds d'écran qui pourront vous séduire.

01 Les thèmes de base

Première option pour changer de thème ou de fond d'écran : optez pour ceux qui sont fournis avec votre smartphone Android. Ils diffèrent selon les modèles, ici Samsung Galaxy S, HTC Desire HD et Sony Ericsson Xperia X10. Outre les fabricants, les opérateurs mobiles commercialisant les terminaux intègrent également en général leurs propres thèmes et fonds d'écran. Souvent, les constructeurs et/ou les opérateurs proposent d'en télécharger.

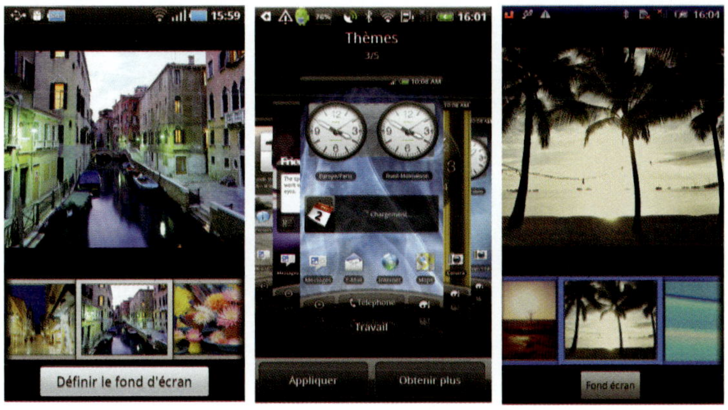

02 Thème ou fond d'écran ?

Quelques principes de base : changer un fond d'écran laissera toute l'interface sans modifications, à l'exception de l'image en arrière-plan répartie sur les différents écrans. En changeant de thème, les modifications sont plus avancées avec également des widgets adaptés à la thématique (widget Facebook pour un thème Social, avec plusieurs horloges pour un thème Voyage, etc.). Les Skin, proposées ici sur HTC Desire HD, intègrent des modifications profondes de l'interface avec notamment de nouveaux menus.

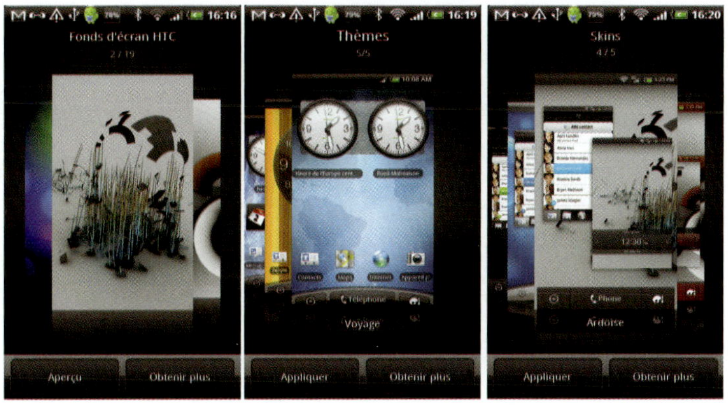

Faites simplement un appui long sur l'image de votre choix.

03 Votre fond d'écran

Quel que soit votre modèle, vous pourrez toujours changer manuellement le fond d'écran. Faites un appui long sur une partie vide de l'écran d'accueil. Dans le menu proposé, choisissez Fonds d'écran. Un nouveau menu vous permet de choisir un fond d'écran animé (sur les modèles récents), un fond d'écran fixe ou encore d'aller piocher dans la galerie d'images du téléphone.

04 Galerie

C'est bien entendu dans la galerie du téléphone que vous pourrez personnaliser au maximum votre fond d'écran. Sélectionnez simplement l'image qui vous intéresse. Android vous proposera alors de la recadrer afin qu'elle corresponde au format d'affichage approprié. Le même principe est valable dans la visionneuse de l'appareil photo qui offre en général une option pour définir directement la nouvelle capture comme fond d'écran.

05 Option web

Dernière option : définir un fond d'écran depuis le navigateur Internet. Faites simplement un appui long sur l'image de votre choix. Dans le nouveau menu, choisissez Définir comme fond d'écran. Android va alors automatiquement adapter l'image avec plus ou moins de bonheur.

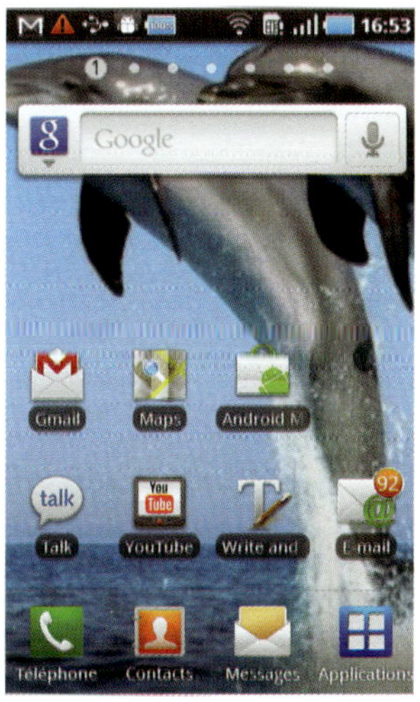

Maîtriser les applications

De nombreuses applications proposées par Google vous permettront de sublimer vos photos, orienter vos recherches, calculer des itinéraires. Puisque vous avez les bons outils à portée de mains, nous vous disons comment bien les utiliser.

Retoucher vos photos avec Picasa

Le logiciel Picasa est le compagnon du service d'hébergement de photos Picasa Albums Web. Utilisable en ligne comme offline, il offre de nombreuses fonctions de retouche de photo, allant du recadrage à l'application d'effets en passant par l'anti-yeux rouges.

01 Amélioration générale

Ouvrez votre application Picasa (ici en version 3.8). Sélectionnez dans votre photothèque l'image à retoucher en double-cliquant dessus. Dans l'onglet "Retouches simples", cliquez sur le bouton "J'ai de la chance". Vous tentez ainsi une amélioration générale et automatique. Picasa analyse l'éclairage et les couleurs de l'image et vous propose une première optimisation. Si le résultat ne vous satisfait pas, cliquez sur "Annuler j'ai de la chance". Tentez alors plutôt la correction automatique de la couleur ou du contraste via les boutons correspondants.

02 Recadrer votre photo

Dans le volet des retouches simples, cliquez sur "Recadrer". Dans le menu déroulant, vous pouvez choisir un recadrage préconfiguré (9 x 13, pochette de CD, cadre photo, etc.) ou utiliser le mode manuel. Cela ne fait que délimiter un cadre sur l'image que vous pouvez remanier par la suite. Notez également les trois vignettes en dessous du menu déroulant qui vous proposent déjà trois recadrages automatiques. Pour modifier le cadre, placez votre pointeur sur une de ses bordures, cliquez et déplacez-la. Cliquez sur "Appliquer" pour terminer l'opération.

03 Supprimer les yeux rouges

Pour supprimer l'effet yeux rouges dû au flash, cliquez sur le bouton correspondant dans le volet des retouches simples. Picasa tente alors de localiser les yeux rouges et les encadre en vert. Si la détection est correcte, cliquez directement sur "Appliquer". Sinon, indiquez manuellement la zone à traiter. Cliquez sur les yeux et maintenez le bouton gauche de la souris enfoncé pour agrandir ou réduire le cadre. Pour supprimer le cadre de détection : passez votre pointeur dessus. Il prend alors la forme d'une croix. Cliquez à cet endroit pour le faire disparaître.

04 Rehausser la luminosité

Si votre image est trop sombre, cliquez sur l'icône "Eclairage d'appoint", en bas à gauche de l'onglet "Retouches simples". Grâce à la barre à droite de l'icône, vous pouvez modifier en direct la luminosité de l'image. Des effets plus avancés peuvent être obtenus via l'onglet "Réglages" et en jouant sur les "Hautes lumières" ainsi que les "Ombres". Augmenter les hautes lumières fait ressortir les sources lumineuses. Accroître les ombres permet de limiter les effets de grain mais les zones sombres sont fortement noircies.

05 Appliquer un effet

Les effets proposés par les logiciels de retouche d'images sont souvent considérés comme des gadgets. Ceux de Picasa n'échappent pas à la règle, même si leur rendu est plutôt de bon niveau. Outre les classiques effets de couleur sépia, saturation et noir et blanc, l'effet de flou artistique est particulièrement réussi. Cliquez sur le centre du sujet, là où vous voulez maintenir la netteté. Déplacez le curseur de la barre de "Taille" pour réduire ou agrandir la zone de flou, et celui de "Niveau" pour intensifier ou réduire l'effet.

06 Supprimer des imperfections

Certaines images, notamment les numérisations de clichés papier, peuvent contenir des imperfections (craquelures, poussières, etc.). Pour tenter de les corriger, cliquez sur le bouton "Retoucher" dans l'onglet des retouches simples. Cliquez sur la zone à corriger. Pour réduire ou augmenter la taille de votre pointeur, utilisez la barre intitulée "Périmètre de correction". Une fois votre zone à corriger sélectionnée, déplacez le pointeur vers une autre zone de l'image, dite zone de remplacement. Sa texture sera copiée/collée dans la zone à corriger.

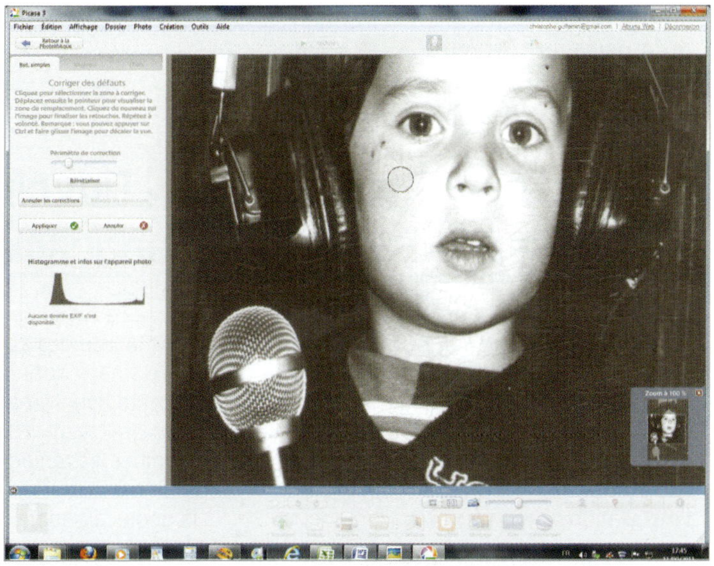

07 Ajouter du texte à l'image

Si vous souhaitez incruster un titre, un copyright ou toute autre légende à une image, cliquez sur le bouton "ABC". Cliquez ensuite à l'endroit où vous souhaitez incruster le texte. Choisissez la taille et le type de police dans le volet de gauche, puis tapez votre texte. Vous pouvez appliquer un effet de transparence, des couleurs et une bordure au texte. En cliquant au centre de votre zone de saisie, vous affichez une boussole qui permet de modifier l'orientation du texte.

08 Retoucher un lot d'images

Pour appliquer un même effet à une série de photos, sélectionnez-les dans votre photothèque. Gardez enfoncée la touche Ctrl pour sélectionner les images une à une ou déplacez votre pointeur en créant un cadre intégrant votre sélection. Dans le menu "Photo", sélectionnez "Retouche simultanée" et choisissez la modification à apporter à votre sélection. Cette opération peut se révéler particulièrement utile pour faire pivoter des photos dans un sens, corriger les yeux rouges ou lancer une amélioration générale à toute une série d'images.

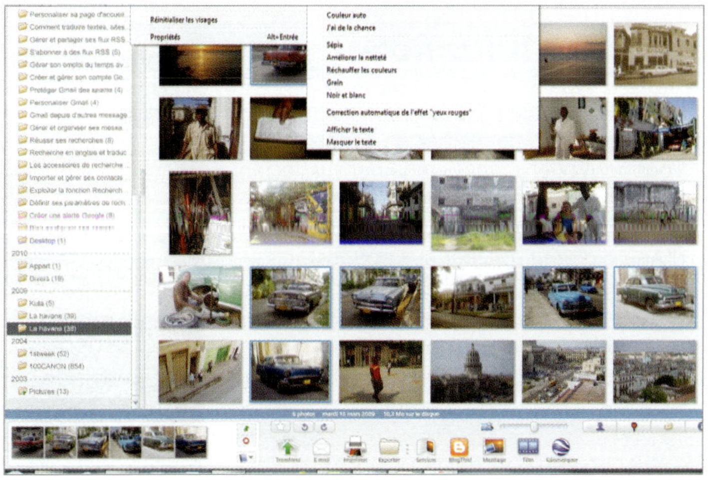

Réaliser des panoramas avec Photaf

Photaf Panorama est une application disponible gratuitement sur l'Android Market. Comme son nom l'indique, elle permet de créer très facilement des panoramas en utilisant l'appareil photo de votre smartphone. Tout est automatique et aucune notion de retouche n'est nécessaire. Vous n'aurez plus qu'à partager vos œuvres.

01 Installer Photaf Panorama

Lancez l'Android Market sur votre smartphone. Cliquez sur l'icône représentant une loupe en haut à droite de la fenêtre puis saisissez le nom de l'application. Sélectionnez la version gratuite de Photaf Panorama (Free) puis appuyez sur le bouton "Télécharger" pour lancer l'installation.

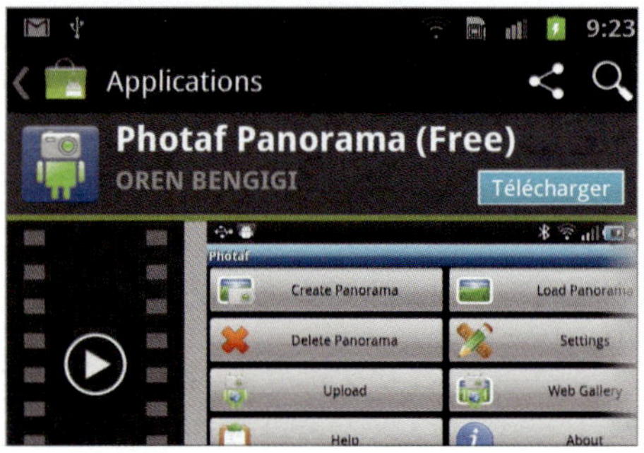

02 Ouvrir Photaf Panorama

Cliquez sur l'icône de Photaf Panorama dans la liste des applications installées sur votre smartphone. Appuyez sur le bouton "Create Panorama" pour lancer la création d'un panorama. "Settings" permet de modifier les réglages. Vous pouvez par exemple passer en mode manuel ou activer la géolocalisation.

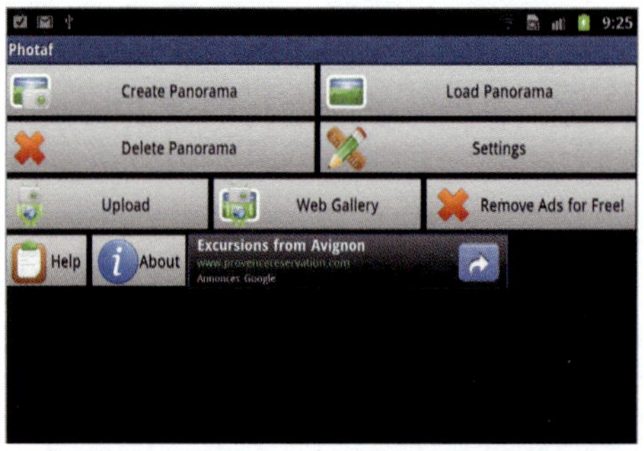

03 Prendre des photos

Prenez une première photo en dirigeant le smartphone vers le sujet. Des niveaux sont affichés en haut et à droite de l'écran afin d'aider au cadrage. Multipliez les prises de vue en déplaçant le smartphone vers la droite tout en alignant les photos. Une fois que vous avez terminé, appuyez sur le bouton "Stitch Images".

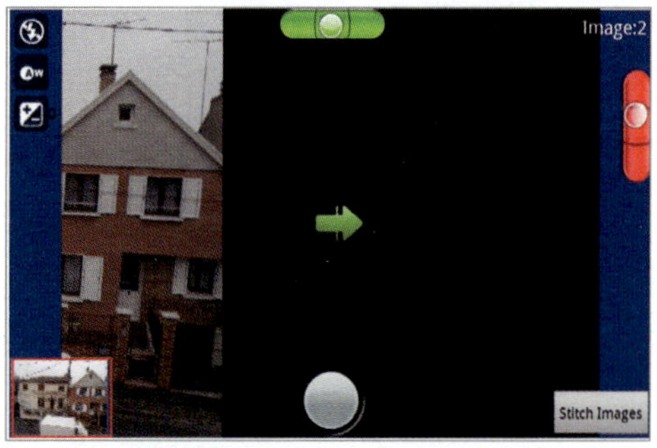

04 Partager vos panoramas

Photaf Panorama colle automatiquement vos images afin de réaliser un panorama. Vous pouvez ensuite les regarder sur l'écran de votre smartphone ou les partager. Appuyez sur le bouton du menu contextuel d'Android pour accéder aux options avancées. Appuyez sur "Share" pour envoyer votre diaporama par e-mail ou par Bluetooth.

Bien imprimer vos photos

Picasa intègre un assistant d'impression aux fonctions très utiles.
Il vous permettra d'intégrer plusieurs images sur une même page imprimée, d'ajouter une bordure, une légende, etc.

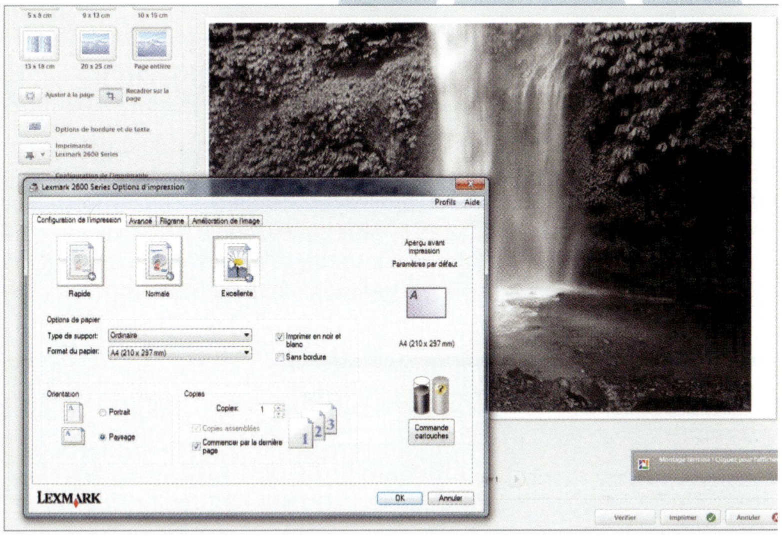

01 Configurer l'impression

Sélectionnez votre image dans la photothèque Picasa et cliquez sur l'icône "Imprimer" en bas de la page. Picasa affiche l'aperçu de votre image comme elle sera imprimée. Cet aperçu dépend des paramètres de votre gestionnaire d'imprimante. Ici, notre imprimante est paramétrée en noir et blanc, ce qui est parfaitement traduit dans l'aperçu. Cliquez sur "Configuration de l'imprimante", depuis le volet gauche de l'interface d'impression, pour la modifier sans sortir de Picasa. Sélectionnez-y le mode paysage ou portait ainsi que la qualité d'impression.

02 Mise en page

L'assistant d'impression de Picasa propose six types de mise en page préconfigurés : 5 x 8 cm (pochette de CD), 9 x 13 cm (planche-contact), 10 x 15 cm (passeport), 13 x 18 cm (photo sur petite page), 20 x 25 cm (photo sur large page) et "Page entière" qui exploite la taille maximum du papier présent dans votre imprimante. Pour les photos plus grandes que la page, vous pouvez soit les ajuster automatiquement à la page (bouton "Ajuster à la page"), soit les recadrer manuellement (cliquez sur sa bordure).

03 Imprimer plusieurs photos

Sélectionnez vos images dans la photothèque. Laissez la touche Ctrl enfoncée pour les sélectionner une à une. Cliquez ensuite sur l'icône "Imprimer" en bas de la page. Le format de mise en page (voir précédemment) détermine le nombre d'images pouvant être imprimées par page : 5 x 8 cm (9 images), 9 x 13 cm (4 images), 10 x 15 cm (2 images), 13 x 18 cm (2 images), 20 x 25 cm (1 image) et Page entière (1 image). Modifiez la mise en page en conséquence. Pour que toutes les images aient la même taille, cliquez sur "Recadrer sur la page".

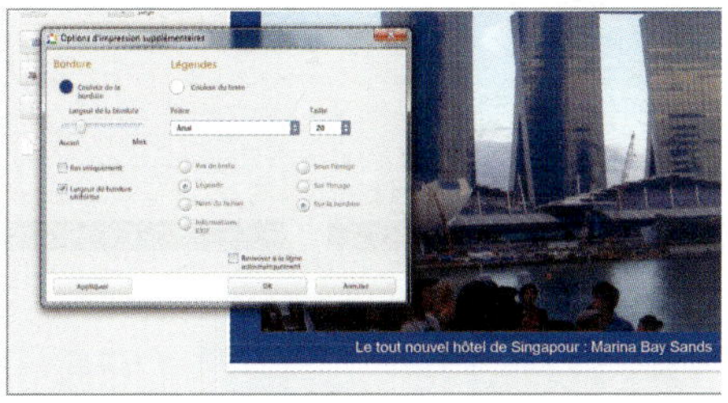

04 Intégrer des bordures et légendes

Des éléments peuvent être ajoutés à l'image lors de l'impression. Vous pouvez ainsi inclure des bordures, le nom des fichiers, des légendes et même des données EXIF ("Exchangeable image file format" – incluant le modèle de l'appareil, la date et l'heure de la prise, la résolution, etc.) Depuis l'assistant d'impression, cliquez sur le bouton "Options de bordure et de texte" pour accéder aux paramètres. Notez que l'éventuelle légende aura été associée auparavant à l'image, via le service en ligne Picasa Albums Web (voir notre tutoriel ci-avant).

Utiliser Google Search

La recherche Google trône évidemment sur l'écran d'accueil de votre smartphone ou tablette Android. Elle tire parti de la localisation de votre appareil nomade et favorise ainsi les recherches de proximité, tout en donnant accès à l'ensemble des fonctions maîtresses de Google, en particulier la recherche d'images ou de contenus issus de blogs.

01 Réaliser une recherche rapide

Pressez la barre de recherche en haut de l'écran d'accueil d'Android pour saisir votre requête. Vous avez également la possibilité de taper sur l'icône microphone et de prononcer votre recherche à voix haute. Par défaut, vous accédez aux "cartes" de Google Now (voir page 130) qui égrènent des informations propres à votre utilisation. Il vous suffit de cliquer sur la météo, par exemple, pour accéder à des bulletins complets.

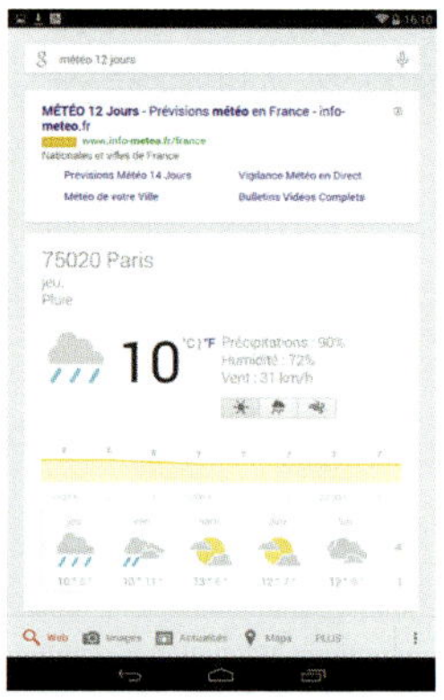

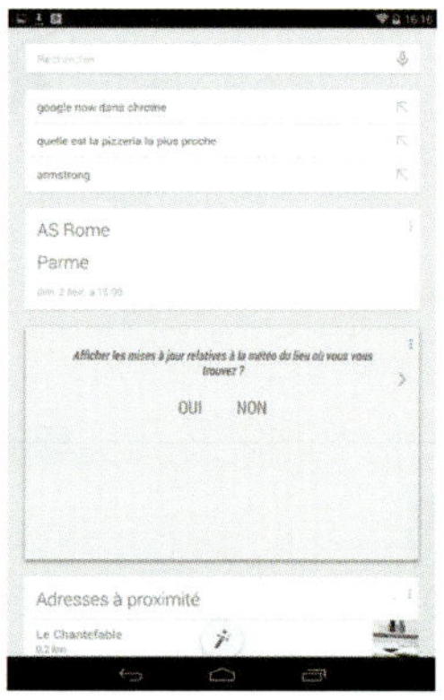

02 Rechercher votre contenu

En effectuant une recherche, de premiers résultats apparaissent au fur et à mesure de votre saisie. Ils concernent tout autant le contenu web que les applications, les contacts ou les favoris que vous avez consignés sur votre smartphone ou votre tablette. Accédez aux Paramètres, en bas à droite, puis choisissez "Recherche sur la tablette" afin de sélectionner les éléments à prendre en compte.

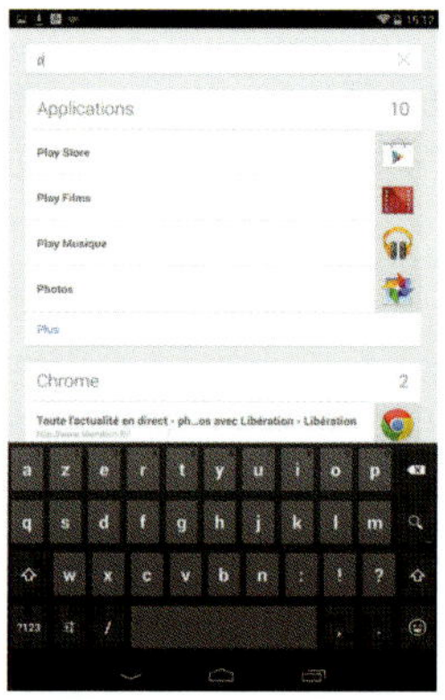

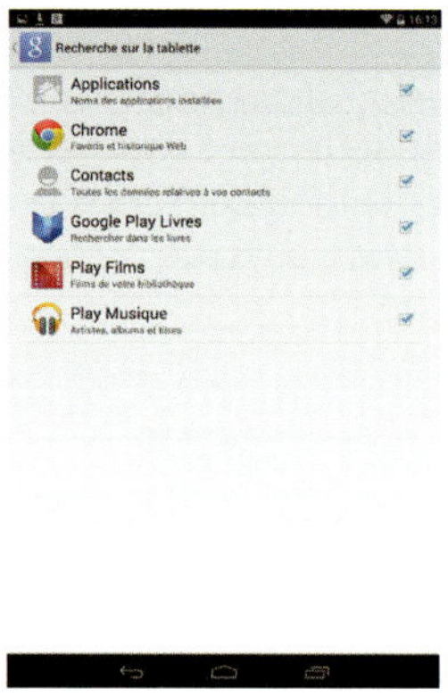

03 Rechercher des images

La barre inférieure dresse la liste des différents domaines que vous pouvez rechercher. À la manière de la navigation classique sur le moteur de recherche, vous basculez ainsi d'une recherche sur le web au parcours des images correspondantes. Maintenez le doigt appuyé sur l'un des résultats afin d'enregistrer l'image correspondante dans la mémoire de votre appareil.

04 Des recherches de proximité

Suprême avantage d'exécuter une recherche sur un appareil mobile : vous profitez d'une géolocalisation instantanée et vous avez ainsi la possibilité de trouver des résultats à proximité de votre position. Il vous suffit par exemple de rechercher "pizzeria" pour afficher tous les restaurants italiens du quartier sur une carte. Vous pouvez également saisir une recherche en langage naturel, comme : « Quelle est la pizzeria la plus proche ? »

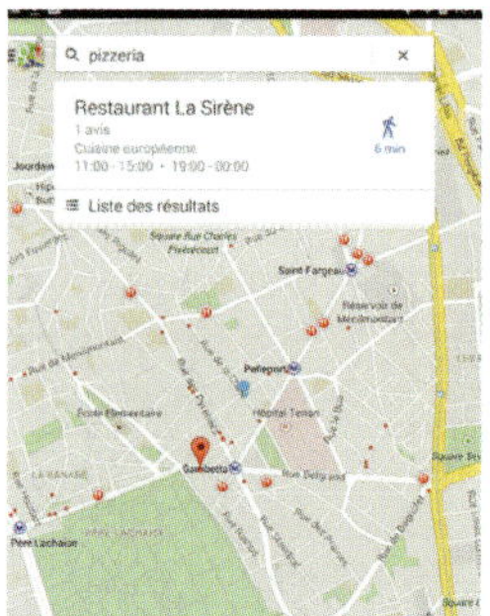

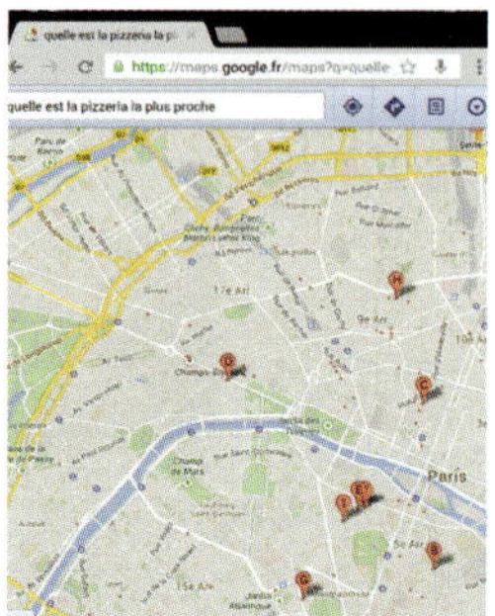

05 Rechercher parmi des blogs

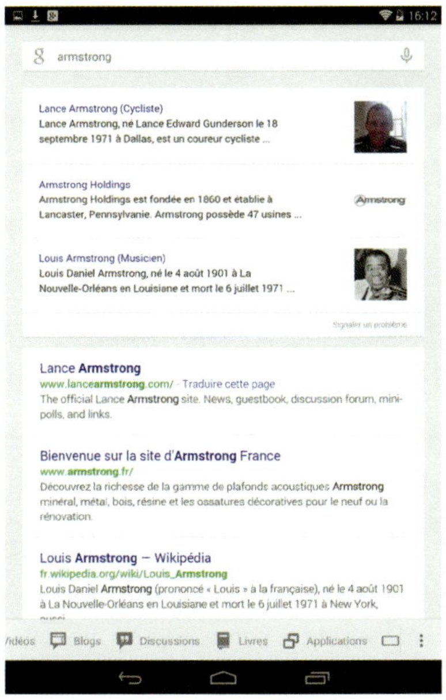

Tous les outils traditionnels de Google sont à votre disposition : vous pouvez librement utiliser des opérateurs comme "site:" afin de circonscrire votre requête à un site web spécifique. En bas de l'écran, tapez sur les mentions Blogs ou Discussions pour trouver des billets ou des commentaires d'internautes. Les articles diffusés de manière publique sur les pages Google+ sont notamment pris en compte.

06 Rechercher parmi les groupes

L'ensemble des services de Google sont accessibles à travers cet outil de recherche et vous pouvez ainsi parcourir le fabuleux catalogue de vidéos diffusées sur YouTube en tapant sur la mention Vidéos. Souvent oubliés, les groupes de discussion bénéficient ici d'un grand confort de lecture et vous trouverez à coup sûr des réponses à toutes vos questions, souvent perdues parmi des milliers de résultats dans la recherche classique.

« Sur smartphone ou tablette, la recherche Google vous donne accès à l'ensemble des services depuis un emplacement unique. »

07 Rechercher des livres

Le service Google Books n'a pas été oublié : il vous suffit de saisir le nom d'un auteur puis de presser le bouton Livres, en bas de l'écran, pour accéder à une large sélection d'ouvrages. De nombreux livres sont tombés dans le domaine public et sont même accessibles en intégralité, dans le creux de votre smartphone ou tablette Android. Pratique pour découvrir l'immense richesse du fonds littéraire !

08 Rechercher des contacts

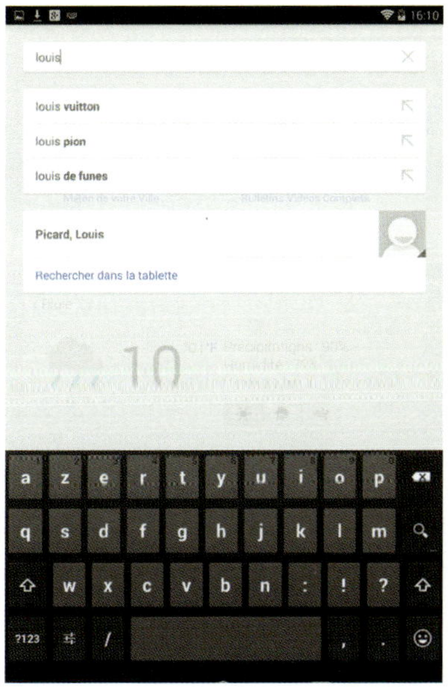

L'unique champ de recherche de l'application interroge tout autant l'immensité du web que les éléments que vous avez consignés sur votre appareil Android. En saisissant votre requête, une série de suggestions apparaît en haut de l'écran. Vous découvrez au passage les résultats parmi vos contacts : pressez la mention "Rechercher dans la tablette" pour circonscrire les résultats aux éléments que vous avez enregistrés.

Calculer un itinéraire en transports en commun

Depuis plusieurs années, Google collecte les données des différents réseaux de transports en commun des principales agglomérations mondiales. Le résultat est Google Transit, un service de calcul d'itinéraire "multimodal", c'est-à-dire intégrant les trains, bus, tramways, métros, etc. Encore très limité en France, il se révèle surtout pratique lors d'un déplacement à l'étranger.

01 Tester Google Transit en français

Très peu de transporteurs français ont accepté de partager leurs données avec Google. Le mouvement "open data", qui séduit de plus en plus de collectivités, pourrait cependant changer la donne. Calculer un itinéraire en France avec Google Transit vous permettra cependant de tester le dispositif en français et ainsi d'en comprendre les bases. Connectez-vous à l'adresse suivante : "maps.google.fr/transit".

02 Calculer un itinéraire sur le réseau bordelais

L'exemple que nous proposons concerne un trajet allant de la gare à l'aéroport de Bordeaux. Il est basé sur les données issues du réseau TBC, qui couvre les bus et les tramways de la communauté urbaine de Bordeaux, un des seuls à avoir partagé ses infos avec Google. Tapez "Gare Saint-Jean" dans le champ "A" et "Bordeaux Aéroport" dans le champ "B". Cliquez sur "Calculer l'itinéraire". Indiquez l'heure de départ que vous souhaitez. Vous obtenez un parcours utilisant la ligne C du tramway, la ligne de bus 1 et le reste à la marche.

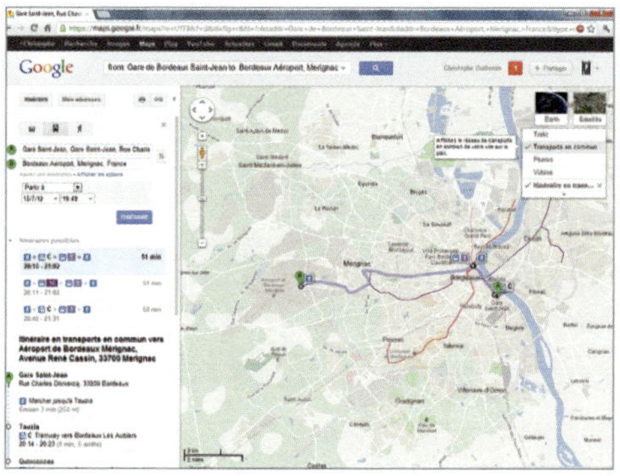

03 Visualiser les détails du parcours

Comme pour les autres itinéraires calculés avec Google Maps (voir tutoriel ci-avant), les détails du parcours sont affichés dans le volet de gauche et le tracé sur la carte centrale. Pour chaque étape, Google indique la direction à utiliser pour la ligne de transport, l'heure de départ et celle d'arrivée, la durée du trajet, la distance à parcourir ou le nombre d'arrêts à passer. En cliquant sur une étape de l'itinéraire, vous la pointez sur la carte. Enfin, rappelons que vous pouvez passer en vision "Transports en commun" via les options de Google Maps, ce qui, en l'occurrence, peut s'avérer assez pratique.

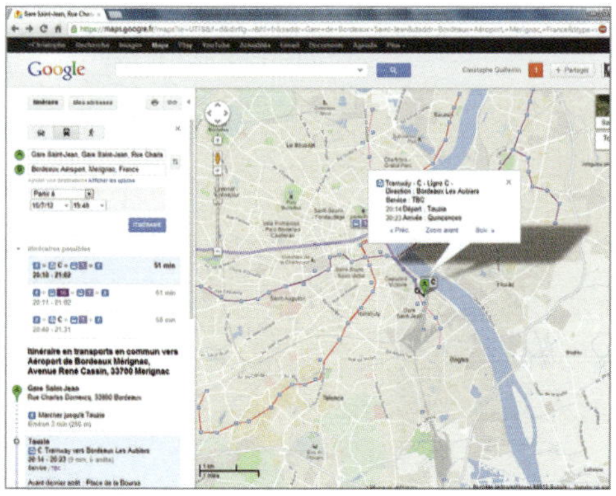

04 Modifier le parcours

Vous pouvez modifier le parcours en changeant le point de départ ou d'arrivée. Première méthode : faites un clic gauche sur le point souhaité puis maintenez le bouton de la souris enfoncé. Vous pouvez alors déplacer le point manuellement sur la carte. Autre solution : effectuez un clic droit sur un endroit de la carte et cliquez sur "Itinéraire à partir de ce lieu" ou "Itinéraire vers ce lieu". Pour supprimer le point d'arrivée ou de départ, faites un clic droit dessus et sélectionnez "Supprimer cette destination".

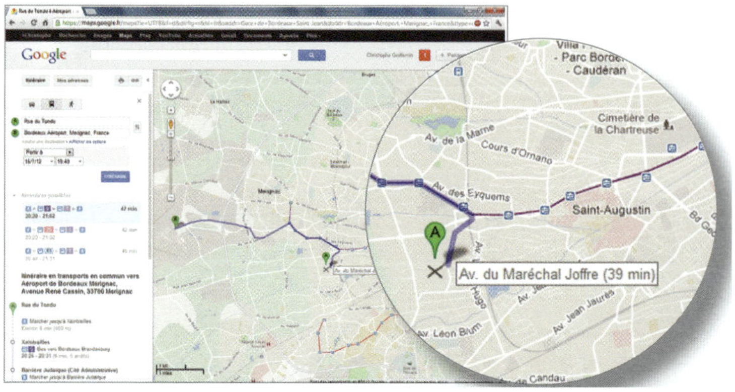

05 Choisir un itinéraire bis

Google Transit vous propose en général plusieurs itinéraires possibles. Ils sont affichés dans le volet de gauche. Le premier itinéraire de la liste est celui qui se rapproche le plus de l'heure de départ que vous avez indiquée. Il ne s'agit pas forcément du plus rapide. Si vous avez des horaires souples, un autre parcours peut s'avérer plus pertinent. Pour visualiser un itinéraire alternatif, cliquez simplement sur celui de votre choix dans la liste.

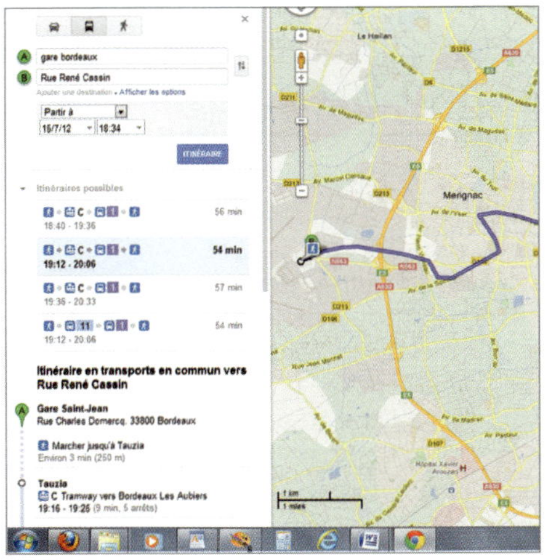

06 Afficher les détails sur un parcours

À n'importe quel endroit du trajet, vous pouvez afficher les données complémentaires intégrées à Google Maps. Pour cela, faites un clic droit à l'endroit souhaité et sélectionnez "Plus d'infos sur cet endroit". Vous aurez alors accès, depuis le volet de gauche, à différentes informations. Selon ce dont dispose Google, vous pourrez visualiser des photos de l'endroit, lire un résumé de sa page Wikipédia ou obtenir des descriptions de sites touristiques à proximité.

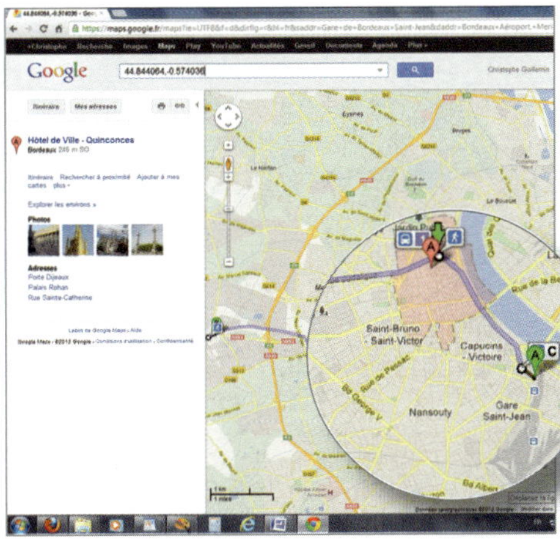

07 Partager votre itinéraire

Si vous n'êtes pas seul à voyager, il peut s'avérer utile de partager le parcours avec d'autres personnes. Si vous êtes connecté avec votre compte Google, cliquez sur le bouton "Partager" depuis le volet de votre compte en haut à droite de la page. Saisissez alors les noms de vos contacts Google+ ou, s'ils ne sont pas sur le réseau social de Google, simplement leurs adresses e-mail. Cliquez enfin sur "Partager". Autre solution, cliquez sur l'icône "Lien" avec un maillon de chaîne et copiez/collez le lien dans un e-mail.

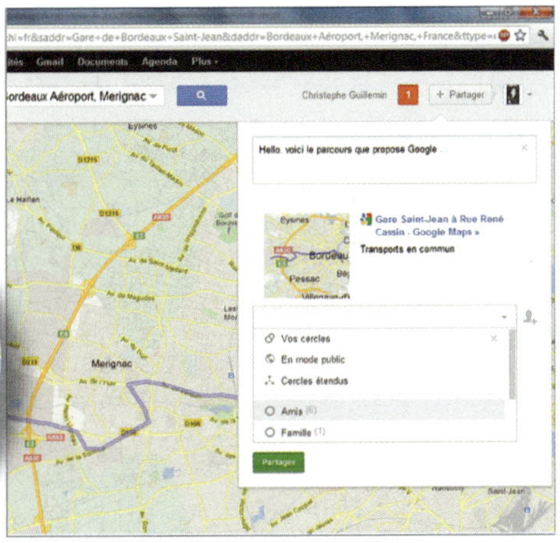

08 Imprimer votre feuille de route

Si vous souhaitez disposer d'une copie papier de votre itinéraire, cliquez sur l'icône d'impression en haut du volet de gauche. Dans la nouvelle page, vous disposez d'options pour intégrer des contenus complémentaires, en plus de votre feuille de route. Vous pouvez ainsi inclure le plan global afin d'avoir une vision complète du parcours. En cliquant sur "Plans", vous ajoutez un petit plan pour chaque étape de l'itinéraire. Enfin, le bouton "+" à côté de chaque étape permet d'afficher la direction à prendre dans les rues que vous emprunterez à pied.

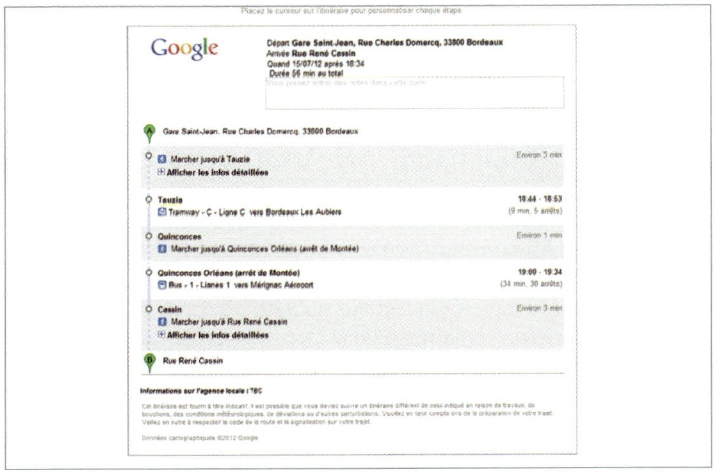

09 Préparer votre itinéraire à l'étranger

Maintenant que vous avez testé les principes de base de Google Transit, vous pouvez l'utiliser durant vos voyages à l'étranger. Le service couvre 485 agglomérations. Pour en afficher la liste, cliquez sur "Afficher la version texte" sur la page d'accueil du service. New York (voir ci-contre) est l'une des villes les plus anciennement couvertes par Google Transit avec pas moins de neuf réseaux différents, allant du bus au métro en passant par les ferries. Londres et Athènes ont plus récemment rejoint le dispositif.

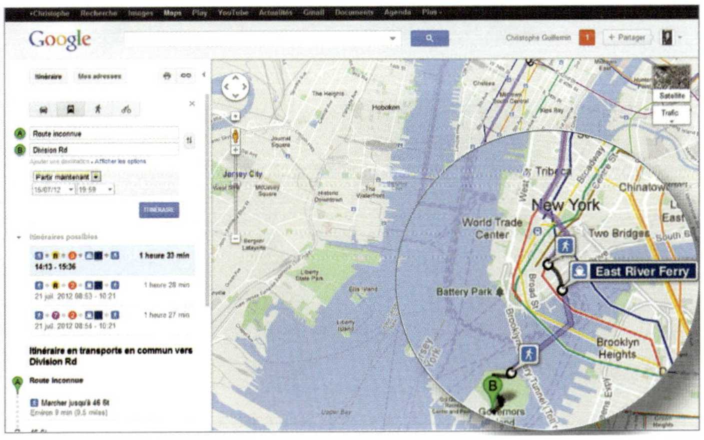

Modéliser des bâtiments 3D pour Google Earth

Vous vous sentez une âme d'architecte ? L'éditeur Google SketchUp va vous servir à modéliser des bâtiments 3D et à les intégrer à Google Earth. La prise est main du logiciel réclame un certain temps. Voici déjà comment créer votre premier bâtiment.

01 Connexion au modélisateur de bâtiments 3D

Partons du principe que vous souhaitez créer un immeuble. Le plus simple est d'exploiter les images 2D de Google Earth et de les extrapoler en 3D. Pour cela, utilisez l'outil en ligne baptisé "Modélisateur de bâtiments 3D". Il va nous permettre de rapidement créer la base de votre travail, puis de l'exporter vers SketchUp pour le peaufiner. Depuis la barre d'outils de SketchUp, cliquez sur le bouton "Ajouter un nouveau bâtiment". Sélectionnez un lieu où récupérer les images 2D, prenons par exemple Lyon.

02 Localiser un bâtiment

Effectuez un zoom jusqu'à ce qu'un repère rouge apparaisse. Déplacez-le sur un bâtiment à l'architecture assez simple, le plus cubique possible. Cliquez ensuite sur "Modéliser". Dans le volet de gauche, vous disposez de six images prises sous des angles différents. Elles vont nous servir à appliquer des textures sur les différentes facettes du bâtiment. Cliquez sur la première image puis sur le bouton "Cube" ou la touche "B" pour créer un volume en forme de cube. Ce volume s'affiche au-dessus de l'image 2D du bâtiment.

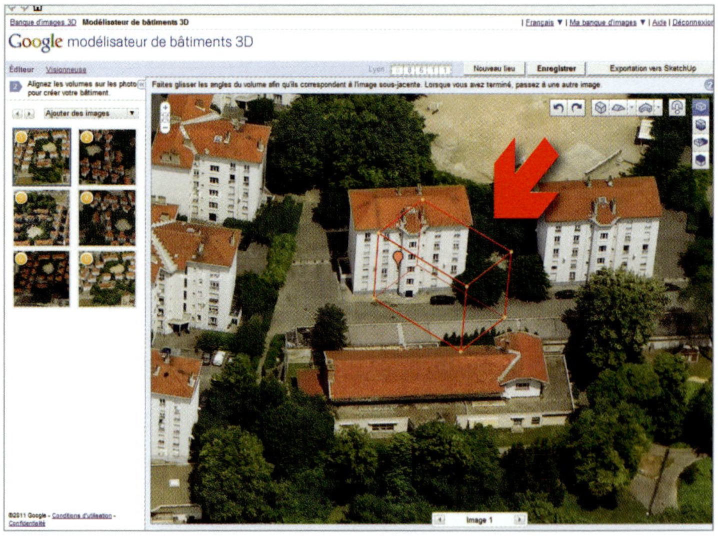

03 Positionner le volume

Manipulez le volume, représenté en fil de fer, en saisissant ses angles. Faites-les correspondre à ceux du bâtiment. Notez que lorsque vous relâchez le bouton de la souris, le point d'angle du volume devient blanc. Cela signifie qu'il ne bougera plus et que vous pouvez déformer le reste de la structure en le gardant fixe. Une fois votre volume appliqué à l'image, répétez l'opération pour les autres photos. Cliquez sur "Visionneuse" pour avoir un premier aperçu de votre bâtiment en 3D. S'il vous convient, cliquez sur "Exporter vers Google SketchUp".

04 Visualisation

La première chose à maîtriser dans Google SketchUp est la visualisation. Notez la présence de lignes colorées représentant les trois dimensions : rouge et vert pour le plan horizontal et bleu pour le vertical. Tout étant effectué en 3D, l'interface utilise une caméra virtuelle pour tourner autour des éléments. Pour manipuler cette caméra, utilisez les boutons bleus de votre barre d'outils accessibles également avec le clic droit de la souris. Testez la vue dite "Orbite". Elle permet d'effectuer des rotations autour de votre bâtiment.

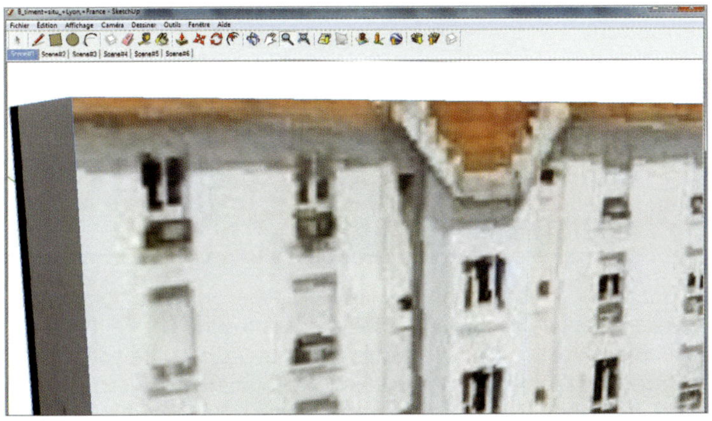

05 Panoramique et Zoom

Les deux autres fonctions de caméra les plus souvent utilisées sont "Panoramique" et "Zoom" (2e et 3e bouton). Panoramique permet de déplacer la caméra verticalement et horizontalement. Pour zoomer, maintenez le bouton de la souris enfoncé. Faites ensuite glisser le curseur vers le haut pour effectuer un zoom avant et vers le bas pour effectuer un zoom arrière. Le dernier bouton, dit "Zoom étendu", recentre le modèle de manière à ce qu'il soit entièrement visible dans la zone de dessin.

06 Ajouter un élément 3D

Voici la fonction de base de SketchUp, dite "Pousser/Tirer". Sélectionnez une forme : ligne (icône crayon), rectangle, cercle ou arc. Faites un premier essai avec le rectangle. Placez-le par exemple sur le toit de votre immeuble. Faites-le correspondre exactement aux coins du toit en cliquant sur l'icône rouge "Déplacer". Pour donner du volume à cette forme, cliquez sur l'icône "Pousser/Tirer". Placez votre pointeur sur le rectangle et avancez/reculez votre souris pour augmenter ou diminuer le volume. Vous pouvez utiliser cette fonction pour créer un volume à partir de n'importe quelle forme.

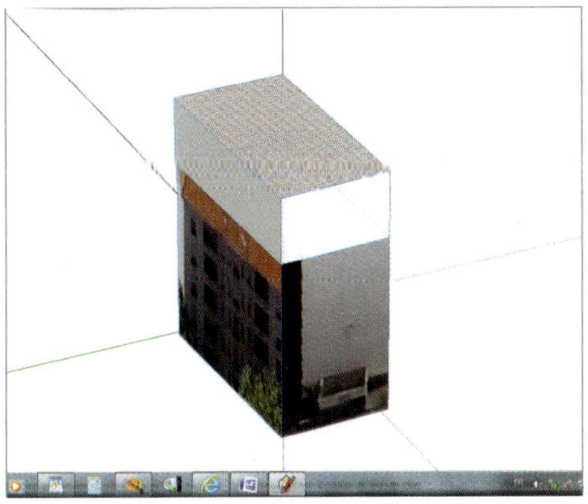

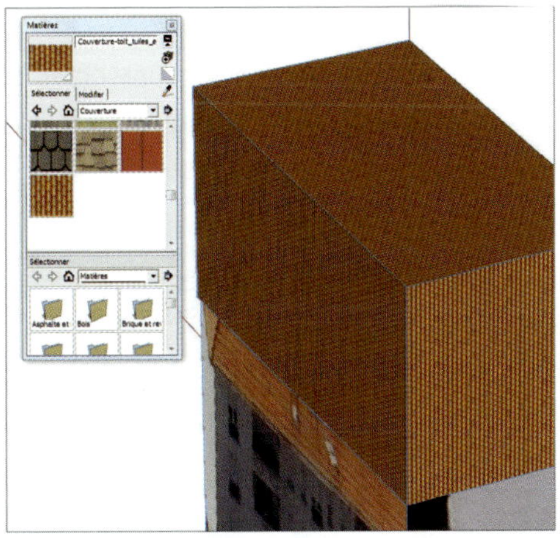

07 Appliquer une texture

Une fois votre volume créé, appliquez-lui une texture. Cliquez sur le bouton "Colorier". Dans la fenêtre qui s'affiche, sélectionnez votre texture depuis le menu déroulant correspondant. Elles sont regroupées dans une vingtaine de catégories allant de l'asphalte à la végétation en passant par différents types de pierre. Ici, nous avons choisi la catégorie "Couverture" et "Tuiles espagnoles", qui semble la plus ressemblante au toit de ce type d'immeuble. Vous pouvez aussi utiliser l'image 2D de Google Earth comme texture en sélectionnant l'option "Dans le modèle".

08 Importer dans Google Earth

Une fois votre bâtiment terminé, cliquez sur l'icône "Partager". SketchUp se connecte alors à la banque d'images 3D de Google Earth. Notez que vous devez utiliser un compte Google pour vous connecter. Vous pouvez alors renommer votre bâtiment, lui associer des mots-clés et préciser son adresse. Cliquez enfin sur "Importer". Le téléchargement débute. Votre bâtiment va ensuite être examiné par Google avant de figurer dans Google Earth. Pour avoir déjà un aperçu du résultat, cliquez sur "Afficher dans Google Earth".

Découvrir le monde avec Google Earth

Google Earth est une réplique virtuelle de notre planète, fondée sur des photos satellites agrémentées d'éléments 3D. Des fonctions récentes permettent de plonger dans les océans, de remonter le temps avec les images d'archives ou de créer votre propre visite guidée.

01 Navigation

Google Earth propose deux méthodes de navigation. La première consiste à utiliser la boussole et les flèches directionnelles en haut à droite de l'interface. Mais le plus pratique reste la navigation à l'aide de la souris. Déplacez le pointeur au centre de la visionneuse 3D (image du globe terrestre) et cliquez sur le bouton gauche de la souris pour faire pivoter le globe. Pour zoomer : utilisez la molette ou le bouton droit de la souris. Pour modifier l'angle du globe, maintenez enfoncée la molette. Enfin, utilisez la touche "N" pour réinitialiser le nord.

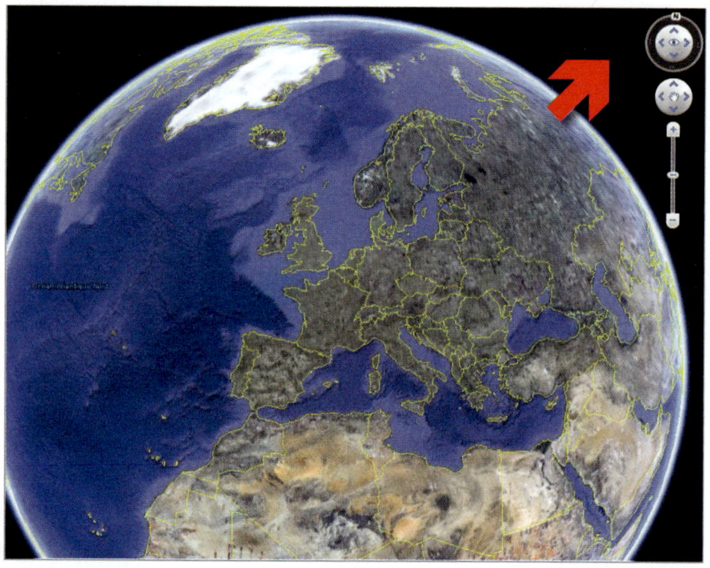

02 Rechercher un lieu

Cliquez sur "Aller à" dans le volet de gauche, entrez le nom du lieu dans la zone de saisie puis tapez sur la touche Entrée. Un bon exemple consiste à chercher votre domicile. Tapez votre adresse et laissez Google Earth zoomer sur ce lieu. Toutes vos recherches sont affichées dans le volet de gauche (panneau Lieux). Double-cliquez sur l'intitulé du lieu pour le retrouver directement. Notez la présence d'un onglet "Commerces". Il permet, comme dans Google Maps, de trouver un commerce à proximité de votre lieu de connexion ou d'un autre endroit.

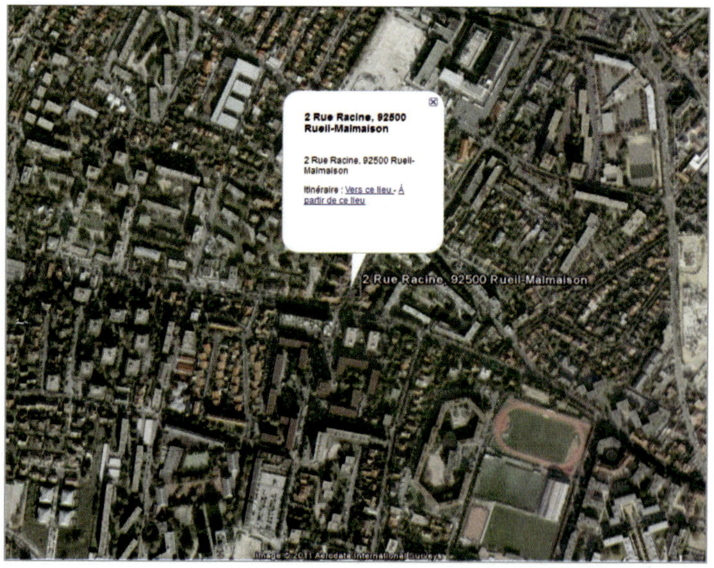

03 Afficher des infos pratiques

Depuis l'onglet "Données géographiques", vous disposez d'une série d'options d'éléments à afficher. Cliquez sur le "+" des catégories pour afficher des éléments plus détaillés. Vous pouvez ainsi afficher les frontières des pays, les éventuelles images prises par des internautes, les routes, les aéroports, des bâtiments 3D et même les océans (voir ci-après). Plus étonnant, Google Earth intègre des données de partenaires comme les projets de protection de l'environnement du WWF (onglet "Sensibilisation mondiale").

04 Afficher des éléments 3D

Google Earth complète les images satellites par des éléments 3D. Il s'agit essentiellement de buildings créés d'ailleurs souvent par des internautes (voir tutoriel ci-après). Depuis Google Earth 6, vous pouvez également visualiser des arbres en 3D et ainsi découvrir plus de cinquante espèces en visitant les parcs ou les villes. Cochez l'onglet "Bâtiments 3D" pour afficher ces éléments puis passez en mode "Vu du sol" en zoomant au maximum. Inclinez la vue en appuyant sur la touche Maj et en poussant la molette de la souris.

05 Créer votre propre visite virtuelle

Cliquez sur le bouton "Enregistrer la visite" en haut de l'interface. Une petite barre d'enregistrement apparaît en bas de l'image avec un bouton rouge pour démarrer et arrêter l'enregistrement. Le bouton micro permet d'intégrer un commentaire audio. Naviguez simplement dans Google Earth et tous vos mouvements sont enregistrés. À la fin de l'enregistrement, une barre de lecture apparaît. Elle vous permet de lire la visite et de la sauvegarder. Elle s'affiche alors dans le volet de gauche, section "Visite touristique" avec une icône de caméra.

06 Explorer le ciel et d'autres planètes

Cliquez sur le bouton avec une planète en haut de l'interface et sélectionnez "Ciel", "Mars" ou "Lune". "Ciel" permet de découvrir notre système solaire. Vous pouvez effectuer une recherche sur des corps célestes via le volet de gauche. "Lune" intègre de nombreux contenus de la NASA dont des détails sur les sites d'atterrissage commentés par les astronautes d'Apollo. "Mars" permet d'explorer la surface de la planète rouge grâce notamment à un mode vision thermique et d'afficher les dernières images fournies par la NASA.

07 Explorer les océans

Cliquez sur l'onglet "Océan" dans le volet de gauche et sélectionnez les éléments à afficher (épaves, espèces marines menacées, expéditions Cousteau, spots de surf, etc.). Lorsque vous cliquez sur un élément de la carte, une infobulle affiche les détails du contenu. En zoomant au maximum sur certaines zones, vous pourrez plonger sous l'eau. Explorez ainsi le relief des fonds marins, notamment les fosses océaniques. Pour afficher ou masquer la surface des océans, cliquez sur "Affichage" puis "Surface de l'eau".

08 Remonter le temps

Google Earth intègre désormais des images historiques. Vous pouvez ainsi découvrir comment votre quartier a évolué au cours du temps. Cliquez sur "Affichage" puis "Images historiques". Une barre de temps s'affiche en haut de l'image. Déplacez le "curseur temporel" vers la gauche ou la droite pour remonter ou avancer dans les archives. Notez que le curseur est automatiquement placé sur la date la plus proche pour laquelle une image est disponible. Ici le quartier de La Défense à Paris en 1943.

Les plus jolis Doodles de Google

Régulièrement, Google revisite son fameux logo sur sa page d'accueil. Ces Doodles viennent ainsi célébrer des dates importantes, des anniversaires, même futiles, afin de commémorer la vie d'artistes, de pionniers et de scientifiques majeurs. Souvent interactifs, toujours originaux, ils égayent le moteur de recherche de la plus belle des manières.

Le Centième Tour de France

La grande boucle s'est illustrée le 29 juin 2013 pour le départ de sa centième édition, à travers une magnifique animation en HTML5 qui revisitait le célèbre logo du moteur de recherche. Ce Doodle est apparu dans le monde entier.

400e anniversaire d'André Le Nôtre

Le célèbre jardinier du roi Louis XIV a eu les honneurs de Google le 12 mars 2013 dans un jardin à la française qui n'est pas sans rappeler l'aménagement du parc de Versailles, de Vaux-le-Vicomte ou de Chantilly.

I Have a Dream…

Jour de fête aux États-Unis, le Martin Luther King Day est fêté le troisième lundi de janvier. Cette année, Google s'est inspiré des graffitis des rues de San Francisco pour conférer un parfum de liberté à sa page d'accueil.

90e anniversaire de Maria Callas

La célèbre cantatrice a vu fêter son 90e anniversaire à travers ce Doodle dessiné par Kali Ciesemier, une artiste reconnue pour son style très graphique qui évoque les affiches du début du XXe siècle.

La Saint-Valentin en grand huit

Le 14 février marque la fête des amoureux et l'anniversaire de George Ferris, l'inventeur des grands huit. Google célèbre les deux événements à travers ce Doodle interactif très ambitieux, qui relève d'un véritable dessin animé.

151e anniversaire de Claude Debussy

Le 22 août 2013, Google a fêté l'anniversaire du compositeur Debussy en revisitant la mélodie de son fameux Clair de Lune : les lumières de la ville s'animent en fonction de la musique, à travers une ode très poétique et romantique.

Doodles

Le 200e anniversaire de Dickens

Le 7 février marque le 200e anniversaire de Charles Dickens. L'occasion pour Google de proposer un Doodle illustré d'une sélection de personnages du célèbre auteur.

I Have a dream

Jour férié aux États-Unis, le Martin Luther King Day est célébré le troisième lundi du mois de janvier. Un hommage au pasteur militant pour les droits civiques des Noirs d'outre-Atlantique et prix Nobel de la paix en 1964.

L'année du dragon

Le 23 janvier 2012 marque le Nouvel An chinois. Cette année est placée sous le signe du dragon. Un symbole de chance, de force et de dynamisme.

La première de Stanislaw Lem

Stanislaw Lem est l'un des auteurs les plus prolixes de la littérature de science-fiction. Pour lui rendre hommage, à l'occasion du 60e anniversaire de sa première publication, Google a posté le 23 novembre 2011, un Doodle dont la particularité est d'être interactif (une animation en HTML5 dont le code est passé dans l'open source).

Le plus gros flocon de neige

L'hiver aura été particulièrement rigoureux en Europe cette année. L'occasion pour Google de célébrer les 125 ans de la découverte
du plus gros flocon de neige le 28 janvier 2012.

Anniversaire de Thomas Edison

Le célèbre inventeur Thomas Edison a eu lui aussi droit à un Doodle animé sur la page d'accueil de Google. On y retrouve en particulier, quelques-unes de ses trouvailles (ampoule, télégraphe,etc).

DISPONIBLES DANS NOS COLLECTIONS...

COLLECTION LE GUIDE 360

9 782361 451042

9 782361 450786

9 782361 450649

9 782361 450588

9 782361 450656

9 782361 450885

9 782361 450748

9 782361 450595

9 782361 451134

9 782361 450601

9 782361 451189

9 782361 451103

9 782361 451288

9 782361 450656

9 782361 451219

9 782361 451196

Disponibles dans nos collections

BOOK OF CREATION

9 782361 450298

9 782361 450496

9 782361 450304

COLLECTION SAVOIR TOUT FAIRE EN PHOTOGRAPHIE

9 782361 451073

9 782361 451059

9 782361 451233

9 782361 451257

9 782361 451264

COLLECTION DÉBUTER EN PAO / PHOTOGRAPHIE

9 782361 450915

9 782361 451226

COLLECTION STEP BY STEP

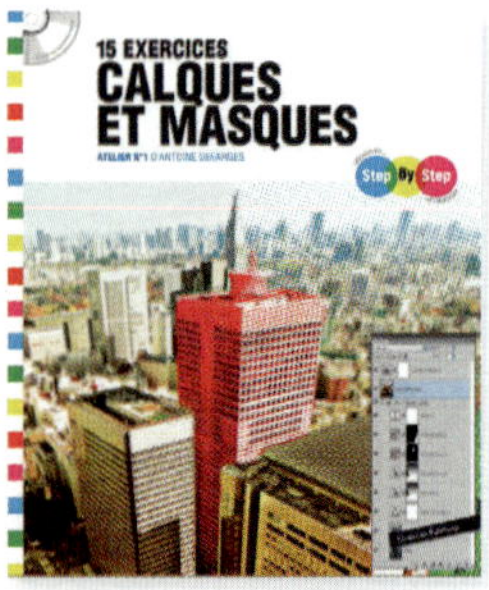

9 782361 450267

9 782361 450458

9 782361 450274

9 782361 450830

9 782361 450243

9 782361 450250

9 782361 450380

9 782361 450663

9 782361 450465

9 782361 450526

9 782361 450946

9 782361 450854

Cet ouvrage a été composé en Trade Gothic, Futura et Archer
et achevé d'imprimé en Avril 2014 chez MONTLIGEON,
ZA les Gaillons Bellevue 61400 St Hilaire le Châtel - France

ISBN 978-2-36145-135-6
Dépôt légal : Avril 2014